U0070930

韓三洲——著

說實話的日子不多了

書邊人物瑣記

序　獨具隻眼的民間史家

丁東

韓三洲先生以醫生為業，卻酷愛寫作，讀史尤有心得。不久前出版過一本以解讀中國現代史上的文人為主的《動盪歷史下的中國文人情懷》，可稱獨具隻眼。現在又要出版以解讀中共黨史上的政治人物為主的《說實話的日子不多了》，更讓我刮目相看。

自從延安整風以來，毛澤東效法史達林的《聯共（布）黨史簡明教程》，經胡喬木等人幫助，創造了一套中共黨史的編纂原則，其影響一直持續至今。其中的原則之一是按照最高權力者的政治需要，把人物分成黑白兩色，一部分人偉大、光榮、正確，一部分人渺小、醜惡、錯誤。這樣的黨史編纂法則，使主流的中共黨史不但失實、失真，讀起來也味同嚼蠟。近二十年來，中國知識界出現了一批覺悟者，力圖穿越權力的束縛與遮蔽，接近中共黨史的真相。韓三洲先生就是其中的一員。他恪守中國古代譽人不增其美，毀人不溢其惡的良史傳統，在中共黨史核心檔案不解密的情況下，廣泛蒐集散落民間的各種歷史當事人回憶錄、日記、書信等史料，撰寫一篇又一篇讀史筆記，還原了一位又一位被革命吞噬了的兒女的血肉之軀。篇篇文字看起來是散點透視，合在一起分明打開一條真切體察中共體制肌理的思想通道。對於讀慣了主流中共黨史的人們來說，可謂振聾發聵。

韓三洲先生的史料來源，有的是大陸和香港、臺灣的公開出版物，有的是網路上的資訊，還有一部分是自印本。自印本的出現，是中國大陸近年出現的一個值得關注的文化現象。中國大陸對於有關中共黨史的出版物控制極嚴，必須經過黨史研究部門的審查方能出版。一些與主流黨史結論有別的私人記憶，在這種審查的過程中，不是通不過，就是被刪除和過濾。但是，由於印刷技術的革新和私營經濟的崛起，官方已經無法控制公民按照自己的意願印刷圖書。這就出現了大量個人回憶錄和其他文集的自印本。一些學院派人士認為這些自印本不是正規的出版物，不屑於將其納入學術研究的視野，這是一種很陳腐的觀念。而韓三洲卻極重視這部分史料，並以此填補歷史記載的空白，校正歷史的成見，這是一種高明的學術見識。

紙上得來終覺淺。解讀中共黨史，局外人不能入乎其內，缺乏歷史當事人的生活體驗，也聽不到圈內口耳相傳的一手資訊，光靠邏輯推演不足以鞭辟入裡。韓三洲知人論世的觀察能力，不僅來自於書本知識，而且來自於家庭氛圍。他的岳父何家棟先生是一位中共黨史的親歷者，一位目光如炬的思想家。作為工人出版社的編輯，何先生參與了小說《劉志丹》的撰稿，被深深地捲入了這場波及中共全黨的政治風波，可謂九死一生，晚年又以超凡的膽識，成為中國思想界眾望所歸的重鎮。韓三洲在其中耳濡目染，經歷沉浮，共嘗艱辛，對《劉志丹》案體驗分外真切。所以，本書中與此案相關的〈習仲勳在一九六二〉一文份量尤重，價值尤高，格外值得一讀。

願韓三洲先生再接再厲，再出好書。

二〇一二年四月一日於北京香堂

目次

1「說實話的日子不多了」

——九十歲的聶元梓在想些什麼

一

二〇〇九年十二月二十六日，週六，寒意料峭。中午，聶元梓老人打來電話，說今天是毛澤東的一百一十六歲冥誕，有人約她下午到「烏有之鄉網站」去聽講座，問我能不能和她一起去？

我問她，知道「烏有之鄉」是個什麼性質的網站嗎？那是一個很有名氣的左派網站，也就是毛派的網站，這個網站還在呼籲要把毛澤東的誕辰日作為中國的「耶誕節」呢。

她說不知道，眼下閉目塞聽，也不會上網，更不懂現在的左右之分，只是想去看看聽聽，到那裡不說話就是了。

我說，不管你說不說話，只要人去了，就等於表明了你的立場，會被人家當作招牌利用的。

但老人還是執意想去聽聽，還要我陪她一起去。推辭不過，就頂著寒風連同一個廣播學院的退休幹部一起打車來到位於海淀蘇州街的附近的「烏有之鄉」，等攙扶老人上樓後才發現，「烏有之鄉」的講堂裡早已經擠滿了人，而且是年輕人居多。主持人在前排給聶元梓找了座位坐下後，等拿出相機，剛給老太太怕一張照片留作紀念，就被人禁止了，說是這地方不能拍照。

下午兩點，講座開始，由前北大副校長梁柱主講〈毛澤東思想的當代價值〉，來回答：「右派丑類們對偉大領袖的攻擊與污蔑，因為他們對毛澤東的詆毀已經超出了當年的蔣介石！」在幾近兩個半小時的講演中，主講人慷慨激昂，抑揚頓挫；滿屋子聽眾激情洋溢，掌聲不斷。本來擔心年近九旬的聶元梓會支撐不住，沒想到她居然穩穩地坐著聽講，一直到了終場，真是令人稱奇。

講座結束後，還是有人認出了這個步履蹣跚、老態龍鍾的老太太，居然是赫赫有名的聶元梓。有人爭著與她合影，也有人詢問她的近況。所以，連「烏有之鄉」書店陳列的那麼多圖書都沒來得及看，就匆匆走到樓下。此時，天已昏黑，寒風瑟瑟。在等計程車的空間，一個中年男子走過去衝著我們大聲說：「聶元梓同志，你們當年搞的文化大革命半途而廢，太不成功了，不然的話，就不會出現今天資本主義的復辟局面了！」

面對這樣的敏感話題，聶元梓喃喃地自言自語：「我們當時不都是聽毛澤東的話，才幹革命嘛，咋知道會有今天這樣的結果啊？」

二

二〇〇九年這一年，對出獄已二十五年的聶元梓來說，心境複雜，有高興事也有煩心事。

高興的事是社會媒體又開始注意她了。南方一個頗有些名氣的寫過《袁庚傳》的傳記文學女作家，採訪了她幾次，說要為她出一本傳記。這年暑天的時候，由崔永元找到了她，說要錄製影像資料，為歷史留下注腳，影像留存，文字版權歸個人。每天上午車來接送，到錄影棚自我講述，整整錄製了三十八天。而聶元梓自己對五年前在香港所出版的那本四十多萬字的《聶元梓回憶錄》則很不滿意，「那時候剛出獄不久寫的，手邊沒有資料，全憑個人記憶，加上錯字很多，圖文不符，不好！」儘管如此，坊間還是出現過多種盜版書。「有三種盜版，一本比一本盜得好，證明這書還是有市場有影響啊！」老太太不無得意地說。近幾年，她把這本回憶錄改了又改，但也不知道哪家出版社能再重新出版。

更讓人意料不到的是，不但有很多對文革感興趣的研究者拿著這本回憶錄找到了她，還有許許多多早已相忘於江湖的舊友，甚至包括以前曾激烈反對過她的人，也都相繼聯繫上了。新老朋友聚在一起，述往憶舊，過去的瘡疤被一層層揭開，歷史的真相逐漸浮現。於是，一些重大事件的來龍去脈也越來越清晰了。

煩心的事，就是在國內頗有影響的《炎黃春秋》二〇〇九年第一期上，刊載了署名牛輝林的一篇文章《夜半抄家記》，作者講述了文革中作為與聶元梓一起呼風喚雨的「紅衛兵戰將」，是如何聶元梓的指使，去查抄她丈夫吳溉之家的陳年往事。這篇文章一經發表，不少媒體便加以轉載，也成為不少人津津樂道的熱門話題，作為妻子，居然抄了丈夫的家。這篇文章對聶元梓的刺激很大，一年來像噩夢一樣纏繞著她。

「簡直是胡說八道，造謠污蔑，無恥誹謗！」老太太一直在重複著這句話，「他（牛輝林）不也是造反派嘛，一個混世魔王，哪有資格撇清自己、往別人身上潑屎，搞人身攻擊！」老太太按捺不住，寫下了九條批駁意見，五月份就給了《炎黃春秋》雜誌社，內中還有一封措辭激烈的附信，大意是「媒體應該公平公正，你們能登牛輝林的文章，也應該刊登我辯誣的文章，我將保留對對貴刊訴諸法律的權利」云云。其間，她甚至準備聯繫張思之大律師，想請他為自己代理這一訴訟。

半年多過去了，《炎黃春秋》未見刊載，聶元梓也曾多次詢問過。一次，電話打到了責任編輯楊繼繩的那裡，聶元梓陳述了個人意見，責問對方為什麼偏聽偏信，不能秉公處置？結果楊繼繩也發火了，回敬了一句：「你這還是文革那一套遺風啊！」接著把電話掛了。事後，聶元梓來電話告知此事，說：「楊繼繩的脾氣可真大啊！」她也許不知道，楊繼繩如果沒有那麼大的脾氣的話，也不會有他自己那麼厚重的《墓碑》一書問世了。

不過，事隔一年之後，到了二〇一〇年，第一期的《炎黃春秋》到底還是刊載了聶元梓的〈我對《夜半抄家記》的意見〉一文，九條意見，盡在其中。老太太說，憋了一年的氣，這才順了點。她說，這封信最重要的是第九條，是一條對歷史的辯誣，證明「全國第一張大字報與康生的老婆曹軼歐並無關聯。沒有曹軼歐或者沒有我聶元梓，那六位同志同樣會寫這樣的大字報的，也同樣會被毛主席批示廣播的。因為這是由毛主席親自發動和親自領導無產階級文化大革命運動的思想目的而決定的。」

虎年春節到了，聶元梓說她給《炎黃春秋》編輯部寄去了一封信，對能予以她這個特殊的政治人物網開一面，讓她說話，表示感謝。這也是四十多年來，聶元梓第一次以個人的名字在國內媒體上刊登文章。

三

其實，多少年來，聶元梓一直處於輿論的風口浪尖上。對牛輝林一文剛剛作出回應，又出現了一個叫張樸的，在特區的一家刊物上刊出《聶元梓印象》，把她描繪出一個諉過與人、死不認錯的政治動物與眾叛親離、與世隔絕的孤家寡人。文章最後不無譏諷地寫道：望著聶元梓的垂垂老臉，我心緒如浪，這位當年號稱「中國第一左派」的造反派領袖，如今住無定所，身無分文，差點靠乞討度日。她活這一輩子，到底為了什麼？她的晚年淒涼，又是怎樣造成的？如果再給她一次機會，聶元梓還會為權力而瘋狂嗎？

這篇文章於去年年底在國內同樣被四下轉載、廣為流播，讓聶元梓的聲譽再一次為往事蒙羞。文章附有作者與聶元梓的合影照片，可她看來看去，怎麼也回憶不起是什麼時候、在什麼地方見過這位作者了，「看來，以後要接受教訓，不能隨便見生人，省得不安好心的人又在那裡信口雌黃！」老太太操著濃濃的河南口音，生氣但又無奈地說。

不過，張樸文中的所謂「住無定所，身無分文」之說，根本就是主觀猜測，隨意編造的，也與聶元梓的現狀大不相符。當年的「五大領袖」，除去譚厚蘭一九八二年早逝外，其餘的三人蒯大富、韓愛晶、王大賓各有自己的事業。經過多方申訴，聶元梓本人的生活起居，早幾年已經歸北京市民政局負責管理，並在薊門橋一帶暫借其兩間住房；每月的生活費，已經由前幾年的六百多元漲到了今天的二千六百元了；看病就醫按照離休人員待遇，全額報銷。對此，聶元梓說：「別看蒯大富比我小二十五歲，他的身體還不如我呢，聽說都中風好幾次了，自理都難咧。」

儘管享受著如此「特例」，聶元梓經濟上還是感到十分拮据。在高消費的北京，這點待遇遠遠不夠，不過就是雇用一個保姆的工資錢，所以日子緊巴巴地不好過。「北京市有明文規定，像我這樣提前假釋、喪失勞動能力的人，應該由原單位接受。但我多年來屢屢給北大、國家教委甚至中央領導人寫信，要求按照國家政策，還由北大來接受安置我，可迄今仍無下文。中間一度想為此事狀告北大校長，可惜已是精力不逮了，算了吧。你可知道像我這樣當年十二級的幹部，現在人人都拿到一萬多的月薪了。」

聶元梓說，她最大願望就是想回北大，已經擬好了給國家高層領導人習近平的一封信，申訴自己的現狀與委屈。她與習近平的母親齊心是延安時代的同住一個窯洞的戰友，看看能否起點作用。「我沒有別的奢望，就是想依照政策重回北大，讓人生有個歸宿。儘管文革中我有罪錯，可我還是一九三七年便參加抗戰的老革命，也是一個北大人，總不能老是依靠民政局的救濟金來過日子吧。另外，這也不是關係到我一個人的問題，是文革遺留的一大批人的問題，這是一個時代的悲劇！」

四

在一個耄耋老人的眼裡，往事還真的並不如煙。幾年了，多次見面，有事沒事，話題就會聊到文革上面。她回憶，文革初起，各個院校都有造反派組織，可毛澤東為什麼偏偏選定了北大作為他的「文革策源地」，這才讓事態不以人的意志為轉移地轟轟烈烈地發展到全國。毛澤東與北大有宿怨，早年他在北大圖書館登錄室勤工儉學時，曾受到代理館長張申府的冷遇，有一次，因為毛的字體潦草，張要他重新再填寫一本圖書卡片，看到了毛的臉上有不豫之色。延安時期，凡是有北平到延安的，毛都要詢問張申府的情況，解放之後，他幾次提到「張申府、張老闆面色很難看啊」。所以，張申府於建國前因為第三條道路被開除民盟成為人民公敵，一九五七年又被打成右派，都與此有關聯。

到了一九五七年反右，北大更成為重災區，教職工打成右派的九十人，學生右派四百二十一人，共計五百一十一人。但毛澤東不高興了，嫌北大當時的校黨委書記江隆基手太軟，就把鐵道部的陸平派來擔任校黨委書記。到了這年十月以及來年春季，不少的單位就已開始對右派進行甄別了，也就是給明顯搞錯的、不是右派的人摘帽，可北大卻反其道而行之，偏偏又搞了一場三個月的「右派補課」，補劃右派一百七十三人，總數達到了六百九十九人（一說是七百一十六人），其中教職工一百一十人，學生五百八十九人，占到了總人數的百分之七。

聶元梓說到，文革初起，有人在北大歷史系貼出一副流布很廣的對聯：「廟小妖風大，池淺王八多」，被監督北大文革的李訥彙報給毛澤東聽，毛澤東說了：「什麼池淺王八多，要改一個字，明明是池深王八多嘛！」並且讓女兒李訥向聶元梓傳達了這句原話。一個「深」字不要緊，運動又火上澆油似地升級了。儘管如此，毛還是感到不滿意，到了一九六八年七月二十八日，毛在人民大會堂接見「四大領袖」，直接對聶元梓說：「最近有些學校鬥了些黑幫，畫了像，新北大才搞了十幾個，就那麼點黑幫？我看不止那一點吧。」到了這年年底的十二月十八日夜，北京大學副校長、歷史系主任翦伯贊夫妻雙雙吃下大量安眠藥自殺身亡，也是熬不過去的結果。

直到今天，聶元梓還堅持認為自己是純屬政治判決。她說，拿這場給中華民族帶來深重災難的文化大革命來說，該由誰來承擔歷史的罪錯？是被人稱為「五個指頭」，大拇指即發動者毛澤東的罪錯，還是林彪、四人幫的罪錯？或是我們這些被判刑囚禁了十多年的「五大學生領袖」的罪錯？誰又能知道文革的真實內情？像我這樣一個當年被全國上下視為大紅大紫的「造反第一人」，還不到兩年時間，就在十萬人大會上被江青說成是「聶元梓太驕傲，誰的話都不聽了，叫他反右他反左，破壞了毛主席的偉大戰略部署」，自此就把我給逐出中國的政治舞臺了。也許當年聶元梓的名字還有被利用的必要，對我的拘留審查對外沒有宣佈，九大的時候，我是在學習班裡批鬥中被選為中央候補委員的，九屆二中全會，我是從居留地江西被三個人押解進京參加會議的，會後又被押解回去。連自己什麼時候被選為北京大學革命委員會副主任（主任為八三四一部隊的楊德中），都不知道，還是後來從我的判決書上看到的。這就是中國的政治，可以說，人們並不瞭解我在文革中的實際情況。

在她有期徒刑十七年的判決書上，清清楚楚地寫道：「本庭確認，被告人聶元梓在『文化大革命』初期，積極追隨林彪、江青反革命集團，參與推翻人民民主專政的政權的陰謀活動。」對此，聶元梓憤憤不平：十年文革，政治風雲瞬息萬變，人事滄桑白雲蒼狗，其後的八年，我都是在失去人身自由的監禁中渡過的，如果有正常歷史思維的話，請問：文革初期，林彪、江青這兩個反革命集團形成了嗎？如果沒有形成，當初我所追隨的，又是什麼「集團」？判決書上為什麼非要把我與這後來才有的兩個集團緊緊地捆綁在一起？

五

「都是牆倒眾人推，毫無是非公道！」這是聶元梓對當下「文革學」的一種評介。作為「全國第一張馬列主義大字報」的當事人，任意被人妖魔化，有人說她是「亂世狂女」，有人說她「政治野心家」，是文革的「始作俑者」。滬上的一個頗為影響的傳記家，在文章中還言之鑿鑿地說她早已經死了。對此，她感到委屈，覺得自己就像一個政治玩偶，讓人高高拋起，又重重摔下，再由人恣意糟改踐踏。激憤之狀，溢於言表：「人一倒楣，啥壞事都往你頭上推！我是誰呀，一張大字報就在全國掀起那麼大的浪，能讓天下大亂了？」

聶元梓不明白，民間為什麼會流傳鄧小平的一句話，一看到我那跳樓的大兒子，就想到了聶元梓。甚至還有傳言是她叫人把鄧樸方從樓上推下去的。這些傳聞，恐都不是空穴來風。所以，文革結束後，新校長周林一進校，就宣佈「四人幫」對聶元梓的隔離審查、批鬥勞改的一切規定繼續有效。而聶元梓本人從內部發行的《北京大學紀事》上，還找到了這樣一段史料，一九七八年三月二十二日，鄧小平約見包括北大校長周林在內的教育界人士，特意問到聶元梓怎麼樣？當聽到有人說她要翻案時，鄧說：「她有什麼案可翻？聶元梓你們為什麼不批？這個人至少應該開除黨籍，調到別處去勞動，她有一張大字報，對文革起了推動作用，康生說王八蛋也要支持嘛！」

所以她認為，這也決定了自己被判處十七年的案子，出現不允許上訴、也不讓證人出庭這些違背法律程序的現象。聶元梓辯解說，鄧樸方的跳樓致殘，與我並無關聯，我能不翻案嗎？且看鄧小平的女兒毛毛《我的父親鄧小平『文革』歲月》一書的講述：「八月末的一天，是令我們銘心刻骨的一天。鄧楠回來告訴我們，哥哥因不堪虐待，趁看押的造反派不注意時跳樓以示最後的抗議。」注意，時間是八月末，也就是工宣隊進校十天以後的事情，而據《北京大學紀事》記載：「一九六八年八月十九日軍宣隊進入北大後，從此北大的一切權力，特別是領導文化大革命的權力，統統歸宣傳隊行使。」此時的我，也已經失去自由被隔離審查批鬥了，與鄧樸方的跳樓有什麼直接關係？更可笑的是，對我的判決書認定：「一九六八年四月七日，在被告人聶元梓指使下，在校內製造了『反革命小集團冤案』，致使多人受傷，其中鄧樸方下身癱瘓、終身殘廢。」這裡，硬把鄧樸方跳樓一案的發生時間，幾近提前了五個月，這真是罔顧事實的違心之論啊。

判決書上，還有一個有待澄清的歷史公案，上面寫道：「一九六六年十一月十五日，江青派人把被告聶元梓秘密接到花園村『中央文革』記者站，江青、陳伯達、姚文元、王力、關鋒、戚本禹等人密謀，派聶元梓去上海『造反』。」聶回憶，審訊我時，我請法庭出示與江青勾結的證據，可他們既無旁證、又無佐證，可以說沒有一份能證明是江青指使我到上海造反的相關材料。現在，我自己從香港出版的《王力反思錄》上，找到了一條最有力度的證據，證明派我去上海的根本不是江青授意的，而是根據毛澤東的指示。當時作為中央文革辦公室主任的王力在回憶中詳述了這一事件：「毛澤東對文化大革命的想法，是想把北京的群眾組織、學生、工人、機關幹部的造反派連在一起，通過聶元梓等人到上海串聯，把北京和上海連成一片。江青找我，主席的設想，組織個班子去上海，最早她想李訥（肖力）要去，聶元梓去，阮銘也要去，搞個比較大的班子。聶元梓住在中央文革，叫她負責籌備這個班子。李訥找過我，我介紹她見過聶元梓。江青說李訥去不去，毛主席正在考慮，因為她正在搞農村文革的指示。後來江青又傳達毛主席指示，李訥不去，阮銘也不去，班子不要那麼大，聶元梓也不要代表北京市的紅衛兵組織，只代表她自己和北大的群眾組織，用北大群眾組織的名義去上海……我跟聶元梓說時再三叮囑這幾條，說是毛主席、中央文革的決定。」

六

二〇一〇年春節一過，轉眼就到春暖花開的四月天了，聶元梓八十九歲的生日就在這時候。按照中國人「過九不過十」的傳統，也就要邁入她「九十初度」的歲月了。對一個在中國政治舞臺上曾經大紅大紫、但又大起大落的人物來說，好像早已經蓋棺論定了。但在民間，她並沒有被歷史塵封，依然是一個被屢屢提起的話題。對自己的政治生涯，聶元梓說，她自己經常會捫心自問，我怎麼會成為反革命呢？我十六歲就參加革命了，可以說是南征北戰，出生入死，我父母兄妹全家十一人都在為黨工作，兩個人壯烈犧牲，六個人坐過敵人的監牢。父母將全部家產都捐獻給國家，至今我們家的房子還辦著學校，中共河南滑縣縣委就是在我家成立的，歷屆縣委書記包括趙紫陽同志都是在我家裡辦公。參加革命後，我就抱定了為黨犧牲一切，甚至包括自己的生命，怎麼會產生反黨思想和參與顛覆國家政權的活動？

聶元梓認為，不是要提倡反思嗎？但全民族都要反思，要雙向反思，對的不可能全對，錯的也有其歷史原因。她說自己九十歲了，前四十五年只知道跟黨走，路走對了；後四十五年也是自覺跟黨走的，沒想到會淪落到今天這個地步。看看今天的社會現實吧，經濟是發展了，日子是好過了，但官場貪腐、貧富懸殊、觸目驚心，以黨心、民心來看，難道說能比四十多年前的社會狀況更好更公平嗎？過去提「無產階級專政下的繼續革命」，「打倒」和「砸爛」一切固然不對，可對革命的原動力來說，包括文革，不也是因為有官僚主義的存在和社會不公的因素而引發的嗎？

近距離觀察，雖說是年屆九旬的老人了，但聶元梓的思維還很清晰，她說，直到今天，自己才深刻地悟出一句名言的真諦：歷史永遠是勝利者和權力者寫的。她解釋參與文革的動機：「我當年來北大，是大哥聶真與陸平聯繫的，我與陸平本人並沒有個人恩怨。」所以，對「何等好也」的那張大字報來說，它的恰逢其時的出籠以及所產生的瘋魔般的效應，絕非今天一再重複地「造反」二字所能涵蓋的，這裡面既有一個老共產黨員對黨中央發動文革的「五・一六通知」和「防修、反修」偉大號召的正常反應，也有官僚主義、宗派主義在北大歷次運動中所造成的積怨爆發所致。這多種合力的結果，才有了「第一張大字報」的出世。

按照官方的說法，十年文革等同於十年浩劫、十年夢魘。可是發動者為什麼還是萬眾景仰的「英明領袖」；黨還是「偉大光榮正確」的黨；舉手贊同文革的有些領導人反倒成了受害者，甚至還要加害別人。一個國家與一個黨的錯誤，能否就這樣利用「政治替罪羊」審判方式，輕而易舉地算在幾個「造反派」身上。這樣刻意營造的一種的歷史記憶？距離客觀公正又有多遠？現在不是天天說要尊重歷史、還原歷史嗎？尤其是億萬民眾所親歷過的文革史，更不應該是任人隨意來曲解的，還是讓事實來說話吧！

一經回首往事，每每心有不甘。九十初度的聶元梓又說了一句經常掛在嘴邊的話：「只要我活著，就會繼續申訴，不為別的，就是覺得自己這輩子太冤，九十歲的人了，不知道還能有幾天活頭，說實話的日子不多了！」

2 習仲勳的一九六二

——在「習、賈、劉反黨集團」的政治漩渦中

一九六二年春夏之交，中共西北局第二書記、陝西省委第一書記張德生身患重病，正在大連療養。他的病情起先誤診為肝炎、膽囊炎，後被確診為肝癌。這年九月初的一天晚上，中共中央西北局第一書記劉瀾濤通過一個中層幹部給張德生打電話說：「中央工作會議正在揭發批判國務院副總理習仲勳，請德生同志馬上去參加會議。」張德生解釋：「我出來養病是經過小平、彭真批准的，現在症狀並未減輕，恐怕沒有精力參加會議。」到了第二天晚上，劉瀾濤直接同張德生通話，既是關心又是警告地說：「這次會議很重要，你不參加政治上會有損失。」張德生這才感到形勢的嚴峻性，不得不支起病體趕往北京參加會議。

原來，在這年八月的北戴河會議上，毛澤東發表了關於「形式、階段、矛盾」的著名講話，中心問題又從年初「七千人大會」上加強黨的民主集中制、切實貫徹調整國民經濟的方針轉到了階級和階級鬥爭上面。緊接著，從八月二十六日到九月二十三日，又為召開八屆十中全會先開了一個月的預備會議。會議前期，主要討論農業問題，集中批評鄧子恢的所謂「翻案風」。但從九月六、七日起，會議開始轉入批判彭德懷六月份遞交中央的八萬言書所引發的「翻案風」和習仲勳的「反

黨集團」。其間，康生等人利用黨內政治生活不正常的情況，提出了小說《劉志丹》（上冊送審樣書）有嚴重政治問題，是在為高崗翻案，向黨進攻，以此陷害支持這部小說的習仲勳、賈拓夫、劉景範等人。據薄一波回憶，九月二十四日，毛澤東在八屆十中全會上講話時，康生遞上一個條子，毛澤東念了這個條子說：「現在不是小說刊物盛行嗎？利用小說來進行反黨活動，這是一大發明。這是搞上層建築。」接著，毛澤東提出一個理論觀點：「凡事要推翻一個政權，總要先造成輿論，總是要先搞意識形態方面的工作。無論革命也好，反革命也好，總要先搞意識形態方面的工作。」

張德生匆匆帶病所參加的批判習仲勳一案，正是由一部小說《劉志丹》引起的折騰了十七年，株連約六萬人，致死上千人的現代文字獄。

原來，在批判彭德懷的「翻案風」時，中共雲南省委第一書記閻紅彥由於在劉志丹的弟媳李建彤所寫的小說《劉志丹》（剛剛在《光明日報》和《工人日報》上連載）裡找到了自己不甚光彩歷史影子，遂向康生挾私誣告，說這部小說描寫了高崗的事蹟，意在「為高崗翻案」。而閻的誣告則為康生提供了一個整肅西北幹部的一個重磅炸彈，並由此揪出來一個龐大的「西北反黨集團」，或稱「習、賈、劉反黨集團」。整個動作如此之大，是因為康生說了：「《劉志丹》小說，比彭德懷的萬言書還惡毒。」中央政治局委員彭真還把某些人的揭發材料拋了出來，說：「就是等著一天的，你們果然寫起了小說。」內中揭發的第一人就是彭德懷，說彭在高崗家裡談話，內容是對劉少奇的土地政策有意見，這就是他們的「反黨活動」。被揭發的第二個人就是習仲勳，說習不同意揭發彭德懷：「高崗出了問題，拉扯長征幹部幹什麼？」第三個就是揭發劉景範，說當時劉也在習家，也表示不同意。於是這樣就得出了結論，習仲勳和劉景範包庇彭德懷。彭真說：「這個揭發早就有了，中央寬大，是觀察你們，看改正不改正。結果你們誰也不改，反而合夥寫了反黨小說，這賬要一塊算了。」同樣的話，李建彤在劉景範寫的一篇紀要中也看到過，八屆十中全會後的一天下午，劉景範被通知到彭真的會客廳裡，彭真和中組部長安子文都在，彭真說：「你寫的《劉志丹》是反黨小說，為高崗樹碑立傳，是為高崗翻案的。」紀要寫道，彭真說：「習仲勳是裡通外國的，這本小說不過是導火線，高崗反黨集團的問題，過去中央採取不擴大的政策，沒有徹底解決，這次要徹底解決了，你要徹底交代問題，你們都是反對毛主席的。」

由此看來，在中央，要徹底解決「習賈劉反黨集團」也是由來已久、張網以待的一場運動。

在九月二十二日的全會上，中共中央決定設立了兩個審查委員會，一個是彭德懷一案，另一個就是習仲勳等人一案。第一個專案組由賀龍負責；後一個習仲勳專案組由二十人組成，康生任主任，劉瀾濤副之，安子文是秘書長、專案組成員中也有西北局第二書記、陝西省委第一書記張德生。自此，便開始了對反黨小說《劉志丹》一案先定性、後求證的漫長的審查過程。

把習仲勳的「反黨」問題定性之後，會上確定了習仲勳、賈拓夫、劉景範三人為「反黨集團」。賈拓夫雖與小說《劉志丹》一案無關，但據說廬山會議期間，彭德懷曾讓他看過給毛澤東寫的萬言書，加上他是西北幹部中職務僅次於習仲勳的，所以在所難免。作為劉志丹的弟弟劉景範的罪名，就是授意妻子李建彤寫了《劉志丹》。不過，三個人自然不夠一個「集團」的，於是，康生和劉瀾濤就開始追逼習仲勳交代「反黨集團」的其他成員，習仲勳起先只是違心地表示，一切責任由我承擔，沒有什麼集團。後來逼供沒完沒了，習仲勳只好把已經被打倒的西北幹部說出來，如最高法院副院長馬錫五、原內務部常務副部長王子宜、原甘肅省委第一書記張仲良、原青海省委第一書記高峰。此時，康生火了，疾言厲色地說：「習仲勳你真狡猾，交代出來的都是已被打倒的死老虎，要交代尚未被揭露的新成員！」習仲勳堅持說：再沒其他人了。就這樣僵持到散會時間已過，劉瀾濤只好宣佈暫時休會，但要求習仲勳下去以後必須認真考慮，明天上午一定要交代「反黨集團」新成員。

第二天上午，劉瀾濤向西北小組傳達說，昨晚，中央工作會議各小組向恩來、小平等中央領導同志作了彙報，在談到「反黨集團」成員時，恩來同志說：「習仲勳這個人不老實，過去他對中央說過假話，現在他的話也不能信，不要往下追了。」聽到這裡，西北藉的中央委員、候補委員以及隨行秘書們都長長地舒了一口氣。因為大家都曾是習仲勳的下級，誰也不知道參與反黨集團的帽子會扣到哪一個人的頭上。

就在批習鬥爭進入高潮以後，中共中央印發了高崗後妻李力群於一九五九年廬山會議期間揭發習仲勳與高崗「密談」的萬言長信。為什麼這份揭發信直到三年後才印發出來？有人推測，在廬山會議上，習仲勳發言謹慎，同彭德懷問題沒有牽連，而李力群的揭發信則是自說自話，沒有旁證和物證，難以落實，所以中央當時並沒有當做一回事，並沒有把彭習掛靠在一起。然而，三年過後，當習仲勳成為主要的反黨頭子後，這些揭發材料就成為重要的政治殺手鐧了。

其實，李力群的揭發信本身就經不起推敲，稍一分析，漏洞百出。

第一，「高習密談」的說法本身就是站不住腳的，因為在高崗第一次自殺未遂以後，習仲勳是受周恩來的委託去給高崗作思想工作的，這是一次合法的談話，不能誣為「密談」。另外，既然是「密談」，外人不得與聞，但李力群為什麼聽得這麼完全，記錄得這麼完整，甚至可以寫出一萬多字的揭發長信出來？

第二，李力群揭發習仲勳對高崗說的話，都是些煽動高崗不滿、並促使他自殺的言論。作為同是陝甘紅軍和陝甘蘇區的創建者之一高崗與習仲勳，僅就他們的歷史關係來說，只有勸說高崗檢討過關，才會對習仲勳有利；高崗對黨頂牛，甚至自殺對習的政治前途並不利。難道說習本人連這點起碼的政治經驗都沒有？

第三，李力群揭發「高習密談」的要害是「陝北救中央」，這句話也成為給習仲勳反黨集團定性的主要根據。其實，稍有黨史知識的人都知道，即使習仲勳說過這樣的話，也是符合歷史事實的。當年，不到三萬人的中央紅軍在國民黨幾十萬大軍的圍追堵截下，且戰且退，進行了二萬五千里長征，早已疲於奔命，如果沒有劉志丹、高崗、謝子長、習仲勳等創建的有著三十多個縣的陝甘根據地，中央紅軍連喘一口氣休整的地方都沒有的話，中國革命的歷史恐怕就要重寫了。再說，連毛澤東本人對陝甘寧邊區根據地的評價也是很高的，稱之為「萬里長征的落腳點和抗日戰爭的根據地」。

第四，李立群信中揭發，高崗死後，習仲勳曾把一支手槍交給高崗前妻之子高毅，要他為高崗報仇。這件事更是荒謬不堪，難以置信。試想，高崗人死後，他的子女還能再進中南海嗎？那一支小小的手槍，能夠對付強大的八三四一警衛部隊嗎？還有，如果要報仇，為什麼不讓住在北京的同高崗關係密切的高崗後妻李力群及其子女去報仇？偏偏要捨近求遠、捨親求疏地讓高崗的前妻之子去報仇呢？

由此可見，李力群的全部揭發材料只是她一人編造的，並沒有任何旁證。當時，在強大的政治壓力下，只憑李力群一人揭發，就要在會議上強迫習仲勳承認這些莫須有的指控。對此，習本人雖然被迫承認，也說了一句：「具體事實有出入。」但卻拒不承認康生強加在自己頭上「反黨大陰謀家、大野心家」的帽子，後來就索性請假不參加會議了。事後，習仲勳在家「反省」，接受審查，由於對康生強加的「罪名」想不通，在很長時間裡也沒有動手寫檢查，直到一九六三年秋，才整理出一個「檢查報告」。裡面有著沉痛的一句：「三十六年的恩情毀於一旦。」所說的三十六年，是指從一九二六年參加革命到一九六二年，受到黨培育恩惠整整三十六年時間。內中愁腸百結，哀怨難訴。

會議期間，西北組集中批判習仲勳，中南組和軍隊幹部集中揭批彭德懷，其他小組彭習兼批。有的揭發習仲勳「反黨野心」的發言，語出驚人，無邊無沿，如文化部常務副部長錢俊瑞說，習曾對他講過：「高崗這個同志太心急了，毛主席百年之後，不是你又是誰呢？」此時，鄧穎超馬上接過話茬說：「習仲勳能把這樣的話對你說，看來你陷得很深啊！」查歷史，錢俊瑞同習仲勳並沒有任何歷史淵源，又不是朋友又沒有上下級關係，習仲勳怎麼會把高崗要接毛主席班這樣敏感的話題對他說呢？

至於對反黨小說《劉志丹》問題，會議上的說法是：「在習仲勳的授意和支持下，由李建彤炮製了反黨小說《劉志丹》。」並成為這個反黨集團的政治綱領。這年十月，會議甫一結束，康生領導的專案委員會就開始了由中組部、中宣部和中央監察委員會組成的「三堂會審」。此前，劉景範曾埋怨妻子李建彤說，仲勳不讓她寫，我也不讓她寫，她偏偏要寫，現在連累仲勳出了這麼大的事情，其實仲勳根本沒看過稿子。但安子文、中監委副書記錢瑛在審訊劉景範時，是按照會議基調審問：「李建彤是個小女子，她怎麼可能知道那麼多事情，應當說是你和習仲勳寫的。」劉景範反駁說：「她已四十多歲，不是小女子，她什麼都懂。她看的書多，採訪的人多，查的資料也多。」劉景範這樣說，不是單為自己辯解，只是想保護習仲勳，自己家裡人寫書，把人家連上了，於心不忍。當年的專案組為了給習仲勳羅織罪名，把李建彤的採訪記錄一字一字地摳，斷章取義，深文周納，如習仲勳講過：「高崗過去是對的，但那是過去的事了，不必提了。」於是專案組便把後面的話省略，於是成了「高崗過去是對的」，並大做文章：「看看習仲勳是什麼人，他念念不忘說高崗過去是對的。十足的反黨頭子，反革命嘴臉！習仲勳吹捧劉志丹，吹捧高崗，就是吹捧他自己。排第一的劉志丹犧牲了，排第二的高崗自殺了，就輪到他了。他成了第三繼承人，想當全國的領袖。」有一次，專案組的人說：「習仲勳已經交代了，他說寫死人是為了抬高活人。他想當西北的第三繼承人，才支持你寫書的。」李建彤忍無可忍，脫口而出：「那是你們逼出來的，他是死豬不怕滾水澆了，你們逼啥他說啥。我寫書時沒有聽過他有那個意思。如真有那個意思，就是他發了昏！」

會議期間，劉瀾濤要求張德生揭發習仲勳，劃清界線。張德生寫了一份信給中共中央，大意是在高崗問題上我是有錯誤的。一九五二年，張秀山曾經向我散佈議論劉少奇同志的流言蜚語，我當時覺悟不高，沒有及時向中央彙報，直到一九五四年七屆四中全會後才報告。一九五三年，我曾向中央寫信，錯誤地控告薄一波在財政部搞獨立王國。由於以上錯誤，不宜參加審查習仲勳的專案審查委員會。這封信送達之後，鄧小平代表中共中央答覆：德生的問題，中央知道，不影響他參加專案委員會，他的職務也需要參加這個委員會。儘管如此，張德生信中所說的兩個問題，成了他終生的內疚，直到一九六五年三月病危臨終前，還在檢討。張德生主張，在重大黨內鬥爭中，中央和毛主席號召揭發批判，不表態是立場問題，但所表述的事實必須準確，不能偽造，至於分析批判，是高是低，是對是錯，中央在做結論是是會考慮的。他本人也不知道高崗與習仲勳之間有什麼牽連，只是提出了與習仲勳有關的幾個問題：

1 一九四九年春天，西北野戰軍前線委員會在洛川召開會議，討論新解放區的工作方針，彭德懷主張以減租反霸為中心，習仲勳則堅持恢復和發展生產為中心。

2 一九五〇年西北軍政委員會成立以後，副主席張治中在講話中提到蔣介石的時候，都要稱蔣先生。當時西北局黨報《群眾日報》編輯部要修改講話，習仲勳指示：「按照張副主席原話發表，一個字不能改。」

3 習仲勳離開西北後還經常插手西北的工作，例如，不許拆西安城牆。

4 在一九六一年困難時期，習仲勳要求陝西省給中央機關領導人送過幾次富強粉。

5習仲勳的家鄉富平縣遭災，習仲勳要求陝西省政府為富平縣調糧撥款救災。

6西北各省主要幹部任用都要徵求習仲勳的意見。

其實，按照今天的眼光來看，這幾個事實也是不容爭議的。如新解放區的工作以恢復和發展生產為中心，是七屆二中全的決議，習仲勳提出這樣的方針並沒有錯，況且，如果說習仲勳所提的方針錯的話，那不是又成了彭德懷對了嗎？還有尊重張治中，是毛澤東、周恩來一再交待的，習仲勳此舉也不為錯。作為在國務院分管西北地方的副總理，習仲勳過問西北各省的工作是履行自己的職權，不能說是「插手」。何況，他不許拆除西安的城牆，為中國省會以上的大城市保留了唯一的一座城牆和城樓，是功還是過？還有，一九六一年，陝西為中央機關送了幾次富強粉，書記處書記和副總理以上的領導人人有份，當時，全國只有陝西省還拿得出富強粉。

因為「習仲勳反黨集團」的根子在陝西，八屆十中全會結束後，西北領導人回去後，分別召開會議，傳達貫徹會議精神，號召聯繫本省實際，著重批判習仲勳，揭發與這個反黨集團有牽連的人與事。在集體沉默、一致聲討的八屆十中全會上，只有一個力抗逆流，對彭德懷、習仲勳不揭發、不批判，而且在私下談話中表示：「仲勳是個好同志啊！」他就是中共中央候補委員、陝西省省委書記、省長趙伯平。像這樣堅持真理、不隨大流的「硬骨頭」，僅此一人。會後，劉瀾濤找他談話，但他仍保持沉默。於是，趙伯平和省委書記、西安市委第一書記張策便成了與習仲勳反黨集團有關聯的主要鬥爭對象。

張策回憶：在六二年中央八屆十中全會上，所謂習仲勳同志問題發生之後，在陝西省又颳起一場殘酷鬥爭、無情打擊的妖風。一個是把趙伯平和張策與習仲勳拉扯在一起，大搞株連，羅織，抓所謂反黨集團；另一個是凡是與所謂「反黨小說」《劉志丹》有關係的，接受過作者採訪的，提供過歷史材料的，大多要株連。抓我的反黨集團問題，查我與習仲勳同志的歷史關係問題；查我與所謂「反黨小說」《劉志丹》作者李建彤的來往；批判我給「反黨小說」提供了什麼材料。批判我說過毛家溝門戰鬥時有高崗，就是美化高崗；在「省市關係」問題上把西安市眾多同志意見一概看作我個人的意見，並把我個人的意見看作是習仲勳通過我來搗鬼。在批判者看來，只有把我與習仲勳的問題掛起鉤來，才能把我打倒。有人逼問我與習仲勳的關係，我當即答覆：是在一個窯洞裡鬧革命的關係。因為我本人千思萬想與習仲勳的關係，實在沒有他們所講的「滔天的罪行」。

就在陝西省委三屆五次會議之前，有人就把習仲勳一位老秘書T調來，專門揭發習的問題。T寫好揭發材料後，先徵求省委常務書記趙守一的意見。趙看了材料後，提出兩個問題讓他考慮。一個是，T揭發習仲勳曾讓他抄寫中共中央的一份絕密文件送交蘇聯駐華大使館；另一個是有一個戲劇演員在一天上午拜訪習仲勳，在這個演員走後，T發現習的床上有污血。趙守一卻質疑，假定習仲勳要給蘇聯駐華大使送文件，為什麼不用照相機拍攝原件，卻要你抄寫一份，你抄的是否原件，難道人家就不懷疑？第二個問題，你說的那個演員是科班出身，從小就在劇團練功，處女膜早就破裂了，不會有血的。T秘書當時接受了趙守一的意見，刪掉了這兩個揭發事例。然而到了文革期間批鬥趙守一時，T秘書又在大會上檢舉出這兩個事例，來指控趙守一阻止他揭發習仲勳。T秘書還公開揭發他自己虛構的習仲勳不可能對他說的話，如高崗自比中國的史達林，而習仲勳自比中國的馬林科夫。他還畫了一張圖表，把國務院一些並非西北藉的副秘書長、副部長、辦公廳主任以及處長、秘書等都劃入所謂的「西北幫」，可惟獨沒有他自己，因為他自稱是「受習仲勳排斥的人」。可見，為了整垮一個「反黨集團」，各種手法其中包括齷齪的誣陷是無所不用其極的。

與此同時，在「西北是彭高習的反黨老巢」、「彭高習在西北的流毒很深」等口號下，西北其他省區也揭批了一些習仲勳的老部下，如曾兩次受到處理的甘肅省常務副省長霍維德、寧夏回族自治區第二書記李景林和副主席吳生秀、青海常務副省長張國聲、新疆自治區黨委副書記武開章和副主席楊和亭、呂劍人。就這樣一級一級地上掛下連，全西北株連了一萬多人。而且一人反黨，連家鄉的山川草木也跟著蒙羞。習仲勳的家鄉富平縣淡村和他鬧革命時的根據地陝西三原縣武字區，趙伯平的家鄉陝西藍田縣趙家村，都被誣為「反黨老巢」，全區全村的民眾都受到株連。習仲勳家是中農成分，上升為反動富農，趙伯平家原也是中農，更上升為惡霸地主。一切與陝北革命歷史有關的文章書籍、電影戲劇，甚至歌曲，也跟著小說《劉志丹》一起受牽連，都不能說、不能寫、不能看、不能畫、不能唱。

到了一九六三年，批判升級，以劉瀾濤為首的中共中央西北局開始全面清算彭德懷、習仲勳在中共西北中央局時期的「右傾機會主義路線」。一九六四年，由陝西省委辦公廳起草《關於徹底清除彭高習反黨集團流毒》的文件，已經將建國後由中央定性的三個反黨集團的頭頭名字合稱為「彭高習反黨集團」了。所謂習仲勳歷史上的「右傾機會主義路線」，具體表現如下：

關於土地改革和鎮壓反革命運動

毛澤東曾根據他早年在江西一帶的調查，得出了地主富農農村總戶數的百分之六、七、八的控制數字，這個數字後來也成為全國土地改革的經典數字。

一九四九年八月四日，習仲勳作了《關中新區工作方向》的講話，他根據西北局研究局和陝西省委研究室一百多份調查報告指出：「關中農村土地不很集中，地主占農村戶口不到百分之一，加上富農共占百分之六左右，共占土地百分之二十左右。」他認為農民的主要敵人，不是一般的地主、富農，而是「互相結合的惡霸、特務、土匪組成的農村中最主要的反革命殘餘勢力。」故此，他提出：「對地主的鬥爭方式，最基本的是說理鬥爭，並須與人民法庭的審判相結合。對毛主席的《湖南農民運動考察報告》，要領會其精神，……但不能抄襲那一時候的一切鬥爭方式。」

一九五一年八月二十二日，習仲勳在關於甘肅土改運動的講話中又說：「放手是放正確之手，……不能放錯誤之手，亂打人、亂鬥爭、亂沒收，降低或抬高成分，這些都是錯誤的。」

關於「鎮壓反革命」，習仲勳在給中共中央和毛澤東的請示報告中說：西北地方有民族和宗教問題，應該更加寬大，建議在西北把鎮反方針修改為「寬大與必要的鎮壓相結合」，建議將殺人指標減少一半，減少到占總人口的千分之零點五。毛澤東批准了習仲勳的請示報告。後來在實際執行中，西北地方鎮反的殺人數字在千分之零點四左右。這就是說，西北比全國其他地區少殺了百分之六十的人。在西北局的一次會議上，有人提出四川把保長以上的敵偽都殺了，可我們西北對保長一級的基本上沒動，習仲勳對鄧小平在四川的作法不好說什麼，只能解釋說，四川的保長多半是袍哥，可能殺得多一些。

關於少數民族地區的土地改革與剿匪、鎮反運動

一九五二年五月四日，針對於西北地方土地改革和剿匪鎮反所出現的「左」的偏差，習仲勳在《關於西北地方土改和統一戰線、民族工作的報告》中提出：「在民族團結的基礎上去進行改革」這一口號，並提出具有獨創性的政策，即除了「通過當地民族大多數群眾自願」和由「本族群眾為主去做」以外，「首先爭取各民族上層人士和宗教上層人士的同意和贊助」。他要求用「改得和平些」和其他必要的妥協，去換取民族、宗教界上層人士的贊助。同時，他還規定了幾條政策界限：「遊牧區不宣傳土改，也不提反惡霸，不清算；半農半牧區暫不土改；嚴格保護畜牧業，畜牧一律不動；喇嘛寺土地一律不動；清真寺所屬土地暫時一律不動；必須排出各民族、各教派頭人名單，堅決保護必須保護的人過關。」

上世紀五十年代初期，甘肅省兩次大規模的回民暴動，有一次甚至占領了甘東的平涼市；另一次解放軍傷亡近兩千人。當時，習仲勳認為一味地用武力鎮壓的辦法不行，他在爭取到伊斯蘭大教長馬震武的支持後，請伊斯蘭教上層人士組成代表團，通過談判，和平解決了爭端。青海著名的千戶項謙，一再發動暴亂，地方軍政當局準備重兵圍剿，習仲勳對當時的青海省委第一書記張仲良說：絕不能打，藏民是遊牧民族，遊而不定，你把軍隊開去嗎，他就跑散了，軍隊一走，他又集合

起來暴動。他請青海省副省長、藏傳佛教的經師和大學者、中國佛教協會會長的喜饒嘉措出面勸說，結果，多次暴動的項謙終於和解投誠。後來項謙到西安參加西北軍政委員會會議時，特地給習仲勳敬獻哈達，說：「習書記救了我一命，也拯救了成千上萬的藏族同胞，不然的話，那將要多少人頭落地啊！」

後來，毛澤東在中南海談到習仲勳的開明民族政策，曾當面贊許說：「孔明有七擒七放，我們還多了，來個十擒十放！」因為毛澤東的這番談話，後來被傳為習仲勳對項謙十擒十縱。其實，沒有這麼多，但習仲勳確實做到了兵法上「不戰而屈人之兵」的最高境界。但在八屆十中全會之後，習仲勳這些寬容明智的政策，都成了他「右傾機會主義路線」的反黨罪行。受到了長達十六年的清算和批判。在一九六四年到一九六六年文革前的「四清運動」中，西北各省和自治區都進行了土改鎮反的「民主革命補課運動」，重新補劃了一大批地主富農和反革命分子，僅陝西關東地區就補定地富分子五萬八千八百六十五戶。文革十年後，到了十一屆三中全會前後，西北各省複查的結果證明，在「四清運動」中所補劃的地富反壞分子，基本上全錯了。所謂習仲勳「土改、鎮反不徹底」的「右傾機會主義路線」是不存在的。相反，歷史證明，習仲勳當年所制定和執行的寬容開明的民族路線，是完全正確的，在今天仍值得當政者借鑑。

八屆十中全會後，習仲勳被停職審查，一九六五年又被下放到河南洛陽礦山機械廠任副廠長。到了文革期間，對習仲勳的批鬥進一步升級，採取車輪戰術，大搞逼供信，讓他交代「反黨集團」的罪行。一九六七年初，習又被紅衛兵揪到陝西，一度關押在西北大學，長期批鬥達一年時間。批鬥大會上，有人揭發習仲勳一九五九年率團訪蘇會見赫魯雪夫，又到東柏林拿著望遠鏡瞭望西柏林，家裡設有秘密電臺，有裡通外國的嫌疑等等。習回答：「出訪蘇聯會見赫魯雪夫，在東柏林瞭望都是事實，但絕無裡通外國和私設秘密電臺之事！」造反派聽了，很不滿意，既呼「打倒」，又喊「砸爛」，不依不饒，百般凌辱。其間，習仲勳曾給毛澤東寫信說，文化大革命鬥老幹部，比我們當年鬥地主老財還厲害，再這樣發展下去，局面將不可收拾。紅衛兵把黨和國家領導人畫成百丑圖，這是自己給自己抹黑。信中還說，群眾已經發動起來了，但也還是要黨的領導，不能放任自流。

一九七四年十二月二十一日，毛澤東對《劉志丹》一案作出批示：「此案審查已久，不必再拖了，建議宣佈釋放，免予追究。」到了一九七五年八月底，專案組人員帶著一份審查結論草稿，來到洛陽徵求習仲勳的意見，仍再次申明，恢復文化大革命以前的結論。但習仲勳認為審查結論草稿中有兩段文字不符合事實，完全是主觀推斷，所以不能同意，並明確表示：過去反對，現在反對，將來還反對。

縱觀習仲勳的一生，曾幾次遭受黨內「極左」路線的摧殘與迫害。陝北肅反，險遭不測，幾乎喪命；「習賈劉反黨集團」，又蒙受了長達十六年的不白之冤與政治磨難。這樣的政治經歷，使得他對黨內的「極左」勢力有著一種本能的厭惡與抵制。正所謂江山易改，本性難移。到了八十年代，重新復出的習仲勳在面臨中共元老整肅胡耀邦和「六四」風波的兩個重大歷史事件關口，又兩次拍案怒起、挺身而出，所表現出的，依舊是他那一以貫之的正直坦蕩與仗義執言！

3反黨小說《新西遊記》與一波三折的「范明反黨集團」案

二〇一〇年二月底，內地多家媒體報導了一條為很多人不經意的消息：原中國人民解放軍第一野戰軍政治部聯絡部部長兼秘書長、中共西北局西藏工委書記、開國少將范明同志，因病醫治無效，於二〇一〇年二月二十三日十八時在西安逝世，享年九十六歲。二〇〇九年五月，范明患病期間，中共中央政治局常委、國家副主席習近平委託陝西省委書記趙樂際前往醫院探望。范明逝世後，習近平委託陝西省委常委、省委秘書長魏民洲看望范明同志親屬，對范明逝世表示沉痛哀悼，並向其親屬表示深切慰問。二月二十七日，習近平委派其親屬習遠平代表他專程前來參加遺體告別儀式。習仲勳夫人齊心，在范明患病期間，也多次打電話詢問病情，並派員探望慰問。范明逝世後，齊心專門委託陝西省委辦公廳派員前往家中弔唁、慰問並送花圈。彭德懷元帥的侄女彭鋼少將、十世班禪大師的親屬等也送花圈致哀。

據資料統計，共和國的開國少將，共計有一千三百六十人，貴為國家副主席的習近平一家，為何對范明此人情有獨鍾，這般重視，甚至要委派出自己的弟弟習遠平親自來向范明的遺體送別？這絕不僅僅是一般的老鄉關係所能夠解釋通的。原來，在范明身上，隱含著西北局老一輩人幾十年是非恩怨，也是中共高層很難梳理清楚的「一榮俱榮，一損俱損」的政治糾葛。

范明其人

范明（一九一四～二〇一〇）原名郝克勇，臨潼櫟陽郝邢村人。一九三二年加入中國共產主義青年團。一九三八年轉入中國共產黨。他曾任國民黨第三十八軍中共地下黨工委書記，並在由時任中共西北局書記習仲勳策劃指揮的橫山起義中，發揮重要作用。解放戰爭中，范明參加了陝北、關中的多個戰役，後任中共中央西北局統戰部處長，騎兵第六師政治部主任，一九四九年任第一野戰軍政治部聯絡部部長兼秘書長。中華人民共和國成立後，任中共西北局西藏工委書記，西北軍政委員會駐班禪行轅代表，西北人民解放軍進藏部隊司令員兼政治委員，中共西藏工委副書記，書記處書記。一九五五年被授予少將軍銜。

范明的父親郝鵬程與西北軍楊虎城、趙壽山曾是世交的弟兄。一九四二年底，郝克勇前往延安彙報工作，毛澤東問他：「你舅家姓什麼呀？」郝克勇回答姓范，毛澤東再問清楚是「『樊梨花』的『樊』，還是『范仲淹』的『范』」後說：「好，那就把你的名字改成范明吧！做秘密工作的同志回到延安，都必須改名換姓。」從此，郝克勇以「范明」的名字應世。一九四四年，范明回延安中央黨校學習，曾把自己少年學醫的經歷告訴毛澤東，毛澤東說：「你有這個基礎就好，我給你寫個條子，你拿去找李鼎銘拜師學藝。」但李鼎銘未肯收范明為徒，只是將《黃帝內經素問》、《傷寒論》、《金匱要略》等中醫名著借給范明閱讀，並囑咐道：「爾後再看八大名醫之學，庶可觸類旁通矣！」

除去粗通中醫之外，范明曾就讀於設在西安的國立東北大學政經系，是個有文化的「老革命」。比他大十六歲的彭德懷平時都叫他「范大人」，稱他是軍中「翰林」。一九五九年，彭德懷在廬山會議的一次發言中，批評「反右」擴大化，並為范明大叫冤屈：「范明這個人我是瞭解的，像他這樣的好同志，也打成了右派，那我彭德懷就是老右派了！」

范明與第十世班禪有著深厚友誼。任班禪行轅代表的范明曾教班禪寫毛筆字，有人還說十世班禪的漢字書法與范明的很像。在范明家的客廳裡，掛著一張十世班禪的彩色照片，這是班禪大師在一九八五年九月送給范明的。班禪還用毛筆在照片上親筆寫下「范明同志留念」幾個漢字，並用漢、藏兩種文字簽下名字「班禪確吉堅贊」。

一九五八年反右鬥爭中，范明被打成「極右分子」、「反黨集團頭子」，被下放陝西大荔農場勞動改造，後被關押在北京秦城監獄，前後長達二十二年。其間，在坐牢的十八年裡，經毛澤東關照，范明被允許重學中醫，於是便開始潛心研讀《易經》、《內經》、《傷寒論》、《金匱要略》等中醫經典著作，竟在獄中修煉成為岐黃中人。一九八〇年恢復工作後，范明任陝西省政協副主席，每逢周日等工作之餘，便用自學的醫術給普通百姓義診，全國各地求醫者絡繹不絕，為之盈門，被百姓譽為「將軍郎中」。如此人生傳奇，也不能不令人稱奇。

西藏的兩派之爭

內地媒體關於范明逝世的報導中，有一個明顯的疏漏，那就是他曾任中共西北局西藏工委書記，而不是中共西藏工委書記。二〇〇九年，香港明鏡出版社曾出版范明生前所寫的《西藏內部之爭》，不僅披露了達賴喇嘛、班禪大師兩個陣營之間勢同水火的矛盾，更是詳盡敘述了中共高層內部在西藏政策和人事上的嚴重分歧。所謂的兩派，簡言之，一是中共部隊進藏之初，出身一野，得到西北局習仲勳支持的范明，主要是分管班禪大師工作的西北獨支派；與出身二野，由當時西南局劉鄧大軍委派的張國華，主要分管達賴喇嘛工作的十八軍這兩派。

據范明《西藏內部之爭》書中說，西北局來的一批幹部執行的是習仲勳提出的「穩進慎重」、「不怕慢只要搞對」和「在西藏反封建為時過早」等指導思想，不久就同西南局派去的張國華等發生矛盾。張國華等借用毛澤東批評他們要把西藏劃分成兩個省（行政區）分治思想，把范明所主張的保持協議規定的班禪固有地位性質的分治，誣衊成要把西藏分裂成前藏後藏兩個省，從而想當後藏王的分治思想，將范明等打成「反黨集團」。張國華說：「達賴所以叛亂，是范明把達賴逼跑了。」二十年後，雖然胡耀邦給「范明反黨集團」平反了，但在西藏工作中兩種政策的歷史是非至今都未能分得清楚。

其實，在范明的回憶中，也有不少自說自話的地方。史料證明，一九五〇年一月二日中共決定讓軍隊進藏之際，毛澤東曾指示：進藏工作由西南局擔負，西北局配合，立即進行進藏的準備工作。而在《中國人民解放軍將帥名錄》中，范明的履歷卻是中共西藏工委書記，後又擔任副書記。與范明的真實身分，應是中共西北局西藏工委書記不符。同年一月十九日，劉伯承、鄧小平向中央提出中共西藏工委名單，以張國華（十八軍軍長）為書記，以譚冠三（十八軍政委）為副書記。一月二十四日，中央批覆了這個名單。在十八軍進藏的同時，西北軍區以騎兵支隊，雲南軍區以十四軍四十四師一二六團，新疆以獨立騎兵師配合進藏。一九五一年六月七日，西北局西藏工委成立，范明任書記，慕生忠等為委員。一九五二年一月十日，中央批准了中共西藏工委新的組成名單，張國華仍任書記，范明任副書記。就是因為這兩個「西藏工委」，此後成為西藏發生一系列嚴重分歧和無休止爭論的緣由。

據已經去世的原西藏工委副秘書長張向明《張向明五十五年西藏工作實錄》（自印本）一書敘述，進藏部隊高層發生在對待達賴、班禪兩個集團策略上分歧，主要表現在張國華與范明之間，也叫做西南、西北之間的紛爭。這場紛爭有兩個焦點，一個是力圖控制西藏工委領導權，二是對重大方針政策的不同。書中說范明此人驕傲自滿，宗派主義思想嚴重，個人英雄主義非常突出。剛一接手進藏任務，就在蘭州組織了一個很大的班子搬進西藏，來作為他控制工委領導權的資本，一到拉薩就開始組建西藏工委機關，安排的基本上全是西北進藏的幹部，還把西藏工委的大銅印掌控在自己手中。

一九五一年十二月，西南、西北進藏部隊在拉薩會師，張國華與范明在拉薩晤面。此時，范明提出要為西北獨支舉辦一次與十八軍規格相同的入城儀式，並要求噶倫親自出迎。張國華不同意，因為此前已經舉行過由西藏地方噶倫政府為十八軍舉辦的入城儀式了，而西北獨立支隊再來一次完全沒有必要。但由於拗不過范明，後來還是又重新舉辦了一場專為西北獨支的入城式，而且是千軍萬馬、氣勢如虹的陣勢，凸顯了范明的實力。再就是對待達賴與班禪的地位與關係上。由於范明在一九五一年七月組織了班禪行轅，命名為「班禪行轅入藏工作委員會」，並隨同他率領的西北獨支入藏，所以他與班禪之間的個人關係較好，並被日喀則的藏人稱之為「阿鄉拉」（舅舅）。范明過高估計了班禪集團的進步作用，主張以「以先進推動落後」，即以班禪集團的進步推動達賴集團的落後。但張國華卻認為達賴、班禪都是一丘之貉，沒有左右之分。在張向明看來，過左過激的不是張國華，而是范明，說他無視毛澤東「慎重穩進」的戰略方針，公然主張武裝改變藏軍，並企圖用採取承認、支援使用藏幣的辦法來達到控制統一藏區貨幣的方針。據原十八軍參謀長李覺回憶：范明曾給他看過一個單子，上面寫著范明的治藏方針，內容是「依靠班禪，爭取達賴，實行分治；後藏成立三個專署八個局；支持藏鈔，武裝改編藏軍」等。

北京的「板門店會議」

在西南局十八軍與西北局獨支之間的矛盾難以解決，並已經影響到西藏工作大局的時候，中央於一九五三年十月下旬，在北京舉行西藏工作討論會，目的是交換意見，消除分歧，加強團結，並指定統戰部部長李維漢與副部長劉春主持會議。會議中間，雙方就圍繞著會師中的分歧，統一戰線策略上的分歧、財政經濟上分歧等展開討論。會議一開就是三個多月，舉行過五十九次會議，但許多問題仍爭論不休。這讓鄧小平聽取彙報後，十分不滿，嚴厲批評說：「這個會議在相當長的時間裡不像是共產黨的會議，幸而在北京進行，否則要亡黨亡國。這簡直要開成北京的『板門店會議』了！」此時，正值中共揭發批判「高饒反黨集團」的七屆四中全會，鄧小平讓把這次全會決議拿到西藏工作會議上學習，讓鬧不團結的人引以為戒。這樣一來，討論會馬上轉向，雙方停止爭執，開始各自檢討，到了第二年三月，才宣佈會議結束。其間，除毛澤東外，劉少奇、周恩來、朱德等中央領導都出席並聽取過彙報。

會後，西藏工委表面上平靜了一段時間，但實際上范明依舊堅持他原先的觀點，問題並沒有得到解決。一九五六年四月，西藏自治籌備委員會成立後，張經武與張國華均不在西藏，范明實際上主持西藏工作，接著便產生了急躁冒進、搞大發展的傾向，公然違背毛澤東與陳毅的指示精神，提出要在五年時間裡，在西藏地區的總任務就是逐步完成民主改革，並在昌都和班禪控制的地區實行民主改革重點試驗，並在各宗成立公安員警，全區配置四千到六千人，另外再增設兩千四百名經濟員警，發展藏族黨員二萬到三萬名，吸收培養四萬到六萬名藏族幹部。要從內地增派過來六千名漢族幹部，成立各級工會，大力發展藏族工人到七萬名。由於范明的過高要求，全區出現了增加機構，擴大編制，增加人員的大發展局面，從而形成了「山雨欲來風滿樓」的氣勢，這讓西藏上層人士惶惶不可終日，有的人甚至鋌而走險，以武力來對抗民主改革。

鑑於范明在藏區搞得這一套的大冒進和大發展所帶來的嚴峻局面，一九五六年九月四日，中共中央曾下達過關於民主改革的指示，其中有幾個重點：第一，西藏地區的民主改革必須是和平改革，一定要對西藏上層做好準備工作以後再進行。這裡所講的準備工作有兩條，一是同他們各方面領導人協商好。取得他們真的同意，而不是勉強的同意；二是把上層安排好。第二，從西藏當前的工作基礎、幹部條件、上層態度以及昌都地區最近發生的一系列事件看，西藏實行改革的條件還沒有成熟，我們的準備工作也絕不是一兩年內能做好的。因此，實現民主改革肯定不是第一個五年計劃期內的事情，也不可能是第二個五年計劃期內的事，甚至還可能推遲到第三個五年計劃期內的事。在西藏的民主改革問題上，我們已經等待了好幾年了，現在還必須等待。應該說這是對西藏民族上層分子的一種讓步。我們認為這種讓步是必要的、正確的。第三，我們的等待不是消極的，相反必須積極地進行工作，從現在開始到進行改革這個時期，必須抓緊上層統一戰線，培養藏族幹部，發展黨員和團員，扶植群眾生產，盡可能改善群眾生活，逐步使自治區政權民主化。第四，改革重點試驗，肯定應該停止；關於改革的宣傳工作，要適當地加以調整和緊縮。

而范明對於中央的這個重大指示，非但沒有很好地執行，竟還扣壓了一段時間，下面的幹部根本不得與聞。此後，為了穩定局勢，中央又宣佈六年不改，並要求西藏地區的人員、機構、事業、財政以大下馬為緊要任務。所以，如張國華所說：「達賴所以叛亂，是范明把達賴逼跑了。」也不是沒有他的道理。

《新西遊記》被定性為「反黨極右」

一九五七年十一月，西藏工委決定在西藏地區各級黨組織開展整風運動，同時對西藏各階層人士進行社會主義教育和愛國主義教育。整風運動開始時，本來是由工委副書記范明領導的。等到一九五八年二月張經武、張國華從北京回到拉薩後，有人向二張彙報了近期范明所寫小說《新西遊記》問題，結果風向一轉，乾坤扭轉，作為運動領導人的范明，反倒成為批判和處理的對象了。

當有人用大字報的形式把小說《新西遊記》中的「人物志」公開之後，機關譁然，群情激憤。西藏工委認為范明的問題性質很嚴重，報請中央批准讓范明停止隔離反省，檢查交代問題，並派人查封了范明的辦公室，查抄出《新西遊記》的提綱與「臺曆日記」。並從中發現，范明把西藏工委內部的分歧，按照自己的詮釋觀點寫進了這部小說，並將張經武、張國華、王其梅、李覺、牙含章等人，分別以黨若群、常自正、王實味、李策、牙含劍等化名，予以形象醜化和人身攻擊。而把他本人，則以黃海為化名，描繪成無所不能的創造歷史的人物，充滿了讚揚溢美之辭。文中把張經武、張國華去做阿沛・阿旺晉美的工作說成是「婊子政策」、「硬往人家懷裡坐」；說阿沛不是真左派，而是站在中央與噶倫之間兩頭要權的政客。范明的「工作臺曆」，實則政治日記，每天的記載都是對中央政策和西藏工委的大肆歪曲與強烈攻擊，語言極為粗魯尖刻。

根據范明的錯誤，工委召開會議，確定為發黨反社會主義性質，並上報中央批准，對范明展開批判。之後，工委在給中央的報告中，給范明列舉了十五條罪狀，定性為「反黨極右」，開除黨籍、軍籍，降職、降級，撤銷一切職務，送交原籍勞動改造。

按照范明自己的敘述，《新西遊記》則是另外一個版本。一九五六年初夏，張國華和范明一起被選為黨的八大代表，從西藏繞道印度、新加坡和香港趕到北京參加會議。其間，看望了彭德懷、李維漢和張德生等老領導。范明向他們彙報了西藏的黨政軍建設工作，張德生給他介紹了蘇聯一本歌頌共產黨人開展民族工作的小說《阿里泰到山裡去》。彭德懷插話說：「『范大人』多才多藝，也應寫一部體現毛主席的民族政策在西藏勝利的小說。國際上不少人關注著西藏，要把和平解放西藏作為東方民族工作的典範來寫，書名我看就暫定為《新西遊記》，限你三年完成任務。不把進藏部隊的英雄業績寫出來，對於我們共產黨人來說是一個罪過。」遵照彭老總的建議，范明利用進京開會的機會，多次到故宮博物院等處查閱和蒐集有關歷史文獻，並開始整理進藏部隊的事蹟和自己的進藏日記。但是，由於他政務繁忙，遲遲未能動筆。直到一九五六年，他在百忙中堅持每天清晨四時起床，整理和撰寫兩個小時的材料，截至這年的十一月底，終於寫出了三萬多字的《新西遊記》的創作提綱，還寫下了第一回的兩萬多字。

一九五八年四月，范明被打成了右派，還展開對他的一百多天的大小批鬥會，並把他的寫作「提綱」定性為反黨綱領。與他同時進藏的、當時擔任西藏組織部長的白雲峰，以及他一九三七年參加革命的妻子、時任西藏共青團委書記的梁楓等人，也一同列入「反黨集團」。范明被撤銷了黨政軍的一切職務，並被開除黨籍、軍籍，由行政七級降到十八級。梁楓也被打成右派，由行政十二級降到十七級。另外，西藏工委還在幹部隊伍中清理了范明反黨集團的所謂「毛毛根」，結果使六百多名西北局幹部無一倖免。此後，夫妻兩人被押到東北長白山勞動改造，後因病又被轉到陝西大荔勞改農場。

無論哪種版本更接近歷史真實，但范明因文字罹禍，則是不爭的事實。

「利用小說反黨，又是一大發明」

一九六二年九月，在八屆十中全會上，對所謂「翻案風」進行了批判，矛頭一是針對彭德懷按照組織原則向中央遞交的八萬言申訴信，二是針對為高崗翻案的歷史小說《劉志丹》。當時的情況是：一九六二年五月，主持甄別工作的鄧小平就提出，過去搞錯的，或基本搞錯的，應統統摘掉帽子。六月，彭德懷給黨中央和毛澤東寫了一封《八萬言書》，實事求是他說明他「沒有裡通外國」，「沒有企圖篡黨的野心」，也不存在一個「彭德懷反黨集團」。對此，毛澤東卻認為是「翻案風」，都屬於階級鬥爭問題。他說，近來颳平反之風不對，一九五九年「反右傾」不能一風吹。所以，對於彭德懷向中央遞交的長篇申訴書，毛澤東認為這是在搞翻案活動，不能給他平反。

這期間，還有班禪的《七萬言書》一案，也叫毛澤東不安。一九六二年春節前後，班禪到青海視察，發現那裡災情嚴重，就在大會上講，共產黨在他家鄉像揉皮子一樣把老百姓揉了幾年，老百姓生活很苦，他非常氣憤。班禪回到北京，即提出要向總理彙報，並準備向中央寫書面報告。周恩來安排人做他的工作，勸他不要寫書面報告，如果寫，中央也不能默認其中的錯誤觀點。但班禪堅持要寫，並於一九六二年五月十八日向周恩來呈上了《七萬言書》，內中除了肯定西藏的工作成績外，把中共徹底平息叛亂、廢除封建農奴制度所採取的一些措施直斥為「滅族滅教」。據說，毛澤東看了《七萬言書》後，吃不好，睡不好，叫中央統戰部副部長劉春去做班禪的工作，劉春一說到「滅族滅教」這句話不太妥當，班禪大發雷霆，並罵劉春是來監視他的特務，把他轟了出去。這才引發後來對班禪的批判升級和幾近十年的監禁。

范明自己說，他寫《我的申訴書》以及後來把他的性質加碼，也恰逢其時。另外，這與張國華到謝富治那裡秘密告了他的狀，也不無關係。但張向明認為，是鄧小平決定要給范明一案進行甄別的，要改變對范明的原先處理，並由中組部、西藏工委和中央監委三家成了一個領導小組。這個領導小組實際上只開了一次會，會上范明說，《新西遊記》是他的一部小說，是西北局某領導指示他寫的。一九五八年批鬥他時，有人拼湊了許多不真實的內容，才把他打成反黨集團頭子。會後決定，撤銷一九五八年對范明的處分決定，恢復黨籍、軍籍、並分配適當的工作。這說明，給范明甄別的事情早就內定下來了，所謂開會，不過是走一個過場而已。但沒想到的是，受范明一案牽連的人有三十多人，聽到消息後，都從西北各個地方聚集到北京，在北京掀起一場翻案風，鬧得不可開交，這一鬧反倒把事情推向反面，又讓范明一案出現了一百八十度的大轉彎。

這三十多人來到北京後，要求中央和張經武、張國華接見，並輪番到中央辦公廳、中央組織部和中央統戰部等部門申訴，要求平反，猶如今天的上訪一樣。後經中央監委書記伍雲甫安排，在西藏辦事處開會。會上，這些人與二張發生語言衝突，用詞極其刻薄激烈。這件事突如其來，搞得范明也不知所措。處理重了應該甄別，難道就這樣甄別嗎？沒幾天，就聽說毛澤東在政治局會議上說：你們只要看一看《新西遊記》小說提綱，他范明的案能翻嗎？那是翻不了的！接著，又有了毛澤東親筆批示：「范明的《新西遊記》看了，利用小說反黨又是一大發明。彭德懷的《八萬言書》，范明的《萬言申訴書》；彭德懷的軍事俱樂部，范明的裴多菲俱樂部，不謀而合，這樣嚴重的事件如果不嚴加處理，就會出現納吉事件。」

如此一來，范明案子再次升級，由公安部謝富治部長、淩雲局長親自出面，以「糾集反壞分子翻案鬧事」為名將其逮捕，其餘的三十多人也做了相應的處理。這年的九月十九日，范明被戴上了手銬，鋃鐺入獄，並交由公安部第九局進行審訊。不久，轉到秦城監獄囚禁，開始十多年的囹圄之災。范明的兩個兒子分別被判了八年和六年有期徒刑，二哥郝伯雄在「文化大革命」中被迫害致死，母親也被迫離家出走致死。

一九八〇年，中組部對范明問題複查，作出結論：西藏工委一九五八年對范明的嚴重錯誤進行批判是必要的，給予必要的處理是應該的。但當時對范明的問題上綱高了，處分重了。范明的問題不屬於反黨反社會主義性質，不應劃為反黨集團頭子、極右分子。平反之後，范明被任命為陝西省政協常務副主席。

但這個平反，依舊留下了三個尾巴：一、在執行方針政策上，對達賴、班禪兩個集團看法片面，在一九五六年主持搞「大發展」以及在統一戰線中區分左、中、右的標準上犯有嚴重錯誤。二、犯有嚴重的驕傲自滿、宗派主義錯誤。三、撰寫《新西遊記》提綱是有嚴重錯誤的。把工委內部爭論的某些重大問題，按照自己的觀點寫進小說提綱，對達賴集團偏於揭露，對班禪集團偏於讚揚。人物刻畫影響了工委領導幹部，有損於團結。後來，范明本人對這個結論簽署了意見：同意複查改正結論，服從恢復黨籍、軍籍、恢復工作和級別的決定。於是，一場糾纏了西藏工委二十多年的政治歧見以及摻雜進去的種種個人恩怨，終於塵埃落定了。

對於這個案子，原中央統戰部副部長劉春倒是一語中的：實際上，問題的實質是班禪要與達賴比，范明就要同張國華比，明面上是為達賴和班禪爭，實際上是范張之爭。范明後面有高崗嘛。范明在西藏待不去了，高崗讓他回來，說你回來吧，在國家計委當副主任。連張國華那時候也不想去西藏了。

所以，作為撐腰的高崗垮臺了，范明在北京的「板門店會議」上馬上服軟，雙方開始各自檢討；到了八屆十中全會，隨著「彭、高、習反黨集團」的倒掉，原西北局被毛澤東犁庭掃穴，連鍋端了，范明眼看就要到手的甄別平反化為泡影，又一次被推上政治絕境。隨著風水輪轉，今天中共又到了「三十年河東，四十年河西」的政治格局。明乎此，就會明白為什麼在范明身後，習近平一家會對一個少將的喪禮如此重視了。

4 「極右分子沈元」本事考

沈元這個名字，現在許多中國人已經不知道了，但在上世紀五六十年代，他卻是一個曾經在中國史研究領域掀起過風浪的天才學者。二〇一〇年二月二十八日，農曆庚寅年的正月十五，在一次聚會上，意外邂逅了原是北大歷史系五五級學生、與沈元同班並同時被劃為右派的雷光漢老先生。這位雖長期身居國外、但仍保留中國國籍的老人，向筆者講述了他所瞭解的沈元。等到回來記述老人的談話時，突然意識到，與先他一個多月罹難的遇羅克的一樣，沈元也被處以死刑整整四十年了，而且國內有關這位天才青年的現有材料，少而混亂，謹將平時所收集了一些有關沈元的資料，整理歸納一下，權作沈元本事考，也算是對四十年前的亡靈一點追思吧。

一、家世

網上資料　沈元（一九三八～一九七〇），一九三八年生於上海。一九五五年，沈元以當年高考文史類全國總分第一名的成績考入北京大學歷史系，有志於中國古代史，專攻秦漢史。

雷光漢　沈元是浙江義烏人，世家子弟，他父親沈鵬，是美國麻省理工學院學理科的，後來從政了，南京政府成立後，江蘇省政府設在鎮江，他曾任鎮江縣縣長，抗戰時期主持修建滇緬公路。

他的姑媽美籍科學家，也很有名氣。

浙江杭州西泠出版社二〇〇九年五月出版了售價一千二百元的沈元遺著《〈漢書補注〉批註》，臺灣新竹清華大學前校長沈君山為其寫了序言，這讓我們得以知道，原來沈元與家世顯赫、臺灣新竹清華大學前校長、被稱為臺灣「四大公子」之一的沈君山為表兄弟。也是中共黨魁江澤民與之有過三次長談並對他說：「我的體重九十五公斤，想把我推倒也不是那麼容易。」的那個沈君山。沈元的父親是沈君山的舅舅，沈君山的母親，也就是沈元的姑姑，當是老人所講的那位「著名的生物學家」。

再查沈君山的母親，則是沈驪英（一八九七～一九四一），女，原名家蕙，浙江烏鎮人。祖父善蒸，精曆算，曾掌當地方言館數十年。父親承懌，號伯欣，為法國巴黎大學法學博士。一九一四年，沈驪英受美國一位女教育家資助，前往著名的衛斯理女子大學攻讀植物學，得理學士學位，復入康乃爾大學研究農學兩年，立志獻身科學，報效祖國。一九三三年起任職於中央農業實驗所技正八年零一個月之久。八年中，沈驪英以驚人的毅力，選育出九個小麥新品種，成熟早且抗逆性強，能廣泛適應在淮河流域與長江中下游推廣，中國迄今只有兩個品系的小麥是以人名來命名，其中之一就是以沈驪英之名命名的小麥品種，這就是廣為人知並以她的英名命名的驪英一號、三號、四號、五號和六號小麥。這些品種，直到沈驪英去世後十多年仍在上述地區廣泛種植，為糧食增產做出重大貢獻，深受群眾的愛戴。由於過度辛勞，積勞成疾，沈驪英於一九四一年十月七日在實驗室中突發性腦中風身亡，年僅四十四歲。沈驪英所選出的小麥雜交育種九個體系，解放後被命名為驪英一～九號，其中驪英三號和四號得到大面積推廣，被人們稱作是「麥子女聖」。

沈君山　沈元是他的親表弟，小他六歲，小時很孤獨，「沈元出生不到一歲，中日戰爭就爆發，父親是一個出色的鐵道工程師，隨著政府撤離到西南，接著母親也帶了兄姐兩人跟去，他因為太小，就留下來由奶奶帶，等到抗戰勝利全家歸來，沈元已經七歲，父親也已在後方因公殉職。所以他從未真正地見過父親，而在稚齡亦未真正享受過父母的親情。」

由此可以推定，沈元是浙江桐鄉縣烏鎮人，而且是大戶人家，但與也是烏鎮大姓的大作家茅盾（沈雁冰）是否同為一個「沈家」，則不可考。

二、從勤奮天才到「極右分子」

據何與懷《一個天才青年的悲劇》文中寫道，沈元這個上海人，出身書香門第，一個戴著一副近視眼鏡、身體孱弱、面皮白淨的書生，靦腆少語，循規蹈矩，從來沒有得罪任何人，也沒有傷害過任何人，只默默地做一份應職的工作。

一九五六年，年輕的沈元以當年高考文史類全國總分第一名的成績考入了北京大學歷史系。在全國這麼多的考生中脫穎而出，獨占鰲頭，這可是了不起的事情。沈元是天才加上勤奮。在北大學習期間，如他在給老師的信中所言：他幾無片刻休息。大批的參考書要看，要做摘錄。每次課一完就跑到圖書館去，每餐之後也盡速趕去等館門之開，否則搶不到座位。「我們進了圖書館，正像餓牛進入水草地」，他這個比喻形象生動地再現了他當年學習生活的情景。就在北京大學歷史系勤勤奮奮當一名學生時，書生氣的沈元竟因一個不幸的舉動，觸犯天條，遭受滅頂之災——他出於好奇心，也因為並具的聰慧和幼稚所累，竟翻譯並議論了赫魯雪夫反史達林的秘密報告。於是，在一九五七年的反右運動中，他被定為極右分子，翌年被開除學籍，遣送農村勞動改造三年。一九六一年，「摘帽」之後，沈元回到北京。幸好當時沈元有高級知識分子的姑母姑父特別疼他，允許他住到他們在北京東城的家裡。也是沈元特別與眾不同之處——他閉門讀書，兩耳不聞窗外事，潛心研究歷史，居然做出人們意想不到的成績。

沈元的生前知己宋貽瑞女士主編的《難以紀念的紀念》——沈元從小功課就好，中學文理各科均為全班之冠，近乎滿分，畢業後參加高考，獲全國文科最高分。被分發到北大歷史系。

沈君山說——一九五七年大二時據說因私自翻譯了赫魯雪夫的秘密報告，又加以評論，被打成右派，從此開始他悲慘的日子。一九五七到一九六〇年，到農村改造，期間得了肝炎，因為未受適當治療，始終未曾痊癒，此病跟了他短暫的一生。一九六一年沈元返回北京，被摘掉右派帽子，由於他在北大和家居時寫的一些文章，其才華見識為史學界前輩激賞，被延入中國科學院近代史研究所任職。一九五六年，蘇共二十大以後，沈元從英國《工人日報》上看到赫魯雪夫的「秘密報告」並摘譯和傳播討論，因此在一九五七年反右派運動中被打成右派，發配到北京西郊的山區勞動改造。後因表現良好摘掉了右派帽子，又回到北京。一九六二年，沈元被人推薦到中國近代史研究所，副所長黎澍看了沈元的文章後予以破格錄取。

劉志琴《一代知識分子的傷痛》——「我與沈元並非同事，也與他沒有交往，但我比他的同事更早地接觸到他的問題。上個世紀六十年代初，我在中國社會科學院的前身哲學社會科學部學術處工作，協助領導處理學術事務。沈元是他的姑母推薦給學部負責人劉導生的，劉導生主管近代史所，就把沈元推薦到黎澍的門下。按那時的人事常規，一個從北京大學歷史系三年級被開除的右派學生，即使摘了帽子，也不可能調進最高學府，有幸的是，劉導生和黎澍都是有膽識而愛惜人才的領導，那時又正值三年困難的調整時期，對知識分子的政策也相對寬鬆，沈元才得以走進近代史所的大門。」

雷光漢講述——沈元很有才氣，十七歲考上北大歷史系五五級，和我同班。他寫過古代小學讀物的《急救篇》研究，影響很大。赫魯雪夫做二十大報告時，國內是保密的，只傳達到高級幹部，老百姓不得與聞，當年圖書館有英文的《美國工人日報》，刊載了赫魯雪夫的講話原文，沈元看到後，把這篇文章給翻譯過來，還到處傳播，這項罪名很大，所以反右期間被劃成「極右分子」。後來沈元到社會哲學部，給黎澍當助手，那些比較左的調幹生很不服氣的，說一個歷史系沒畢業的學生，還是右派，憑啥上的這麼快？他們告狀，一直告到中宣部和康生那裡，歷史系的書記是郭羅基，聽說還保了他。我被打成右派後，和沈元一起下放到門頭溝的齋堂背石頭，修水庫，很苦很累。當時沈元和他的一個姨表妹談戀愛，人很漂亮，曾到齋堂看過沈元，並表示要和他這個右派斷絕戀愛關係。沈元受刺激，很失望，痛不欲生，他說：政治上沒希望了，愛情上也沒希望了，活著沒意思了。他甚至想輕生，跳水了斷此生。我在北海橋上勸了他兩個小時，說，什麼都沒有了，但我們不是還有生命，還有朋友嗎。文革期間，沈元再也受不了背石頭的苦，跑回了北京，就住在史家胡同十九號姑父家，他姑父是北京一家醫院的副院長，姑母也是名醫，聽說也是中央高層領導的保健醫生吧，房子就在章士釗家的旁邊。可能他姑父還有些地位，沈元跑出勞改隊，也沒人管他，還摘去了右派帽子。我曾去史家胡同找過他，多次與他徹夜長談。記得院子很大，還專門給沈元隔出一間來住。

《黎澍之路》（香港太平書局出版）——沈元原是北京大學歷史系五五級的學生，一九五七年反右鬥爭中被定為右派（極右派），當時十七歲，後下放勞動改造，可能是一九六一年回到北京，開始在街道上勞動，摘掉右派帽子後幫助街道辦事處做點事。一九六二年四五月間，學部副主任劉導生將他推薦給黎澍，說這個人不錯，有些才華，並拿來他發表在《歷史研究》第三期上的〈《急救篇》研究〉一文，是從漢代蒙學課本中研究出的漢代社會狀況。黎澍看後也覺得不錯，與劉大年商量也同意。人事部門還從街道上瞭解他的情況，反映也很好。記得所務會就此研究過，沒有不同意見。這樣沈元就被分配到思想史組工作，歸丁守和管理。後來因為議論赫魯雪夫秘密報告，被打成極右，到農村改造三年，摘掉右派帽子後住在史家胡同姑媽家，姑父母均為醫學專家，在街道辦事處幫助工作。一九六二年劉導生將其介紹給黎澍。

郭羅基——沈元與我同在一九五五年進入北京大學歷史系。他在校時學習勤奮，以未來的馬克思主義史學家自許。沈元的志趣是研究中國古代史，且專攻秦漢史。但他並沒有鑽進故紙堆，而是心憂天下，關注現實。一九五六年，蘇共二十大以後，沈元從英國《工人日報》上看到赫魯雪夫的「秘密報告」，大為吃驚。他摘譯了其中一些重要內容，供同學們傳閱。在一個時期中，課下議論的中心就是史達林問題。沈元的見解尤為出眾。他指出，赫魯雪夫「秘密報告」的內容，在蘇聯的正史中都是看不到的，那樣的歷史不是信史。中國封建王朝的史官還能秉筆直書，社會主義時代為什麼不能寫信史？這是我們立志成為歷史學家的年輕人，在心中長久振盪的天問。關於史達林問題的性質，赫魯雪夫只是歸之於「個人崇拜」。沈元認為，不僅僅是個人崇拜，根本上是制度問題，應當追究「個人崇拜」得以產生和盛行的社會制度。一九五七年的反右運動中，凡是翻譯赫魯雪夫「秘密報告」的，都被打成右派，而以沈元的驚世駭俗之論就成了「極右」。對「極右」的處理是勞動教養。沈元被發配到北京西郊的山區齋堂。

三、文章風波

何與懷（《一個天才青年的悲劇》）——沈元是姑母推薦給中國科學院社會科學部副主任劉導生的。劉主管近代史所，又把沈元推薦到歷史學家黎澍的門下。正是經劉導生推薦，經黎澍、劉大年兩位學者肯定，〈論漢史遊的《急就篇》〉得以在《歷史研究》發表。接著，沈元以其數十萬字的歷史學論文被黎澍看中，破格調入社科部近代史研究所。劉導生和黎澍都是愛惜人才的有膽識的領導；最主要的還因為那時正值三年困難的調整時期，毛澤東的極左做法多少受到非議，一時比較收斂，共產黨對知識分子的政策相對寬鬆了一些。不然，按那時的人事常規，一個被開除的右派學生，即使摘了帽子，也不可能調進最高的研究機構的。

沈元來所不久，一九六三年第一期《歷史研究》又發表他的〈洪秀全與太平天國革命〉長篇文章，同年二月十二日，《人民日報》用一整版刊載他〈論洪秀全〉一文（即是前文的壓縮轉載）。中華人民共和國成立之後，《人民日報》從未以這樣大的版面刊載學術文章。沈元得此優遇，博得滿堂喝彩。沈元的文章還不單受到學術界重視，也得到了北京市委書記鄧拓的賞識。於是在學術界引起了轟動。一時間從南到北的學者，人人爭說沈元，由此而派生出「沈元道路」一說。一時間，走沈元的路似乎得到了上面的肯定，沈元的命運似乎有了轉機。

當時知情人知道，所謂「轉機」背後有殺機。這「沈元道路」的說法來自北京大學，其時北大歷史系有人向中宣部控告，沈元是右派，報刊這樣發表他的文章，公然宣揚「白專」道路（即不是毛澤東提倡的「又紅又專」），對抗黨的教育方針。可這「沈元道路」的說法一傳開，反響強烈。周予同在課堂上聲稱他「舉雙手贊成沈元道路」。黎澍說：「近代史研究要有十個沈元，面貌就能根本改觀。」但是由於有濁流翻滾，有關領導不得不建議沈元不用本名而用筆名發表文章。可是，有些人得知沈元還用筆名發文後，仍然不依不饒，又再次告狀，甚至聯名告到毛澤東那裡，指責《歷史研究》主編黎澍「吹捧右派」（脫帽右派還是右派），一直到毛的秘書田家英向黎澍打招呼、中宣部也發下指示「要注意影響」、再也不讓沈元發表文章為止。

《黎澍十年祭》（中國社會科學出版社出版）——沈元被劃成右派後，勒令退學，他在家中自學，寫了有關《急救篇》的研究文章，許多學者讚賞，郭沫若見了此文，稱其為「神童」，黎澍將他的文章刊載於《歷史研究》並將他調到近代史研究所工作。《論洪秀全》文章很長，人民日報編輯部理論部主任何匡也是愛才，看到此文甚為稱讚，要他壓縮二萬字在由人民日報分兩期連載，此前還沒有這個先例。結果引發非議。有人聯名告狀到毛澤東那裡，說沈元是「白專道路」的典型。

劉志琴——沈元來所不久，一九六三年第一期《歷史研究》又發表他《洪秀全和太平天國革命》長篇文章，同年二月十二日《人民日報》用一整版刊載他《論洪秀全》一文。建國後《人民日報》從未以這樣大的版面刊載學術文章，沈元得此優遇，再次博得滿堂喝彩。一時間從南到北的學者，人人爭說沈元，由此而派生出「沈元道路」一說。這「沈元道路」的說法據說是來自北京大學，其時北京大學歷史系有人向中宣部控告，沈元是右派，報刊這樣發表他的文章，公然宣揚白專道路，對抗黨的教育方針，這對擔任黨團工作的學生幹部是嚴重打擊。可這「沈元道路」的說法一傳開，反響強烈，復旦大學的周予同在課堂上聲稱：「我舉雙手贊成沈元道路」，先生的本意無非是強調學生要有時間讀書，別無深文大義。可是說者無意，聽者有心，引發輿論大嘩。沈元問題有人控告，有人讚歎，沸沸揚揚，這一下引起主管宣傳部門的注意，為此也要有個說法，周揚親自發話要學部就此問題進行調查，就這樣我參與了這項工作。被調查的物件是近代史所的老中青研究人員對沈元的反映，凡被調查的物件對沈元的為人和治學都有所稱道。黎澍喜滋滋地說：「近代史研究要有十個沈元，面貌就能根本改觀。」對一個小輩作出如此高度的評價，實在是前所未有，而且此人又曾是右派分子，此言一出所引起的震撼可想而知。調查結果認為，對沈元的使用完全符合黨的政策，本人努力改造，積極工作，在街道監督勞動期間表現良好，在來所前已摘掉右派帽子，那就不應該以右派論處，文章的檢查也沒有發現政治錯誤。其實這一調查僅限於沈元個人，而對社會反響最激烈、最尖銳的「沈元道路」避而不談，在當時情況下這是保護沈元，息事寧人的唯一辦法，這也是從中央宣傳部科學處到哲學社會科學部學術處的默契，作為參預調查工作的成員，也樂於保護一個難得的人才。其時沈元又寫成《馬克思主義與階級分析方法》一文，但已不用本名而用「張玉樓」的筆名在《歷史研究》發表，《人民日報》並加以全文轉載。改用筆名也是有關領導在調查後的建議，可這一舉措並未完全平息風波，有些人在得知沈元還用筆名發文後，又再次告狀，甚至告到毛主席那裡，不依不饒，一直到田家英向黎澍打招呼，再也不讓沈元發表文章為止。

郭羅基——黎澍兼任《歷史研究》主編。他在沈元的九篇文章中選了〈《急就篇》研究〉予以發表。《急就篇》是漢代的蒙學課本，即小學教科書。每個時代對兒童的教育，都是公認的常識。沈元認為，《急就篇》是「漢代社會生活的一面鏡子」，他以當時人的眼光來研究漢代的社會性質。史學界為之譁然。之所以譁然，一是這篇論文開闢了研究漢代社會性質的新思路，郭沫若、范文瀾都讚揚這篇文章寫得好；二是沈元的身分特別引人注意，黎澍遭到一片指責：「為什麼重用摘帽右派？」黎澍指導沈元寫了一篇《洪秀全與太平天國革命》，全文五萬字，發表於《歷史研究》。《人民日報》予以轉載，摘錄一萬字，以《論洪秀全》為題，刊登了一個整版。史學界又一次為之轟動。像沈元這樣，從古代史到近代史都能寫出好文章的人才是不多的。沈元顯示了才華，也招來了忌恨。研究機關和高等學校都在談論右派明星，一時之間傳為重用右派的「沈元事件」。一天，田家英（毛澤東的秘書）打電話給黎澍：「有人給毛主席寄來了油印材料，揭發『沈元事件』。好在落在我手裡，毛見了不知會怎麼批。你趕快來一趟！」田家英告誡黎澍：「你們千萬要注意！」後來沈元發表文章就不能用真名了。黎澍說，和沈元同一輩的人，到研究所來了幾年不出一篇文章，沈元一年出幾篇文章，而且屢有轟動效應，於是心生妒忌，群起而攻之。文化大革命一來，黎澍首當其衝，批他「招降納叛，網羅牛鬼蛇神」。鬥黎澍，沈元陪鬥。

劉導生（時任中國科學院哲學社會科學部副主任）《風雨歷程述略》——六十年代初，我為一位已經摘除「右派帽子」的青年知識分子沈元安排了工作。這是十分平常的事情，後來惹出了大禍。沈元原始北京大學歷史系的學生，因出於好意，翻譯了赫魯雪夫在蘇共二十大批判史達林的秘密報告，結果被定為「極右分子」，開除出校。後來在街道勞動改造，表現得很努力，被摘除了「右派帽子」，但是「摘帽右派」仍然是沒有工作崗位。他的姑母託人來找我。我瞭解到他是一個很有才華的青年，應當愛惜，就向近代史研究所副所長黎澍推薦，黎澍欣然答應。沈元到近代史所後，勤奮鑽研，安分守己，寫出了一篇又一篇優秀論文，先後被《歷史研究》、《人民日報》刊載，為學術界矚目，但也為某些人所嫉妒，向中宣部控告。學部為此不得不專門派出調查組進行調查，結果證明對沈元的使用完全符合黨的政策，他的文章沒有任何政治錯誤，他在政治思想和工作的表現也是好的。但告狀的人不依不饒，一直告到毛澤東那裡去。「文化大革命」中，沈元被不斷批鬥，以致最後送掉性命。這也成了我「包庇重用右派」的一大罪狀，被批鬥不止。

四、文革中被判死刑

雷光漢說——那時候正值文革造反期間，世道很亂，沈元當時和一個十八九歲的上海姑娘在一起，那姑娘雖然沒上過大學，但是很有才華，我記得我們在一起談話時，這姑娘正在用英文打字機打字，當時很少見的，她說了一句西諺，來形容文化大革命：「上帝讓誰滅亡，必先使他瘋狂！」還說：「戴高帽、掛牌子並不是毛澤東發明的，是希特勒當年對付猶太人的手法，電影《馬門教授》裡面就有。」這些話給我留下的印象很深。記得是六八年的十二月份，距離元旦不遠了，沈元送我上火車站，還給了我二十元錢。沒想到沈元後來會被判處死刑。可能他覺得在中國無望了，要跑國外。沈元瘦高、圓臉，頭小，他把自己臉用鞋油給塗黑，化裝成黑人，跑到一個非洲大使館要求政治避難。沒想到文革期間非洲國家與中國的關係是很好的，大使館馬上給外交部打了電話，把沈元帶走了。第二年初碰上「一打三反」，就給當成叛國罪槍斃了。

何與懷——當時，沈元實在是被鬥得受不了，實在是走逃無路了。他剛結婚不久，小倆口日子剛剛開始。夫人是他的表妹，生得美麗，既純潔又賢慧，與他青梅竹馬兩小無猜。他們寄居在親戚家，紅衛兵運動一來，他倆被掃地出門，逼得到處躲藏，工作單位也不接納，小倆口連棲身之地也找不到。沈元曾向住在杭州的姐姐求救，姐姐早已自顧不暇，又哪能再接受一個「反革命」呢？那種被親朋故舊拋棄的痛苦，那呼天天不靈、呼地地不應的絕望，是沒有經歷過「文革」恐怖的人所難以體會的。螻蟻尚且要惜生，又何況是一個有靈性的年青生命！只要有一點點出路，只要有一星星希望，沈元又何嘗愚蠢到要走上這一條幾乎註定的死路?!

一九七〇年四月十八日，沈元在北京被槍決。北京市「公檢法」（公安、檢察院、法院簡稱，「文革」時合併為一，由軍隊管制）軍事管制委員會簽發了一份佈告，行文如下：「現行反革命叛國犯沈元，男，三十二歲，浙江省人，偽官吏出身，係右派分子，中國科學院近代史研究所實習研究員。其母係右派分子，其兄因反革命罪被判過刑。沈犯頑固堅持反動立場，書寫大量反動文章，大造反革命輿論，並企圖叛國投敵，於一九六八年九月一日，化妝成黑人，闖入了外國駐華使館，散佈大量反動言論，惡毒攻擊我黨和社會主義制度，誣衊攻擊無產階級文化大革命。」

化妝成黑人？闖入外國駐華使館？這種做法在那樣的年代裡實在太愚蠢，太戲劇化、太無成功可能、太讓人匪夷所思了。但這的確是真的。那一天，沈元買了盒黑色鞋油，塗抹在臉上身上假扮成黑人，進了某大使館。他欲申請政治避難，請求他們幫助他離開中國，誰知該使館轉手就把他交給了中國政府。沈元身處社會的最低層，沒有任何情報可出賣，兩手空空，一無所有，只是為保命逃來，有何價值？豈能被收留？而且對方又如何承擔得起外交風波？而在沈元方面，要重判，至少要有出賣情報之類的證據，這是司法常識，可是這絲毫也沒有減輕他的罪過。這是「叛國投敵」，當然是「罪該萬死」。沈元註定要命喪黃泉更因為他又蹚到一九七〇年一月三十一日毛澤東批示「照辦」中共中央發出的〈關於打擊反革命活動的指示〉——碰到「嚴打」，即根據政治的需要不時以運動的方式特別「從快從嚴」懲辦某些特定的「罪犯」。

劉志琴——文革結束後我調到近代史所，那時沈元已按投靠蘇修的罪名處死有年了。到所後我從人事處處長陳恕那裡得知，沈元之所以出逃蘇聯大使館，實在是被逼無奈，文革中他已經結婚，寄居在親戚家。紅衛兵運動一來，將他們一家掃地出門，迫使他們到處躲藏，走到哪裡紅衛兵就追到哪裡，所裡也根本不可能接納他，兩個年青人連棲身之地也找不到。他曾向住在杭州的姐姐求救，姐姐早已自顧不暇，又哪能再接受一個「反革命」？現在的年青人可能很難理解，那種被親朋故舊拋棄的痛苦，那呼天天不靈，呼地地不應的絕望，螻蟻尚且要惜生，又何況是一個有靈性的年青生命！一九五六年在他還是北京大學歷史系一名學生時，憑著他的聰慧和好奇心，翻譯了赫魯雪夫反史達林的秘密報告，豈知就是這樣一個幼稚、魯莽的舉動，觸犯天條，遭受滅頂之災。反蘇本是劃右派的重要根據，他竟然在火中取栗，不是極右分子是什麼？為此被開除、勞教，流落社會。當初對蘇聯奉為老大哥，人人都要一邊倒，稍有異議的就以右派懲處。殊不知到六〇年代就已乾坤顛倒，老大哥成為罪大惡極的修正主義，人人都要斥而誅之。又怎能為了一己的生路，潛逃到蘇聯大使館要求政治避難？當初為伊論落到地獄，今朝又夢想伊能救他於水火，殊不知愚蠢的他，又一次犯了幼稚、魯莽的錯誤。他用鞋油塗黑面孔，化裝成黑人潛逃，以為可混過大使館的門衛，卻被輕而易舉地揭露，在兩國交詈中，這是投奔敵國的行為，毫無疑問，這是叛國，犯了重罪。然而要重判，至少要有出賣情報之類的證據，這是司法常識，可他身處社會的最低層，沒有任何情報可出賣，兩手空空，一無所有，只是為保命逃到蘇聯大使館，豈能被收留？可這絲毫也沒有減輕他的罪過。

在狼煙四起、遍地烽火的文革年代，一個右派叛國投敵的案例，是進行階級鬥爭教育的最佳教材。文革中的領導豈可放過這一機會，公安部門很快就把這一案例交給近代史所的群眾進行討論，名為徵求民意，誰又敢說個「不」字！在磨刀霍霍的逼視下，人人都不能不表態，就這樣全所一致同意從重從快處以極刑，沈元因此被槍決，終年三十歲。

文革後我來到近代史所，悄悄問過一些人，沒有一個認為他是該當死罪的，言談中都有深深的同情，有的還為當時的違心之論懷有內疚，可在當初就沒有一個人敢於站出來幫他說一句話，哪怕說一句死刑緩辦的也沒有，一個也沒有！假如能緩刑，那就可能保住他的一條命，一個少有的才華橫溢的年青生命。可這只是後來人的一廂情願，是天真的幻想，豈不知，文革中無端喪命的都難以計數，何況還是有端的沈元！以徵求民意為名要所在單位討論，實際上是狠抓階級鬥爭教育，甚或是在釣魚，考驗每個人的態度，這是文革中的常事，此種行動說它是「司馬昭之心，路人皆知」也不為過。由公安人員坐陣，形勢之逼人，氣氛之嚴酷，絕不可能有人站出來為他說情，包括最欣賞他，在學術界勇於提出獨立見解的黎澍，對他的死刑也沒有表示異議。在黑雲壓城，萬馬齊喑的氛圍中，有異議的也只能深藏內心，而不敢有任何表示。

丁磐石——「文化大革命」發生了，黎澍被批判的一大罪狀就是「招降納叛」，包括重用沈元。而沈元自己也在劫難逃，一再遭受揪鬥，他因此苦惱萬分，覺得自己在沒有什麼出路了，一時感情衝動，竟化妝想逃到外國使館避難而被我公安機關抓獲。在林彪、「四人幫」的暴政下，他最後被判處死刑而處決。事情很清楚，沈元雖有性格缺點，犯下外逃之錯，但是罪不至死的。「文化大革命」後，這雖平了反，可是損失已不能挽回。黎澍向我談到沈元的結局時惋歎不已，他沉痛地說：「過去二十多年，特別是文革浩劫，我們的青年已經被糟蹋的夠了，一定要吸取這慘痛的歷史教訓，今後必須要愛護青年，培養好年輕的新生人才。」

沈君山——一九六六年文化大革命鋪天蓋地而來，沈元原是摘帽右派，不乖乖韜光養晦，還選擇在專業上大出風頭，這就成了當時要打倒的「白專」樣板。陪鬥批鬥成了他的日常課，他最初忍著不與親友聯繫，怕更加連累到他們，後來實在忍不住了，打了一通電話給他的姐姐，唯一最親近可以聯絡的親人。說想要來她家避一避，這把姐姐嚇壞了。她和媽媽住在一起，原已是被嚴格監控的對象，沈元一來，一定三人一起被抓進去，只得硬起心腸，無論如何也不同意，沈元苦苦哀求無效，最後只有在電話上講了句：「好吧，那我走了！」把電話掛了。走了，可真走了。一九七〇年四月，北京街頭貼了一張公安局的佈告，說沈元工作期間書寫大量反動文章，後來又化裝成黑人，逃進某非洲國家大使館被截獲，犯了反革命叛國罪，被判死刑隨即執行。至於他的家人，一年多後才接到通知。

《黎澍十年祭》——文革期間，沈元横遭批判，化裝跑到外國使館要求「政治避難」，被抓獲後開了公審大會，在如何處理的問題上，為了體現「群眾專政」，還交付當地居民討論，第一次討論，獲得寬大，未判死刑；又重新討論，結果被判處死刑，立即執行。小小年紀的沈元到處受敵，四面楚歌。

郭羅基——沈元實在忍受不了，居然異想天開，化妝成黑人，闖進外國駐中國大使館，尋求政治避難。他被門口的中國警衛人員識破，當場逮捕。這一回，鬥沈元，黎澍陪鬥。最後，以「叛國投敵」罪判處沈元死刑，黎澍欲哭無淚。在刑場上，沈元大喊一聲：「我還有重大問題要交待！」其他人都倒在血泊裡了，他被押了回去。實際上他並沒有交待出什麼重大問題，第二天又被押赴刑場。他不甘心就此了結一生，死到臨頭還在運用他的超人智慧尋求死裡逃生的機會。他希望苟延一天、一小時，哪怕一分鐘，等待來人喊：「刀下留人！」然而沒有等到。

五、平反

沈君山——四十二年匆匆過去，一九九〇年我再度回到大陸，已是年近花甲的老人，舅母家已搬去杭州，我先到上海，一位我們共同的親戚到旅館來看我，他知道我要去看他們，就警告我不要在舅母面前提起沈元。他已逝世，是文化大革命期間被槍斃的，文革之後重判無罪，得到平反，但是人已死了十幾年，無法起白骨於地下了……

文革過去，許多人獲得平反，沈元的姐姐（沈蓓）和八十歲的老母上訪北京，追究事件始末，一九八〇年春天她們終於拿到一張正式平反的通知：「原審被告沈元……因現行反革命叛國罪……於一九六八年九月一日被逮捕……一九七零年四月十八日判處死刑，立即執行。經本院再審查明……原判以反革命罪處其死刑是錯誤的，應予以糾正。據此判決如下：一，撤銷一九七〇年四月十八日……判決書。二，對沈元同志宣告無罪。」

就是這樣的一張紙！一位八十歲的老母千辛萬苦地爭得了這張紙，沈元正式宣告無罪了。但是收到判決書的剎那，母親失聲痛哭：「我不要紙，我要人呀！」但那人再也爭不回來了。

劉志琴——沈元早已成為枯骨，再也聽不到為他不平，為他流淚的親友的呼喚，但這一結論對他的家人，對所有為他負疚的同仁，是一種解脫。這也只能是對後人的一種象徵性的安慰，在文革暴政擠壓下的人性，只能容有這一絲餘地，留待他日重申，不可彌補的是，沈元永不歸來了。這已是遠去的歷史了，沈元也早已被人們淡忘，他的後事，家屬的下落，也杳無音訊。但這不是他一個人的悲劇，是一代知識分子的傷痛。……

時至今日不禁要反思，多年實踐而證明的愛國者們，在當年何以要冒「叛逃」的罪名遠走他鄉？結論只有一個，那就是好人也會被暴政逼得無奈，甘冒人言之大不諱而自救救人，對此只能予以公道的評說。如今他們都已有了完滿的結局，這不禁令人聯想到沈元，可歎的是，他已永遠沒有下文了，生命的戛然終止，使他再無機會表現對國家的忠忱，留下的是一代知識分子的刺心之痛，長留人間。

劉再復《面對高潔的亡靈》一文——「三十多年過去了，我仍然清清楚楚地記得沈元的名字，記得這一個年青傑出學者被活埋、被毀滅的悲劇故事。……在想起他的悲劇時，我首先想到他在過去那些荒誕歲月裡，自己也曾發過瘋，也振振有詞地批判過『右派分子』、『反革命修正主義分子』，也唯恐落後地和『沈元之流』劃清界線甚至加入聲討他們的行列。我真的感到自己參與創造一個錯誤的時代，真的感到自己也是謀殺沈元的共謀。」

王友琴（《文革受難者》作者）——二〇〇七年，我發表了題為《從受難者看「反右」和文革的關聯：以北京大學為例》的文章。反右派運動中北京大學有七百一十六人被定為右派分子，七人後來被判處死刑，沈元就是其中之一。

郭羅基——八十年代，北京大學黨委為沈元作出「改正」的決定，認為：原劃右派，屬於錯劃，並撤銷對他的開除團籍、勞動教養、開除學籍的處分。北京市中級人民法院為沈元平反了「反革命」罪。當沈元的母親拿到平反通知書時，呼天搶地，號啕大哭：「我不要紙，我要人！我要活生生的人！」「改正」、「平反」怎能撫慰沈元的冤魂？怎能平息母親的悲憤？黎澍逝世前曾與我商量如何紀念沈元。他認為，最好的方式是出版他的遺稿。沈元的一包文稿，被研究所的行政人員拿走，不肯歸還。黎澍說，還有沈元讀過的一部《漢書》，上下左右都用蠅頭小字寫滿了批註，很有價值，可以用以補校前人的注。因無人識寶，故倖存下來。這就是出版《漢書》批註的最初動議。沈元的兄長沈荃、姐姐沈蓓，懷有對偏憐小弟的深情，奔走數年，出資數十萬（人民幣），由杭州西冷印社出版社影印出版了《〈漢書補注〉批註》，以慰沈元的在天之靈，也是為了搶救文化遺產，不致湮沒。

何與懷——沈元根本不是犯了什麼滔天大罪。被捕之後，夫人仍抱著企望。她對一起挖防空洞（當時全民挖洞，落實毛澤東關於「深挖洞」的最高指示）勞動的老大媽說：「我決心再等他個七年八年，總會出來團聚的。」沒想到有一天，她被叫去開群眾宣判大會，在大會上沈元和其他「反革命分子」一起被押上臺，並被宣佈以叛國罪判處死刑立即執行。在萬眾口號齊呼之下，沈元這位夫人也是表妹當場暈了過去。

文革結束以後，終於有了一張帶有尾巴的平反通知書。此時此刻，沈元堅強的母親在兒子死後第一次放聲大哭：「我要人，我不要紙，不要紙啊！我送走的是一個活生生的人，一個聰明絕頂、才華橫溢的兒子，為什麼現在還給我一張紙？我要人啊！我要人啊！」可是，母親再也要不來兒子了——兒子被另一位抽象的「母親」殺死了。

5 「莫耶的一生，就是一部小說。」

一

無論誰來到延安，站立的夕陽映照的寶塔山下，耳畔就會響起那首著名的歌曲《延安頌》：

夕陽輝耀著山頭的塔影，
月色映照著河邊的流螢。
春風吹遍了坦平的原野，
群山結成了堅固的圍屏。
哦，延安！
你這莊嚴雄偉的古城，
到處傳遍了抗戰的歌聲。
哦，延安！
你這莊嚴雄偉的古城，

熱血在你胸中奔騰。
千萬顆青年的心，
埋藏著對敵人的仇恨，
在山野田間長長的行列，
結成了堅固的陣線。
看！群眾已抬起了頭，
看！群眾已揚起了手。
無數的人和無數的心，
發出了對敵人的怒吼。
士兵瞄準了槍口，
準備和敵人搏鬥。
哦，延安，
你這莊嚴雄偉的城牆，
築成堅固的抗戰的陣線。
你的名字將萬古流芳，
在歷史上燦爛輝煌！

這首《延安頌》的詞作者，就是從著名茶鄉福建安溪走出的女作家莫耶（一九一八～一九八六）。莫耶，原名陳淑媛、陳爰，筆名白冰、椰子、沙島。父親陳錚是緬甸歸僑，早年當過教員，後來成為安溪民軍首領之一，曾任東路討賊軍暫編第一師第三旅旅長、安溪縣長、駐閩海軍陸戰隊團長、少將旅長。一九三二年，莫耶隨父居廈門鼓浪嶼，就讀於慈勤女中。上學期間，其習作散文《我的故鄉》，被國文老師推薦在《廈門日報》上發表，由此引發她的寫作熱情，開始向上海《女子月刊》投稿，作品多被採用。一九三〇年，上海女子書店的《女子文庫》出版莫耶的第一部著作《晚飯之前》（獨幕劇集），署名陳白冰。《女子月刊》還以莫耶的照片為封面，稱她為「善寫詩歌、劇本的女作家」。莫耶在上海期間，常與左翼作家蔡楚生等人接觸，並深入工廠瞭解女工生活，寫出一批宣傳婦女解放的詩歌、小說、劇本，在《女子月刊》上發表。同年十一月，她回鄉探親，在家鄉組織婦女識字班，動員其大嫂、二嫂出來教課，宣傳婦女解放，男女平等，反對封建習俗一九三四年秋，莫耶在母親和大哥的幫助下，離家出走，到上海《女子月刊》社當校對、編輯，後來曾一度任主編。

一九三七年抗日戰爭爆發後，莫耶在中共上海地下黨領導的救亡演劇第五隊任編輯，投入抗日宣傳和救濟難民工作。這期間，她寫了抗日救亡劇作《學者》在《西京日報》上發表。同年十月，十九歲的她隨抗日救亡演劇第五隊到達延安，成為從淪陷區及大後方到延安的第一個文藝團體。從這時候起，作家更名莫耶，意寓《搜神記》及魯迅先生小說《鑄劍》中那鋒利的寶劍名（莫邪）。

5「莫耶的一生，就是一部小說。」

隨後，集體進入抗日軍政大學第三期學習。莫耶任救亡室文娛委員。一九三八年春，莫耶進入魯迅藝術學院第一期戲劇系學習。夏，轉入文學系。在魯藝學習期間，她創作的歌詞《歌頌延安》，由中央宣傳部徵得其本人同意，更名為《延安頌》，並由音樂系鄭律成譜曲，在延安禮堂為毛澤東等中央領導演出，博得中央領導的肯定和稱讚。於是《延安頌》的歌聲響徹延安城，傳遍各抗日根據地，甚至傳到「國統區」和敵後，以及海外華僑中，成為一曲激發抗日愛國熱情的戰歌。大批革命青年高唱這首歌奔向延安，加入抗日救國行列。《延安頌》至今仍傳唱不衰，成為一支傳統革命歌曲。

一九三八年冬，莫耶加入魯藝組織的實習隊，和作家沙汀、何其芳等，跟隨八路軍一二〇師師長賀龍，奔赴華北抗日前線，被分配到政治部戰鬥劇社任編劇教員。一九四〇年春，任劇社創作組組長。她不僅從事創作，還參與編印前線刊物《戰鬥文藝》。同年她代表部隊文藝工作者加入晉綏邊區文聯，被推選為常務理事，在晉西北興縣一座天主教堂大院裡，賀龍大聲說：「莫耶，是我們一二〇師出色的女作家。」從一九三八年冬到一九四〇年夏，莫耶除了和張可、劉蕭蕪合作創作大型話劇《豐收》外，還獨自創作大型話劇《討還血債》、《齊會之戰》、《水災》、《一萬元》、《百團大戰》；獨幕話劇《叛變之前》、《到八路軍裡去》；歌劇《荒村之夜》等，還有一批歌詞、舞蹈。劇社演出的服裝，多由她剪裁縫製。有時她還登臺演出。在戰爭環境裡，她口袋裡總是裝著筆記本，隨時隨地採訪、記錄、寫日記。在抗日根據地的困難時期，她常常是一茶缸開水、一把炒豆充饑。有時在集體討論後，連夜寫出一個小戲，第二天就排練演出。一九四〇年以後，她除了寫劇本，還經常寫小說和戰鬥故事等，在《西北文藝》、《抗戰日報》、《解放日報》等報刊發表。

一九四二年春，莫耶被調到晉綏軍區政治部《戰鬥報》當編輯、記者。她自告奮勇擔負起兩個版面的編輯任務。經常深入前線部隊，寫了大量的戰地通訊和戰鬥故事。她住的土窯洞，經常是燈光徹夜不熄，而白天照常工作或勞動。她紡的線被評為特等品。

一九四八年秋，莫耶隨《戰鬥報》被調回延安，跟隨第一野戰軍進軍大西北。一九五〇年，任西北軍區《人民軍隊報》主編，後任總編輯。同年，加入中國共產黨，並與《人民軍隊報》社長方唯若結婚。

一九五五年，莫耶轉業到《甘肅日報》社任副總編輯（總編輯由省委常委兼）。一九五六年，在「反對官僚主義，改進工作作風」運動中，莫耶經省委分管領導同意，在《甘肅日報》上刊登鐵路職工張凌虛被官僚主義逼害得精神失常的事件，並發表社論，在社會上引起極大反響，受到讀者讚揚。一九五七年「反右」擴大化時，與這篇報導有關的人都被錯劃為右派。莫耶成為這起冤案的主要人員，受批判和降級處分，還差點被送到夾邊溝去勞改。

一九六二年，莫耶臨時主持《甘肅日報》社工作。在一九六五年的「四清」（清政治、清經濟、清思想、清組織）社會主義教育運動中，莫耶因「張凌虛事件的報導」和小說《麗萍的煩惱》等歷史舊帳，又受到不公正的批判鬥爭。一九六六年「文化大革命」開始，她又被打成「走資本主義道路當權派」和「反革命分子」，受到更嚴厲的批鬥，被關進「牛棚」，下放農場勞動改造。直至一九七〇年，才被暫時分配工作。

一九七九年，籠罩莫耶身上的長年冤案得到徹底平反。年過花甲的她出任甘肅省文聯副主席，重新拿起擱置多年的筆，一心傾注在文學創作上，相繼創作出電影劇本《戰地火花》，中篇小說《春歸》和《青山夕照明》以及短篇小說《走資派和牧羊娃》。編輯出版了自選集《生活的波瀾》和回憶老一輩革命家的文章。一九八四年後，因心臟病多次住院，但還寫出了《生命的搏鬥》、《戰鬥劇社在晉察冀》，整理一本四萬多字的《一本倖存的敵後日記》和散文集《烽煙集》、中篇小說集《春歸》、戰鬥故事集《槍林彈雨見英雄》等。並寫出自傳體長篇小說《信念》的第一部《父與女》的初稿。一九八六年五月七日五時五十六分，莫耶是喃喃地吟唱著《延安頌》走完自己人生最後旅程的，終年六十八歲。

著名作家杜鵬程說過：「莫耶的一生，就是一部小說。」

二

對一個終生追求真理、跟隨革命的女戰士來說，莫耶的一生並不平坦，而牽連她一生的現在又很少提到的政治事件，就是緣於她在一九四二年三月發表的一篇小說《麗萍的煩惱》。

現在我們一提到自一九四一年後延安出現寫暴露文學時的作品，就是丁玲的《三八節有感》和王實味的《野百合花》，而其中，不應該忽視莫耶從生活經歷中選取典型素材、抨擊當時幹部隊伍中的不正之風的《麗萍的煩惱》。一九四二年三月九日，丁玲有感於兩樁離婚案，在《解放日報》

發表雜文《三八節有感》，表達自己的思想感受：中國婦女長期承受的封建壓迫在革命聖地延安也並未徹底消失，一些有著「凌雲的志向」和「刻苦的鬥爭生活」的女性，婚後在大男子主義思想嚴重的丈夫逼迫下卻成了「回到家庭的娜拉」。

丁玲的文章發表一周之後，莫耶的短篇小說《麗萍的煩惱》也在《西北文藝》上發表，文中描寫一個名叫麗萍的知識女性，為了反抗封建婚姻而投身革命，後與一老革命成婚，但這位女幹部與首長結婚以後，只能待在家裡生孩子，侍候著丈夫而不能出去工作，還因為生活觀念和生活習慣的差異而衝突不斷，而男權思想嚴重的丈夫卻把麗萍的種種「犧牲」當作天職，以封建家庭觀念束縛妻子，這讓女主人公充滿著無盡的煩惱，在某些章節裡，小說還暴露和批評了個別工農幹部對待知識分子妻子的粗野行為。《麗萍的煩惱》對中國社會進步中封建殘存因素的探索，顯示出莫耶創作觀念的成熟。它在藝術形式上，恰好呼應了丁玲的感受，這兩篇文章都在抨擊黨內的封建習氣，思考著如何消除進步制度中殘存的封建因素，這種理性的審視，不僅增強了女作家們婚戀題材中反封建的深度，也揭示出即便是在革命聖地延安，封建因素的影響也無所不在，它既在現實制度中浮現，也在很多人的思維中留存。小說在《西北文藝》上發表後，頓時轟動了晉綏解放區，因為過去大家看到寫革命隊伍的作品大都是歌功頌德的比較膚淺的文章，而這篇對革命隊伍中的某些不良現象進行批評式的作品，使人們耳目一新。據說，那個時期，大家見面的第一句問話就是：「你看過《麗萍的煩惱》了嗎？」地方文藝界和一些幹部、青年學生對這篇小說是一片頌揚聲，社會上人們爭相傳閱，群眾自發集會評論、讚揚這篇小說。

此前，還有《解放日報》副刊所發表的馬加《間隔》，也是說一位長工出身、沒有文化的老幹部看上了一個女大學生，便動用組織關係來說服女方嫁給自己，女方則對粗直、簡單、魯莽的求愛方式感到反感和害怕。於是，莫耶的小說在晉綏邊區產生了強烈的反響和爭議，有人說好，有人叫罵。許多老同志就對《麗萍的煩惱》表示出強烈不滿，他們認為，老同志革命有功，也需要婚姻，需要生活，而這篇文章就知道反映了知識女性的煩惱，難道老同志就沒有煩惱了？正如當時流傳的一個新婚的八路軍老幹部的名言：「老子打天下，討個老婆你們還有意見？」所以，這是個社會問題，不是文學問題，從現在看來，這正是文化觀念的差異，是傳統的鄉土中國與現代都市文明衝突的具體反映，知識分子、尤其是女性知識分子雖然來到了他們視為革命聖地的延安，但卻依然有被鄉土中國文化包圍著的感受，無論是《三八節有感》，還是《麗萍的煩惱》，訴說的都是這種孤立無援的思想狀態。

一九四二年三月十三日到三月二十三日，丁玲主編《解放日報》文藝副刊發表了王實味的以《野百合花》為總標題的四段雜文，對延安的生活進行諷刺和指責，並在讀者中間引發強烈反響。據當時中央研究院的溫濟澤在研究院進行的調查，約有百分之九十五的人贊成王實味的觀點，而毛澤東則拍著桌子大發雷霆：「這是王實味掛帥，不是馬克思掛帥！」四月初，在毛澤東親自主持了一次延安高級幹部整風會，會上有八個人發言，七個人都是批判《三八節有感》和《野百合花》的。第二個發言的是賀龍，他說：「老子在前方賣命，有人在後方罵娘。」他對著丁玲說：「丁玲，你是我老鄉啊，怎麼寫出這樣的文章？跳舞有什麼妨礙？值得這樣挖苦？」現在，我們一說就是王實味被殺的歷史，其實，與他一起被政治保衛局所殺掉的，有一百多被關押幾年的所謂「託派」分子，只不過王實味名氣大，被世人屢屢提到而已。

莫耶沒有料到，《麗萍的煩惱》在討論中很快被封殺，並釀成一樁嚴重的文藝事件。一些文章開始聯繫作者的出身進行批判，如說：《麗萍的煩惱》是「一篇含有小資產階級偏見和歪曲現實的作品」，「是晉西北學風文風中的一股陰風」，作者的思想「表現在政治上可以形成絕對主義；表現在文藝創作上，可以歪曲現實，流為諷刺」。此後，不僅這篇小說再也沒有機會和讀者見面，莫耶本人也因小說一直生活於沉重的壓力之下。同年九月，莫耶所在部隊召開批判《麗萍的煩惱》的創作傾向的座談會，名為座談會，實為鬥爭會，連晉綏軍區保衛部的領導都親臨會場了。會上，這篇小說被鐵板釘釘般地定性為反黨文章，莫耶本人也被打成「反黨分子」。

接著，在一九四三年整風審幹、「搶救失足者」鬥爭中，由於小說《麗萍的煩惱》和家庭出身的原因，莫耶又受到審查批判。後由於賀龍、關向應、甘泗淇的關懷和保護，才度過難關。到了一九四七年，整黨整軍的「三查」運動中，在康生左傾路線的錯誤指導下，莫耶因為歷史問題與「反黨小說」問題，再次遭受晉綏軍區宣傳部的批判鬥爭，還被禁閉在一座破窯洞裡關押禁閉了幾個月。莫耶曾回憶，禁閉她的這個窯洞裡曾停放過死人，她被關在裡面，非常害怕。有幾次，她發現，老鄉從門縫裡塞進麵餅子，這使她非常感動，給了她活下去的勇氣和力量。

三

莫耶在「三查」中挨整的歷史問題，還有一段連她自己都不知道的插曲。原來當年她在上海編輯《女子月刊》時，國民黨特務骨幹沈醉以《中央日報》記者的身分也在上海活動。因莫耶的父親曾加入過「復興社」，沈醉在她父親面前稱晚輩。兩人之間曾有過一段戀情。

知情人說，一九三三年，沈醉在上海擔任軍統在法租界的情報組組長，當時弄了個記者身分做掩護，化名陳滄。第二年，他結識了一位不到二十歲的筆名叫白雲（筆名白冰）的陳淑媛，當時的沈醉也是個血氣方剛的進步青年，更兼文武雙全（沈醉從小飽讀詩書，還會武術），精明幹練（特工的需要），所以兩人一見鍾情。不過他們這段戀情註定沒有前途，因為沈醉的母親嫌她作風太新派，而軍統的頭目戴笠通過對白雲的身世背景進行了調查，發現她雖然家庭出身不錯（她父親陳錚做到海軍陸戰隊少將團長），但本人思想太激進，只可利用，不能真結婚。其實，沈醉的母親羅裙是位半新半舊的婦女。她本人是個才女，還是清末民初著名詩社「南社」的成員，按理說也算是革命女性，但是她對自己將來的兒媳完全按舊式傳統要求，就是要恪守婦道，相夫教子。這跟白雲的思想完全背道而馳，因為她當初就是為了反對這些舊思想才毅然走出家庭的。

儘管無法結婚，但兩位新式男女的感情還在繼續發展。有一次沈醉在追捕行動中從三樓掉下來受了重傷，白雲在他身邊進行了無微不至的照料，以後便在一起同居，而且還有了一個男孩。可是到抗日戰爭爆發時，兩人又出現矛盾。白雲想去延安，動員沈醉也去。沈醉不可能去，同時勸她也不要去。白雲最終撇下沈醉和孩子，自己去了延安，成為了《延安頌》的莫耶。後來，她作為骨幹被調到賀龍的部隊裡搞文藝工作，但是一九四二年這一篇揭發老幹部封建殘餘的小說《麗萍的煩惱》，則讓她從此墮入人生的低谷。

不過，沈醉對白雲則是一直念念不忘的。一九三八年他還在武漢的《新華日報》上登過尋人啟事找她，還給當時正在延安魯藝學院進修的莫耶還寫過信。後來，沈醉的姐夫也是他的上司的余樂醒發現了這個舉動，嚴厲禁止，兩人的音信就此中斷。他們的兒子，開始由沈醉的一位部下撫養，後來還進了國民黨的航校，但去臺灣後，從此就失去了音訊。對此，莫耶本人並不知道，因為信都被上邊扣住了，這也是她在整風、「三查」中不斷挨整另一個原因。此事直至「文革」中有人貼大字報後揭發，莫耶才得知其中的緣故。

莫耶在一九五〇年擔任西北軍區《人民軍隊報》總編，後來與該報社長方唯若結婚。第二年她懷了孩子，可是有一次辦公室裡有個新來的幹部手槍走火，子彈正好擊中她的腹部，致使胎兒死於非命。文革時期，沈醉進了監獄，莫耶也成了反革命，下放農場勞改。幸虧造反派不知道她當年跟沈醉還有那麼一檔子事——連她自己也不知道，否則下場更慘。不過，沈醉倒是在暗中保過她一下。那時造反派翻莫耶的舊賬，懷疑她在上海當過國民黨特務，就跑去找沈醉核實。沈醉自然是全部否認。即使文革結束後很久，沈醉的女兒沈美娟覺得對此事仍需保密。直到莫耶與沈醉先後作古，沈美娟在二〇〇二年出版的《我的父親沈醉》一書中才將此事做了詳盡披露。

所以，幾十年來，《延安頌》雖然繼續在人們中間傳唱，但很長一段時期，是只有歌詞而沒有詞作者名字的，莫耶的名字，逐漸被人們淡忘了。所有這些，並未影響這位女戰士的革命意志。可以說，由於《麗萍的煩惱》帶來的政治後果，像揮之不去的噩夢，始終纏繞著莫耶的一生。

四

日記在史學研究中的價值，正越來越為人認識。拿莫耶的遭遇來講，她因為《麗萍的煩惱》遭受批判以後，被調到晉綏軍區政治部《戰鬥報》當編輯、記者，期間的精神狀況與生活情況如何？我們是無法得知的，然而，內蒙古大學出版社二〇〇四年出版的四十萬字《高魯日記》，有不少與莫耶有關的第一手現場記載。高魯是一個普通的職業革命家。在中共黨內的地位也不高。因為他早年在延安魯藝學習，還擔任過文學系的秘書。後來還到華北聯合大學文學系學習過。更為重要的是他參加了一九四二年由張聞天負責的晉西北農村調查。關於張聞天負責的晉西北農村調查，在以往關於張聞天的研究中，主要還是以研究革命史的角度來評價，而且旁涉的歷史材料也不豐富。現在有了高魯的這本日記，關於張聞天當年在晉西北農村調查的具體情況，就可以有現場感。

《高魯日記》不但記載了當時參加晉西北農村調查的主要經過，還記載有同是《戰鬥據社》和《戰鬥報》戰友莫耶的一些言行，讀到這些珍貴的、不同於那些乾巴巴地行狀的記載，一個堅強的女作家的立體形象漸漸浮現出來。在高魯筆下，是這樣描述莫耶的——她喜歡寫作，也很幽默。開會討論朗誦的民族形式時，有個同志說要儘量寫「豆腐乾」大小的詩歌，莫耶說：「要寫臭豆腐乾大小的詩歌。」大家笑了。她較注意收集文章中的詞彙，並與別的同志討論這些詞彙的用法，即使有人諷刺她也不在乎。我們稱她是「無一不知的通家」。日記中還記載，莫耶的筆名是漠，後又改成島。莫耶讓他看引發爭議的《麗萍的煩惱》，提出些意見。《高魯日記》裡說：自己只是粗枝大葉地看了一遍，說什麼好呢？想不出，對她寫作品的意見，以前是不正確的，她寫的作品確實值得學習。可到了十天後的十五日，就有了「關於莫耶的《麗萍的煩惱》，我們準備了討論會，開會時旁聽」。

據日記記載，我們知道批鬥莫耶的所謂「座談會」，是在一九四二年九月二十八日召開的。莫耶自己說：「那時有個老幹部聯繫我的家庭出身，說我這篇小說是反黨的；有個部隊的青年幹部卻挺身而出，不同意他的意見，於是爭吵起來。當時，正好作家楊朔路過晉綏，也參加了會議，嚇得會議沒開完就走出去了。」可見，就在當年激烈批判莫耶的時候，也有挺身而出、持不同意見的，《高魯日記》寫到：「伊楊（楊朔同志）到一二〇師政治部開座談會了，會議情況十分緊張。莫耶同志寫了《麗萍的煩惱》，趙戈同志和晉綏軍區保衛部的李科長發生了爭執。莫耶的態度很好，這是她的一個進步，是她在一九四二年以來最大的進步。」從日記裡知道，與執意要整治莫耶的保衛部李科長發生爭執的青年幹部名叫趙戈。

這個日記中提到的趙戈，在莫耶逝世後，曾在一篇〈莫耶，一個真正的女兵〉的長文中回憶到當時政治環境的嚴酷——你想，一個保衛幹部親臨一個文藝座談會督陣，這意味著什麼？更奇怪的是在文藝座談會上發言的文藝工作者卻寥寥無幾，只有他和老社長，當時還很年輕的歐陽山尊兩個人。他們當時是抱著真誠的願望來幫助莫耶的，當然也是真誠的認為莫耶的作品犯下了嚴重錯誤。他們發言的共同點認為莫耶的創作方法是自然主義的，不是現實主義，更不是社會主義的現實主義。趙戈認為發言是很有黨性原則的，誰也沒料到因此激怒了那位保衛部領導。他拍案申斥：「你們這些小資產階級！沖淡了今天大會的政治氣氛，轉移了今天大會的鬥爭目標，我禁止你們發言！」趙戈也拍案高喊：「我爺爺是工人，我父親是工人，我也是工人，我是無產階級，你才是地地道道的小資產階級！」這一下李科長更加震怒，加上國內革命戰爭「左」傾肅反擴大化的流毒猶存，他怒吼著：「你敢造反，把他給我捆起來！」楊朔同志就是在這時離席而去的。趙戈認為他不是被嚇走的，他不會那樣膽小。

對一個看不慣的旁觀者，尚且如此「殘酷鬥爭，無情打擊」，莫耶當年承受的政治壓力，更可想而知了，那時，她才不過二十四歲年齡，連自己的個人生活，也因此發生了變故，多年的戀人也面臨著分手。《高魯日記》一九四二年十一月十八日記錄——武陵同志告訴我，他和島（莫耶）不結婚是有原因的。一是莫耶寫了小說《麗萍的煩惱》，受到批評，問題沒有解決；二是物質條件不好，生孩子困難；三是他自己的條件不夠。莫耶同志讓武陵要努力寫作。武陵也很努力，在《抗戰日報》發表了幾篇稿子。現在莫耶仍在鼓勵他，讓他繼續鍛煉寫作。莫耶同志想作國文教師。我想，這些同志能嚴格要求自己，包含了他們的社會經驗和人生閱歷。日記中記錄，一個同志因為失戀想離開戰鬥報社，莫耶就與他談話，想挽留他。「莫耶同志是個熱心人，精神很好，她自己還因《麗萍的煩惱》受到了批判鬥爭，但還在幫助別的同志。」

莫耶去世後，當親人整理她的一些文稿時，發現了一九四二年的一本日記，真實地記述了當年《麗萍的煩惱》遭批判時她的心境。如一九四二年九月十日的日記中有這麼幾段：

「從這兩個月的情緒變化中，我更深刻地瞭解了自己，我欣幸著自己再一次地受到鍛煉。我更珍惜自己曠達的性格，這將使我身歷萬難而無所畏懼，我會使自己日趨堅定與正確。」

「今天是晴朗的天氣，我背起挎包和同志們到石塄子政治部去開『麗萍』的檢討會。一路上，我和同志們邊走邊說笑。我笑得那麼開朗，像是去赴空前熱鬧的盛會。周圍的人一定會奇怪地想，這是要鬥爭她的會呵，為什麼她那樣不在乎？在我自己默默地走著時，我也會想到，我是開這會的中心目標呢，人們會用各種眼光來看我的。這的確是難堪的，這是一種恥辱！不，我不應該這樣想，這是我個人鍛煉過程的一個關鍵，我要勇敢地去迎接它。……當我走進會議室，人人都在看著我，甚至有的人顯示出幸災樂禍的神色。我想，在這些幸災樂禍的人面前，我要以我的態度告訴他們，不要以為女人都是脆弱的，受不起打擊的，我要把鬥爭當作我生活上的鍛煉，我是有足夠的勇氣來迎接困難的，我能泰然地游過最驚險的波濤。而且我要讓人們看到，這不是一個脆弱的人，她比許多自認為勇敢的人更勇敢。」

「來參加會的人多得連門外也擠滿了，眾目睽睽地望著我。我挾著筆記本，平靜地和一些熟人打招呼。他們是那樣的不自然，而我卻笑了，我想，你們看我吧，我比你們更坦然呢！於是我走到主席臺邊的一張方桌子跟前，我獨居一面，攤開本子，拿起筆，在本子紙頁頭寫上『麗萍的檢討會』。」

兩本日記的交相印證，我們可以讀出莫耶的勇敢、堅強、樂觀和曠達。這是一個真正的戰士，即便是在遭受誤解與冤屈的時候，也沒有放棄自己的初衷與追求。

值得注意的是，四十年以後，丁玲、莫耶所反映的這種文化衝突的思想，在韋君宜的《露莎的路》中再一次涉及，繼續著同一個話題。八十年代，韋君宜因腦血管病而住了醫院，自這時起，她的手已逐漸痲木而不能握筆，可是她就在這艱難的情狀下勉力陸續寫完了《露莎的路》，這是她難忘的一位女性的遭遇，她寫出來不為別的，只是實實在在讓人看那曾經存在過的事實，書中有這樣一個情節，女主人讓通訊員給自己的丈夫帶去一封信，末尾寫到：「給你一個吻！」可那個老幹部不懂得這個「吻」，卻反問通訊員：「不是給我一個物嗎，東西在哪裡？」由此可見，無論是丁玲、莫耶還是韋君宜，作為女性知識分子，當年都能感受到與工農幹部之間那種文化上的差異是如何的格格不入。

這種文化差異，連抗戰期間、國民政府派駐延安縣的縣長高仲謙都看出來了，他在自己的回憶錄《黑牢進出——延安縣長歷險記》一文中回憶：有一位美麗聰敏的女大學生，因為不滿現實，由政府區，投奔延安，從事革命工作。這位小姐抱著犧牲奉獻，一切為革命而努力，下嫁了又紅又專的長征幹部，這位幹部識字不多，頭腦簡單，當然談不到精神生活。在一個鳥語花香的禮拜六的夜裡，這位女大學生提議和她的愛人（夫婿）一同外出散步賞月，這位長征幹部的答復是「月亮像燒餅一樣，有什麼好看？」女大學生得到丈夫這兩句令人掃興的答話，不禁感慨萬分，自歎命苦，好似一朵鮮花擇在牛屎上面，在萬分無奈傷感的情況下，寫了一首七言絕句：

嫁得郎君不解情，強把月亮比燒餅，
從今不盼禮拜六，春宵枉自值千金。

這一首詩很快傳遍延安抗大校園，許多女青年讀後都引發共鳴，感到難過無奈。事情很快就傳到毛澤東那裡，據說這位一輩子都是詩情勃發的領袖依韻寫和了一首七言絕句，來批評小布爾喬亞的溫情主義，毛澤東的詩這樣寫得：

春花秋月枉多情，天上人間兩畫餅，
寒來花月不能衣，饑時一餅值千金。

6 誰出賣了野阪參三

一、七大會議上日共領導人

一九四五年四月二十三日至六月十一日，中國共產黨第七次全國代表大會在延安楊家嶺中央大禮堂召開。這次歷時五十天大會的主要議程是：毛澤東作《論聯合政府》的政治報告；劉少奇作《關於修改黨的章程的報告》；朱德作《論解放區戰場》的軍事報告；周恩來作《論統一戰線》的報告；任弼時作《關於黨的歷史問題的報告》；通過新的黨章，在選舉中央委員會委員四十四名和候補委員三十三名後，毛澤東致題為《愚公移山》的閉幕詞，大會確立了毛澤東思想為全黨的指導思想。

就在中共「七大」期間，延安的《解放日報》全文登載毛澤東、朱德的講話，同時配有他們二人的木刻像，可令人驚異地是，還有第三位享有此領袖待遇的人物，該人不是劉少奇，也不是周恩來，卻是一個當時在延安化名「林哲」的日本人，他參加「七大」和出現在報刊上的名字叫「岡野進」（也稱野阪鐵）。他在「七大」開幕當日作演講並他滿懷激情地大聲疾呼：「這次大會，不僅中國人民，而且東方的人民，不，全世界的人民都注視著。大會上的一個聲明，一個決議案，都將引起全世界人民大的反應。我相信這次大會，一定會符合世界人民的期望。中國共產黨第七次大會勝利萬歲！」

二、充滿傳奇色彩的職業革命家

直到二戰過後回到自己的國家，岡野進才恢復他的真實名字——「野阪參三」，這是一個富有傳奇色彩的「職業革命家」和國際共產主義運動的「著名活動家」，他是世界上兩大共產黨（英國共產黨和日本共產黨）的創建者之一，神秘的身影相繼出現在巴黎、馬賽、莫斯科、紐約、洛杉磯……忽然有一天，他放棄了在莫斯科高層人員的生活（當時每月有一千六百盧布，據稱怎麼也花不完），告別了妻子金香和幼女，化裝成周恩來的侍衛副官，來到了中國。

一九四〇年三月，周恩來等人乘蘇聯專機經烏魯木齊到蘭州。據毛澤東的翻譯秘書師哲回憶，除去周恩來夫婦和任弼時夫婦外，另外五人是蔡暢、陳鬱、師哲、日本的岡野進、印尼的阿里阿罕。岡野進化名林哲，阿里阿罕化名王大才，他們的身分都是參謀，也就是衛士。一行人於三月二十五日到達延安後，野阪參三在延安受中共中央委託，擔任日本工農學校校長，此校以培養在華日本人中的反戰人才為主要任務。他還兼任八路軍總政治部對敵工作部顧問等職。野阪參三住在王家坪八路軍總部附近的一座一進兩孔的套窯，與朱德住地比鄰而居，日本工農學校副校長李初梨為他做翻譯工作。

二〇〇六年，原新華社社長李普的夫人，一位在延安工作過的老革命沈容出版了她的《紅色記憶》，書中披露令人難以理解的「臨時夫人」現象，有兩位在延安工作的蘇聯人，要求組織給他們找兩位「臨時夫人」，只限他們在延安期間有效。他們竟然如願以償的辦到了！每人得到了一位如夫人。他們回國時，就給每位夫人發了「復員費」，而這「復員費」竟然成了沈容和同伴們打秋風的對象。弗拉基米洛夫的《延安日記》就寫到毛澤東曾經問他是否需要一個「伴侶」。對這些「臨時夫人」來說，這也許可以算是她們為革命作出的犧牲吧。據卡蘿爾・卡特的《延安使命》一書記載，野阪參三也是寡人有疾，在延安又與一位漂亮的中國女子一起生活。這位「很有活力的中國女子」的名字叫莊濤，會說一口流利的日語。莊濤出現時，野阪參三自然贊成「衣不如新」；而當即將回到日本與老妻重逢時，野阪又信奉「人不如故」了。野阪參三後來對莊濤的「薄情寡義」並非沒有前兆，他早已將話向莊濤挑明：我們的戀情是沒有結果的，你不過是紅色延安為我找來的「臨時夫人」和「性伴侶」而已。野阪參三走後，被甩下的莊濤嫁給了同盟會元老黃興的小兒子黃乃，生育過一個兒子，後又仳離。

三、「一邊倒」路線導致拋棄野阪參三

據史料記述，野阪參三是在日本投降後，於一九四五年九月九日帶著日本工農學校二百多名在校學生離開延安，回到了他闊別十六年的祖國的。然而事情並非如此簡單，據新出版的中共高層政要的訪談錄《姚依林百夕談》一書解密，日本投降後，由於美國在日本登陸，日本共產黨領袖德田球一尚在獄中，蘇聯急需一個領袖人物在日本為他們培植和建立勢力範圍，而為蘇聯所熟悉的代理

人野阪參三還在中國，於是史達林便要求他火速回國重建日共。這時，姚依林有一個特殊任務，就是將日本工農學校校長岡野進送上回日本的飛機。姚依林在河北淶源接到當時還化名叫岡野進的野阪參三，然後陪同他坐大卡車到下花園，再轉乘專列火車到張家口。與此同時，蘇聯遠東紅軍司令部馬林諾夫斯基也派出飛機來接野阪參三。不過，由於蘇方與中共晉察冀中央局還沒有直接聯繫，這架飛機先飛到北平，讓已經投降的日本人送他們到北平西郊的潭柘寺中共中央局城工部，由城工部長劉仁與張家口聯繫，在晉察冀中央局指定好飛機降落的位置後，這架蘇聯專機才飛到張家口接走了野阪參三，先飛到了哈爾濱，然後飛回日本。姚依林記得在飛機上，野阪參三曾經感歎地對他說過這樣一句話：「很羡慕中國共產黨的幹部，從中央到地方的這些幹部，日本缺乏的就是這些幹部啊！」

有意思的是，日本共產黨自它一九二二年七月十五日成立之日起，一直被視為非法政黨，屢遭日本政府鎮壓和迫害，直到一九四五年八月日本戰敗後，美軍占領當局在日本推行「非軍國主義化」、「民主化」的改革時，日共反倒取得了自己的合法地位。同年十二月，日共召開第四次黨代表大會，制定了黨的行動綱領和黨章，提出了廢除天皇制，建立人民共和國的口號。一九四六年二月，日共召開五大，提出「和平革命」論，認為在美軍占領下，可以通過和平、民主方式過渡到社會主義。一九五〇年一月，共產黨情報局公開批評這一理論，引起日共黨內意見分歧並導致分裂。

此時，「一邊倒」的毛澤東對蘇聯推行大黨大國主義、壓制各國共產黨獨立自主的工具共產黨情報局是全力支持的，據新近披露的相關史料揭示，一九四八年蘇聯與南斯拉夫關係破裂並被開除去共產黨情報局時，中共事先並不知情，但後來為了表示自己一邊倒的立場，卻發表了一個表態性的聲明，即《中共中央關於南斯拉夫問題的決議》。同年十二月，毛澤東在中共中央的召集的會議上作《目前形式和我們的任務》，就對新近成立的情報局歡呼雀躍，大加讚揚。第五期共產黨情報局機關報也全文轉載了這篇文章。而日本共產黨卻對情報局的成立態度卻與眾不同，相當冷淡，日共機關報《赤旗報》只是報導了這個消息，未加任何評論。作為日共中央書記的野阪參三卻一反常態的說：「我們日本共產黨現在與這些歐洲問題沒有關係，而且將來也不會同他們發生關係。」

在一九四八年六月與鐵托反目之後，史達林曾一度懷疑過毛澤東是「東方的鐵托」。據林伯渠的女兒林利回憶，一九四八年，由蔣南翔為團長的中共解放區代表團取道蘇聯前往波蘭參加國際青年工人代表會議，在大會上代表們起立輪流向各國共產黨領袖致敬，從史達林的名字喊到胡志明的名字，每提到一個都歡呼鼓掌，就連美國資產階級民主人士華萊士的名字都受到熱烈歡迎，惟獨沒有毛澤東和鐵托的名字，代表們對中國革命的狀況可以說是一無所知。後來的結果是，毛澤東重獲史達林的信任，日共反倒頂替了「東方鐵托」的角色。

共產黨情報局為什麼要公開批判日共？這與一九四九年十二月十六日到一九五〇年二月十七日在蘇聯進行兩個月之久訪問的毛澤東有關。訪問蘇聯，這也是「一邊倒」基本外交戰略的一種回報。此間，毛澤東為什麼突然提出共產黨黨情報局發表文章批判日共中委野阪參三？而無視後者是在抗日戰爭時期同自己並肩戰鬥的日本反戰同盟領袖。原因有二：一是日共在日本戰敗後所提出的方針路線，明顯的是「和平演變」的一種政策，與毛澤東平生所主張的「槍桿子裡面出政權」的論斷背道而馳，格格不入；二是毛澤東一直想成為世界革命的領袖，作領袖就要有所作為，有所捨棄，而日共正是他拋出的一個棋子。一九五〇年一月十四日，遠在莫斯科的毛還親自寫信，指示胡喬木在人民日報發社論，批判野阪參三和日共五大的議會道路言論。並特意讓人將此文譯成俄文，專門送交史達林審閱。以表示自己堅定的革命立場。這個謎底，據新近出版沈志遠的《中蘇關係史綱》透露，一九四九年劉少奇去莫斯科，在與史達林商定國際共產主義運動時，有一個分工，就是歐洲革命由蘇聯主管，而亞洲革命由中國主管，也就是由毛澤東負責。毛澤東既然是亞洲革命的領導者和指揮者的身分，根據他的性格，政治上每前進一步，就會拿人來祭刀。這也是毛澤東之所以出賣自己的老朋友野阪參三，來獲得一種國際共產主義運動的地位與權力所必需的代價。

四、冤冤相報，理想破滅

其實，要說中共時下的流行語「與時俱進」，日共早就做到了，不僅比中共早了二十多年，甚至比中共還要徹底。據《王力反思錄》記述，一九六六年三月底，日共總書記宮本顯治訪問北京，在準備發表的中日共同聯合公報中，日共不願意公開指責蘇共，只是表示願意籠統地提一下反修立場，當時的中共政治局常委和書記處都同意了，這本是尊重對方的一個合理舉措，但毛澤東卻不幹了，並激烈反對說：「他們都同意，我不同意。」並武斷地取消了兩黨協議好的聯合公報，結果起到了為淵驅魚的反效果，讓日共徹底倒向了蘇共。王力就此認為，毛澤東是在這次盛怒下決定發動文化大革命的，他認為劉鄧與修正主義妥協，於是產生了更換接班人的打算。

到了一九七六年七月的日共十三大時，日共就決定將黨的綱領、章程中「馬克思列寧主義」改為「科學社會主義」。將「無產階級專政」改為「工人階級政權」。一九八九年，蘇聯解體後，日本共產黨在一九九〇年的十九大和一九九四年的二十大黨代表大會上，對蘇東劇變進行剖析，得出了自己的一些看法。日本共產黨認為，蘇聯一貫對外是搞大國主義和霸權主義，對內搞官僚主義和專制主義，走上了一條極端的完全拋棄科學社會主義的道路。對這樣黨的解體，應該是「歷史巨惡」的報應，日本共產黨持「舉雙手歡迎」的態度。同時也認為：這將使整個共產主義運動從大國主義和霸權主義及追隨它的錯誤中解放出來，為世界共產主義運動的前途開闢出了新的自主的發展條件。這時候的日共，再一次修改黨章，正式承認了天皇制和自衛隊。

一九九二年，野阪參三已經是顫顫巍巍的百歲老人了。就在這時，命運再次陡變。因為蘇聯解體後，大量的檔案被解密，披露出半個多世紀前蘇聯肅反時期，他在莫斯科曾誣告一位日共同志山本懸藏，導致這位同志蒙冤被殺。據後來出版的《在莫斯科被肅反了的日本人》一書披露：「三十年代在莫斯科日本領導層中間，互相懷疑對方是『特務』和『打入內部的奸細』，不但向共產國際的蘇聯黨員告密，甚至向蘇方的克格勃出賣自己的同志，這是一個疑神疑鬼的集團，也體現出了日本人的告密精神。」此年九月十七日，日共十九屆七中全會決定解除他作為日共名譽主席的所有名譽職務，十二月十七日，八中全會以自覺參與陷害山本懸藏等日本共產主義者和六十年代日蘇兩黨關係中斷後仍裡通蘇共為由，將其開除出黨！據報導，野阪參三在聽到這個處分決定時，顯得出奇地平靜。次年十一月十四日，他在自己的寓所裡默默辭世。

百年奮鬥，百年追求，「剃人頭者也被人剃頭」，出賣別人者又遭人出賣，直至被開除。一個共產主義傳奇人物為之終生奮鬥的崇高理想，就像冤冤相報、無休無止的夢幻一般，終至最後破滅了。

7「皖南事變」後的一樁審查悲劇

一九四一年一月七日，「皖南事變」爆發，在突遭八萬餘國民黨部隊的包圍襲擊下，新四軍浴血奮戰七天後，終因寡不敵眾、損失慘痛。經黨史專家考證，皖南事變中，新四軍有三千多人壯烈犧牲，四千九百多人被俘，三千多戰士被強迫編入國民黨軍隊，一千三百餘人突圍。而這些突圍成功的幹部戰士，大部分在很短的時間裡又重新歸隊，成為新組建的新四軍的重要有生力量和黨的寶貴財富。然而，這些經過槍林彈雨、九死不悔的忠誠戰士，竟也有被革命隊伍懷疑、被審查而釀成嚴重失誤事件的。其中，原軍部作戰科科長李志高自殺事件，就是一個典型的政治悲劇。

李志高，湖南平江人，一九二九年，他十五歲時就參加了中國工農紅軍，經歷過長征，是一個能文能武，寫得一手好字、很有才幹的好幹部。一九三七年十二月新四軍軍部成立後，李志高是第一批從延安派到新四軍工作幹部，並跟隨項英與賴傳珠、李子芳、胡立教等同志一起抵漢口，籌建新四軍軍部。以後擔任軍部偵察科長和作戰科長。一九三九年春節期間，中共中央軍委副主席周恩來協同葉挺軍長一起新四軍軍部視察。新四軍軍部派出作戰科長李志高、偵察科長謝忠良專程前往浙江金華，迎接周副主席和葉軍長來到雲嶺，其間並與周恩來等領導人一起合影。皖南事變中，作為軍部作戰科長李志高是有戰功的。突圍成功後，他與第二支隊參謀長謝忠良等新四軍幹部七八十人分別在皖南堅持數月，於四月中旬北渡過江到無為縣，與曾希聖的第七師會合，並擔任七師參謀長，謝忠良則擔任七師五五團團長。

一九四一年三月，重新組建的新四軍軍部在江蘇鹽城成立時，曾成立了一個審查委員會，專門審查突圍後先後零星歸隊人員，看看內中是否有個別叛變投敵者的混入。儘管這些歸隊人員基本上都是黨的忠誠戰士，審查委員會在任務完成後隨即被撤銷，但在此期間還是發生了李志高被無端審查憤而自殺身亡的嚴重事件。據《回顧新四軍軍部》一書記載，李志高、謝忠良二人自皖北突圍後，曾給劉少奇寫過一份關於副軍長項英與參謀長周子昆遇害的真實報告，詳細彙報了項、周二人被叛徒劉厚總殺害的經過。但是鹽城軍部根據突圍幹部中個別人提供的材料，卻懷疑葉挺將軍的被俘與項英、周子昆的被害，都與李志高等人有密切關聯，因為他們是最後一批堅守在皖南的。材料未經核實，上邊就認定李志高與謝忠良有內奸嫌疑，其中還牽涉到一些突圍出來的很多同志。於是，軍部派出鋤奸部門的負責幹部前往新四軍第七師駐地，對李志高和謝忠良進行關押審查。在關押期間，李志高情緒極為抵觸，竟於一九四二年一月三日自殺身亡，年僅二十八歲。李志高是如何自殺身亡的？據相關的材料介紹說，當時李志高被關在無為縣縣政府的一間房子裡，外面有一小戰士看守。因為李志高以前也是部隊領導，他騙小戰士開門，搶奪了步槍後又進入房內，用步槍頂在下顎處開槍自殺。隨後，軍部隨即查明這些事情他們無關，立即電告七師，李志高、謝忠良不是內奸，應立即釋放謝忠良等同志，恢復他們的名譽與工作。可惜的是，李志高沒有等到為他洗刷冤屈的這一刻。

事後，軍部參謀長賴傳珠將這次審查失誤事件對李志高的妻子實情相告，七師也為李志高開了追悼會。七師政委曾希聖說，李志高同志是個出色的參謀人才，死得太可惜了。中共中央華中局書記、新四軍政委劉少奇，也為此事作了深刻的自我批評，他說：「我派保衛部長去瞭解情況，卻沒有及時瞭解進展情況，讓好同志蒙受冤屈，導致李志高同志自殺。他們都是皖南突圍出來的幹部，是革命的火種。他們沒有倒在敵人的槍口下，回到自己的部隊卻倒下了，痛心啊！同志們，這是我們新四軍的悲劇啊！是我失職的悲劇啊！我沒有及時保護他們，這是我的失誤，在這裡我誠懇地檢討，向受委屈的同志們道歉！向死難的同志默哀！以後絕對不能再發生這樣嚴重的事情！請大家監督，再有此事，首先撤我的職。」

作為一個獻身革命、連死都不怕的志士，是把理想與榮譽看得比自身生命還要寶貴的，他人生最大的失望就是不被黨和人民信任，甚至還被當作敵人對待，這內心的痛苦與煎熬是常人無法想像的，所以李志高也只能以死來明志了。正如少奇同志所說的，像李志高這樣對黨和人民無比忠勇的戰士，沒有倒在敵人的槍口下，回到自己的部隊後卻倒下了。而且還是以自戕的方式來並表示自己的清白與無辜，這該是多麼大的失誤。其實，翻看黨史，把自己同志當作敵人來進行審查，動輒「殘酷鬥爭、無情打擊」的歷史事件，無論是在此之前的井岡山「肅ＡＢ團」，還是在此之後延安整風的「搶救運動」中，都是有過不少慘痛教訓的。即便是在新四軍內部，李志高事件也不僅僅是個例。

據史料記載，一九三八年，曾發生過一次錯殺葉道志事件，這也是李志高本人所經歷過的一個事件。當時軍部特務營營長葉道志、徐長勝等三人，也是延安抗大調到新四軍軍部的長征幹部，他們在紅四方面軍時曾任過師、團級職務，來到新四軍後卻被降級使用。葉道志先是擔任四團副團長（政委），後又改任軍部特務營營長，徐長勝任特務營參謀，另一個則任東南區游擊幹部訓練班教員。為此，這三人思想不通，認為在此處不受重用，準備仍回八路軍原部隊去，於是便攜帶新配給的駁殼槍以查看地形為名開了小差。軍部知道後，極為震怒，立即派出偵察科長李志高帶人追趕，並在景德鎮將葉道志抓獲，徐長勝被擊斃，另一人逃脫後，回到八路軍原部任職，建國後還被授予中將軍銜。一個多月後，葉道志以「投敵叛變罪」被處決。因為他是四方面軍的幹部，公審會上，說他是企圖叛變革命投降張國燾，但葉道志臨刑前堅決否認是背叛革命，更不是去投降張國燾，只是承認對工作安排有意見，不經組織允許擅自帶槍離開軍部是錯誤的。這時，從延安同來的陶勇（建國後曾任東海艦隊司令員、中將，文革中自殺），曾上書力保葉道志，說葉是他們南來的臨時支部書記，在他們途經武漢時，得知張國燾叛變，大家均表示氣憤，臨時支部還專門開了批判會，因此葉道志不可能去投降張國燾。但陶勇的力勸無效，葉道志還是給殺掉了。同一個事件中的三個人，一人被擊斃，一人死刑，一人脫逃成功居然後來還當上中將，明擺著就是一樁錯案。一九八三年十月，解放軍總政治部發佈文件，宣佈槍決葉道志、徐長勝是：「歷史錯案，予以平反，恢復名譽。」

到了二十五年後的「文革」期間，對革命隊伍的審查則進一步升級和擴大化了，一大批像李志高那樣以死來證清白的無辜者，竟還背負了一個「自絕於人民自絕於黨」的罪名，而對李志高一案作過沉痛檢討的劉少奇也在對他個人設立的專案審查中被打倒。對革命同志進行審查的歷史，就是這樣在一次次人為地製造冤假錯案，又予以平反昭雪的怪圈裡循環往復著，甚至連作為國家主席的劉少奇也未能倖免，同樣在這個政治怪圈裡面輪迴了一次。

8 與王佩英一起殉難的女英雄馬正秀

近年以來，正當不少媒體與大中電器隆重紀念被公共遺忘四十年的聖女王佩英（大中電器董事長張大中的母親）的時候，其實，還有一個與王佩英同日殉難的女英雄，她的名字與事蹟依舊被我們這個公共社會遺忘著。筆者也是從最新出版的詩人、翻譯家屠岸的人生自述《生正逢時》中，才讀到了她的名字與事蹟。她的名字叫馬正秀，被殺害時正值風華正茂的三十八歲，比五十四歲的王佩英還小了十六歲。

屠岸自述中說，一九五八年，他因反右下放後病了，精神壓力很大，發了抑鬱症。妻子請戲劇出版社的編輯趙光遠每個星期天來陪陪他。趙光遠是重慶人，他與妻子馬正秀從小是青梅竹馬。「文革」前，趙光遠一家住在王府井大街鵓鴿胡同一間簡陋的屋子裡，兩家人的交往過從有十年時間。屠岸夫婦二人對馬正秀的印象很好，覺得她為人純真，善良樸實，是窮人家的女兒。作者筆下的描述是：「馬正秀給我的印象是熱情而不狂放，外表柔弱，內心剛強。她對兒童有一種天然的喜愛和親和力。她長得很美，一種純樸無華的美，一種青春勃發的美。」

屠岸寫道，□年出生的馬正秀是幼兒師範畢業的，到北京後當了自然博物館的講解員。「文革」時，造反派到處寫打倒誰誰誰，只要是打倒某位領袖和老師的，馬正秀就把「打倒」二字擦掉，在另外加上「萬歲」。最突出的是，她把「打倒劉少奇」改為「劉少奇萬歲」。結果於一九六七年九月十六日被捕。在獄中，要她認罪，她不認。他不像我們——我們許多人都認錯，以求減輕「罪」責。她在獄中受盡折磨，但她昂首不屈。最後在公審大會上要她認罪，她不認，造反派的兩個彪形大漢對她拳足交加，抓著她的頭撞牆，百般折磨她，她還是不認，最後被定為「現行反革命」，宣判死刑，立即執行。她殉難的日子是一九七〇年一月二十七日。這些情況是後來人文社的余維馨告訴我的，他在一九六九年參加了那次宣判會，看到馬正秀面臨厄運，依然昂首，目光炯炯，毫無懼色。余維馨說，這是什麼無產階級專政？這種造反派是封建法西斯專政！馬正秀的遭遇，與堅持真理，反對「文革」而被造反派處死的女英雄張志新如出一轍，他們的人格光輝永不消逝！

然而，悲劇還沒有完結。書中記載，作為丈夫的趙光遠於一九六九年三月五日跳樓身亡，竟比馬正秀還要先死近十個月。趙光遠的「罪名」是他與華鎣山游擊隊（本來是革命隊伍，在「文革」中被說成是「反革命」隊伍）有關，說他的社會關係危險，他本人可疑。趙光遠曾任孟超的劇本《李慧娘》的責任編輯。一九六一年，戲劇出版社合併到人文社，成為人文社的一個編輯室，孟超任人文社副總編輯兼戲劇編輯室主任，趙光遠在戲劇室當編輯。「文革」開始後，孟超成了大黑幫，被關在牛棚裡，造反派讓趙光遠去「看管」他。趙光遠心裡會是什麼滋味，可想而知。趙光遠跳樓自殺的時候，馬正秀正在獄中受刑，趙是在極度不安、惶恐絕望中自殺的。

後來，有一位詩人劉嵐山從屠岸口中知道了馬正秀的事蹟後，他很積極地訪問了馬正秀的女兒趙秀華，寫出了《一家人》。屠岸一面讀一面流淚，想控制也控制不住，他用一條毛巾擦眼淚，擦乾了又流了出來，伏在床上，淚水浸濕了枕巾，心潮澎湃，無法平靜。屠岸把自己的軟弱同馬正秀的剛強相比，感到慚愧，無地自容！他無法理解馬正秀的抗惡力量從何而來？是什麼樣的力量使她進行殊死的鬥爭，把祖國的命運和重任擔在自己的肩上，最後付出了年輕的生命？應該是對真理的信仰、對真理追求的執著，除了這些，還能有別的什麼解釋呢？

屠岸自己有過反思，為什麼不爭？他甚至想到了死，就是沒想到反抗。最使他心潮激蕩的是馬正秀，她是張志新式的女英雄！是走進屠格涅夫「門檻」的女性，是中國的聖女貞德。觀照自己，他認為遠遠不如！但是，屠岸也不同意茅于軾先生在「紀念王佩英殉難四十年」會上所講的，那場悲劇，雖然是偉大領袖毛澤東他老人家親自導演的，加上四人幫及其幫兇，也不過數百人，但全國六、七億人為之瘋狂，有一半責任在老百姓，如果毛澤東和「四人幫」到美國搞，肯定搞不起來。屠岸認為，老百姓要負一半責任麼？這樣的話，老百姓的肩膀上又太沉重了，親自發動和領導「文革」的人與他的爪牙「四人幫」的罪責就大大減輕了！但老百姓是不是完全沒有責任？他贊同魯迅的話，對中國老百姓，哀其不幸，怒其不爭。這個情況在魯迅時代是這樣，到「文化大革命」依然如此。對老百姓，也要分析，但知識分子責任應大於工農群眾。

與逐漸正為更多人所知的王佩英相比，馬正秀這位「文革思想者」的相關經歷與事蹟的文字顯得更少。有一則資料，是名作家艾蕪在《往事隨想》一書中〈夜深我走在北京的街頭〉一文中記述的。原來馬正秀的丈夫趙光遠是艾蕪四十年代在重慶「育才學校」的學生，是地下黨員，亦是文學青年，曾在艾老主編的《半月文藝》中發表過作品。建國以後，參加「志願軍」入朝作戰，因病退伍後，是艾蕪幫其在北京找到了工作，後入人民文學出版社任編輯。一九六八年，工宣隊進駐人民文學出版社，其時趙的妻子馬正秀已經被捕，罪名是貼大字報擁護劉少奇，擁護彭真，又寫出打倒什麼人（估計是材料上所寫所謂「無產階級革命司令部」的成員）。工宣隊進駐後，趙深感大禍臨門，所以從四樓跳下，自殺身亡。

據中國人民解放軍北京市公法軍事管制委員會一九七〇年一月九日的死刑判決公告，在二十個「現行反革命」的死刑公告中，馬正秀是第十八個，這二十人中，男十七人，女三人，從年齡看，五十～六十歲的三人，三十～四十歲的有十二人，不滿三十歲者（包括遇羅克）有五人。馬正秀的罪名是：「刻骨仇恨無產階級文化大革命，經常散佈大量反動言論，一九六七年八、九月間，多次書寫和公開張貼反革命標語、傳單、惡毒攻擊我黨和社會主義制度，窮兇極惡地污蔑誹謗無產階級司令部，」「在押期間，仍瘋狂地攻擊無產階級專政，反革命氣焰囂張至極。」而且其父被定為「歷史反革命」，其兄亦因「軍統特務」被槍決。一九七〇年一月二十七日，在北京工人體育場召開「公審大會」，同日，與王佩英等人同時遭到殺害，遇羅克則推遲到三月五日被處決。馬正秀於一九八〇年二月二十八日由北京中院平反，稱撤銷原判決書，對馬正秀不追究刑事責任云云。我們至今還不知道，在這二十個被槍決的「罪犯」裡面，是不是都是被冤殺的，裡面是否還有如王佩英、馬正秀這樣如張志新式的「文革思想者」？歷史如不能還原真相，正義就無法得以伸張。

今年已屆九旬歲的屠岸老先生，曾以一首長詩《遲到的悼歌》，發表在二〇〇〇年第十二期的《人民文學》上，以悼念這位讓他終生敬重的女英雄。

9 面對浮腫病的真與假

在中國歷史上，有著「天下糧倉」和「天府之國」之美譽的四川，是傳統的糧食生產基地，除去兵燹戰亂外，很少發生大面積的饑饉。但在上世紀五十年代後期，由於駭人聽聞的浮誇風，強迫命令的高指標，主管臆斷的高估產，殺雞取卵的高徵購，很快就給這塊富庶的土地帶來了災難性後果。讀《遠去的背影——李大章紀念文集》（四川人民出版社二〇〇八年版）一書，當年四川省省長李大章的女兒李亞丹在長篇回憶文章中，詳細敘述了她父親（一九〇〇～一九七六）在這段狂熱日子裡的所經歷的痛苦與無奈。回憶錄說，自一九五九年春天開始，由於饑餓，四川當地就開始流行一種水腫病。現在看來，其實這不是病，而是因為人的極度營養不良造成的一種生理反應，醫學上叫作「低蛋白血症引發的營養不良性水腫」。這種病症開始先從腳踝腫起，逐漸蔓延全身臟器，最後造成人的衰竭死亡。還有，這種病症是不需要吃藥治療的，只要吃飽飯，補充營養，很快就會康復。但當此之時，各級幹部都被反右傾搞怕了，人人心有苦衷，面對著遍地水腫病人，一個個鉗口結舌，沒人敢說是餓肚子引起的。那時候的邏輯是，說營養不良，就是說缺糧；說缺糧就是說糧食沒有大豐收；說沒有大豐收就是污蔑大躍進，就是反黨。有的領導幹部居然還不顧事實，昧著良心說這種病是四川的地方病，歷來就有，與缺糧無關。

當時作為省長的李大章對這種地方病的邏輯很不以為然，他去問醫務人員這水腫病是什麼原因，醫生繞彎子說是「熱量不夠」，而熱量來自食物，吃不上飯當然是熱量不夠了。這年七月，仁壽縣的一個區有群眾匿名反映，從五月起社員就沒有見到一點糧食了，靠著乾蓮花白葉子、乾紅苕和野菜過活，有的渾身都腫了，床都起不來，群眾問基層幹部是什麼原因，他們說是鹽吃多了，冷水喝多了。問他們向政府反映過沒有，他們說不敢反映，反映了就會被拿來「推磨子」（是當年常見的一種對「階級敵人」的體罰方式，數人圍成圈，把一個人弄在中間反覆推打）。結果到縣裡一調查，全縣一千多個食堂停伙，水腫病患者五六萬，去詢問省防疫站下來的醫療隊造成水腫的真正病因，卻支支吾吾地不敢講，等到對他們拍桌子發火後，才說只要有幾斤米幾兩油，這病就能治好的。當年四川省委規定農村人口每天必須保證老秤六兩（不足今天的新秤四兩）糧食，下去一看，根本沒有落實，許多地方還把農民種的菜折成糧食，六斤菜算一斤糧食，而有的地方甚至連吃菜都成問題。李大章把這種現象叫省委辦公廳轉發，並請示幾位書記討論，以期引起重視。然而這種理性聲音的太微弱，根本壓不過戰車狂奔的大躍進「主旋律」。

事實很簡單，當年誰都知道水腫病是餓出來的病，並已經在全省呈現爆發之勢，可還是沒有一個領導幹部敢公開這樣講，有的領導不僅自己死活不承認，也不許別人說「皇帝沒穿衣服」。大批醫務人員被派到鄉下巡迴醫療，還要對社員編造各種各樣、離奇荒唐的病因，但就是不能說是餓的。一些稀奇古怪的「土療法」也應運而生，被派上了用場。簡陽縣的一位「土專家」推出所謂「蒸汽療法」，跟今天的桑拿差不多，被吹得神乎其神。省委有的負責人還認為找到了一個不吃糧就能治療浮腫病的新療法，組織現場會來演示，不僅派出大學和醫院的專家們去考察，還讓省裡的一位領導去總結經驗，推廣先進，但誰也不敢體驗。於是，這位省裡領導就親自去蒸，並在一九六〇年六月的召開的萬人大會上介紹經驗，說這是一個多快好省的辦法，簡陽縣的水腫病人，包括不來月經和子宮脫垂的婦女（其實也是餓出來的婦科病），蒸一蒸全好了。他說，現在有人反對蒸汽療法，說不科學，要蒸死人，還有人說蒸了死得快，我蒸了三次，晚上睡覺很好，我就懂得科學，我看這法子治浮腫病是百分之百的行。

對這種蒸汽療法，李大章曾就此事問過專家，專家說營養性浮腫的病人身體本來就虛，蒸的時候再消耗大量熱能，是很危險的。所以李大章採取的辦法是搞一個腫病醫院，把浮腫病人集中起來，每天保證供應一斤糧食，其中有半斤細糧，有人煮飯照料。後來四川省的各個公社都成立了這樣的腫病醫院。到一九六〇年冬季，各地浮腫病、婦女病、兒童病的報告連綿不斷，李大章主持起草了《中共四川省委關於搶治腫病的通知》，這不僅是四川省委第一份關於搶救腫病的通知，也是第一次明確地將腫病與營養不良聯繫起來作為正式文件下發的。後來，隨著經濟生活的好轉，這種病因簡單的「浮腫病」也就不治而愈、無影無蹤了。

在講述這段不堪回首的歲月時，作者用得小標題是「講真話不易」，認為中央提倡講老實話，可四川的幹部上上下下都不敢講實話。為什麼不敢講真話？因為在一九五九年廬山會議以後，大搞反右傾運動，下面的幹部人人自危，也都普遍學會了看人說話。幹部們通常的辦法就是向上級彙報時，揣著幾個本本，拿哪個本本出來，是要視領導的好惡和臉色而定的。回憶中記載，四川省委宣傳部副部長明朗曾在饑荒重災區梁平縣代理過一段時間的領導工作，當時的縣委書記領他去看了一個餓死人最嚴重的村子，他說：「看了難過啊，和我們打完淮海戰役，雙堆集附近的那些村子情況相仿，屋門一個個是敞開的，屋裡都是雜草和灰塵，後面的山坡上是一堆堆墳，村裡村外看不到一個活人。」這些慘狀讓這位參加過淮海戰役的老兵痛心疾首，怒不可遏，就在七千人大會上給中央寫了一封信，斥責四川省委不對中央講實話，講真話。書中說，就連周恩來總理，當時就曾經批評向他彙報情況的幹部說，你們在主席那裡盡說好的，到我這裡盡講困難，這樣口徑不一致很難辦。假話氾濫所釀成的惡果，就是如書中所描述的那些慘不忍睹的人為災難。

據新近出版的《中國共產黨歷史‧第二卷（一九四九年～一九七八年）》所記載的大躍進期間死亡人數，與一九五九年相比，一九六〇年中國人口淨減少了一千萬。而在此之前，自一九五〇年後，中國人口每年都是增加的。一年內有一千萬的人口銳減，已經足夠讓人驚心動魄了，在這裡面，也包含著幾多四川父老鄉親的生命啊！也包含著幾多四川父老鄉親的生命啊！其實，據四川省原政協主席廖伯康揭秘，大饑荒時期，不要說全國了，僅在四川一地，就活活餓死了一千萬人！

10 黃毅誠眼中的兩位總書記

中共建國後，父子二人共同擔任政府高級官員的現象並不多見，而黃火青（一九〇一～一九九九）、黃毅誠（一九二六～）父子就是其一。粉碎「四人幫」後的一九七九年，黃火青擔任總檢察長，除去恢復十年動亂後高檢系統的工作之外，主要辦的一件大事，就是組織參加審判「四人幫」。而此時黃毅誠則調入國家計委、後任副主任，一九八八年直一九九三年期間又擔任能源部部長。筆者從舊書攤上淘得黃毅誠《我的故事》精裝本一冊，是作者的平生自述，這本書沒有書號，封底還有「內部資料　注意保存」八個字。中國的事情，就是這樣荒唐，高官自費出書，無人過問，一般老百姓自費出書，則屬需違禁查封的「非法出版物」。所謂的法治社會，此處可以略作注腳。

有人讚揚黃毅誠雖年過八旬，依舊筆耕不綴，寫文章以「文責自負」為基準，直抒胸臆，犀利敢言。而傳主自一九七九年～一九八九年在國家計委和能源部期工作期間，正是胡耀邦、趙紫陽主政時期，可以說也是中共建國以來政治最為清明、人心最為順暢的十年。黃毅誠在書中這樣評價胡耀邦：「我對這位總書記的評價是正面的，他是一位政治家，提出的一些問題常常是從政治角度出發，關鍵是我們如何去具體理解。這位總書記長征時是紅小鬼，政治上是很堅定的。」胡耀邦下臺的原因，有一頂鄧小平戴給他的帽子，就是：「政治上動搖，反對資產階級自由化不力。」而在黃毅誠眼裡，胡耀邦則是：「政治上是很堅定的。」僅此一句，就和中央的決定唱了一個反調。

不過，書中也提到，「他很能深入基層，全國到處都有他的足跡。說他有點不足的地方，就是由於一生所處的環境，對現代科學知識瞭解的不多，再加上我們黨內，或者說中國幾千年來的傳統，不少人在上級領導，特別是在大首長面前，不敢說真話，難以完全做到客觀全面、從諫如流。」作者回憶，一九八四年，都說我國糧食多的不得了，要花大力氣把糧食轉化為其他商品，中國要成為農產品出口大國等等，而國家計委則說糧食依然是一個重要的經濟問題，一點也不能放鬆，由於胡耀邦滿耳朵聽到的都是糧食過多，所以對這篇文章批示就是：「不要沒事找事。」不同意國家計委看法。書中還透漏出一則軼事，到了一九八五年，也就是中國外匯儲備剛及五百多億美元的時候，胡耀邦在一個文件上批示：「不要像老地主那樣，有錢不會用，挖個坑埋起來。」這個批示，可以理解為他希望能很好的把這筆錢利用起來，也可以理解為外匯儲備過多了。之後，國家計委鬆了點手，幾個月就把這筆錢花掉了。

黃毅誠回憶錄中對趙紫陽的評價，則是一句話分作兩半來說的，即肯定他的經濟工作成就，又否定他在「六四」期間的行為。書中寫道：「我們這位總書記在經濟工作中的所作所為還是肯定的，他易於接受新生事物，比較開明，在重大決策時也能聽聽下面的意見。我作為一名國家高級幹部，親身經歷了那場政治風波的全過程，從所看到的和瞭解到的情況看，證明他在這次政治大風波中，確實犯了中央對他所作結論的那種錯誤，不管他主觀上是如何想得，事實上就是如此。自己歷史是自己寫的，是非功過要由歷史來評說。」

作者回憶他第一次見到趙紫陽是在一九八〇年全國計畫工作會議上，給他的印象是很精神、很精明能幹。以後作者分管能源交通的國家計委副主任後，多次陪總理出差，所以接觸的機會就多了些。上一世紀八十年代初，國家決定利用日本政府貸款來建設準葛爾煤田，但到了一九八六年年中，時任國務院總理的趙紫陽卻讓人傳話給黃毅誠：「回去告訴黃毅誠，我決定準葛爾煤礦不建了，要集中力量建設神木東勝煤礦，那裡的煤儲量大、煤質好、易開採。」之後，國務院辦公廳通知黃毅誠陪同總理考察神木東勝煤礦。在專列會議上，趙紫陽發表一通講話，說他已經決定不在建準葛爾煤礦了，準備集中力量建設神木東勝煤礦，理由是那裡的煤儲量大、易開採、煤質好、發熱量高、含硫量低，可以建設成為一座特大型煤礦等等。說著，他突然停下來問：「黃毅誠你是什麼意見？」

此時的黃毅誠，感覺頭轟的一下，腦袋在發暈，頭彷彿也大了。一是出發前總理已經叫人傳過話說他決定不建準葛爾煤礦了，二是剛才當著這麼多幹部的面，他又一次闡述了決定不建準葛爾煤礦的理由，自己還能怎麼講？他覺得總理剛才說的理由都對，但他沒有考慮到其他方面存在的問題。按照官場規矩，你把總理的話複述一遍，說說總理的決策如何正確之類的話，表示支援總理的方案就行了。作者說自己經過激烈的內心鬥爭，決定為了國家負責，不能說假話，更不能為了他一時高興而說違心的話，就把神木東勝煤礦尚存的三個問題提了出來。一是準葛爾煤礦的貸款協議是中日兩國的正式協議，想把這筆貸款轉用到神木東勝煤礦，還需再經兩國協商。二是兩座煤礦所遇到的問題，都是如何把煤運到沿海，神木東勝煤礦的位置對建設外運煤鐵路來說更為困難。三是神木東勝煤礦只是做了詳查，設計建礦還需精查，集中精力精查還需一年時間。聽到黃毅誠的解釋後，趙紫陽不再開口，陷入思考。三天後的一天晚上，他又約黃毅誠散步，聽取他的詳細意見。次日便作出決定，在考察完神木東勝煤礦之後，再去考察準葛爾煤礦，並最後決定批准準葛爾這個重大煤礦建設項目。

對這件事情，書中這樣形容：「一個領導人，不論自己有多大本事，只靠自己的知識和瞭解情況，來對什麼事情都能作出正確的決策是不容易的。領導人應該多聽聽別人的意見，聽別人的意見不一定都照著去做，認為對的可以吸收，不全對的可吸收對的部分，不對的不吸收。給別人機會把話講出來，並能耐心地聽完，這總是沒壞處的。在準葛爾煤礦建設的問題上，我對我們這位總理（後任黨的總書記）還是滿意的。不像有些領導，自己對問題有了主意後，就不能再聽別人的不同意見，你給他寫書面報告他可能也不會看。這樣，再有本事的領導，也難免在重大問題的決策上犯錯誤。」

之後，書中還記述與趙紫陽交往的另外幾次事情，如以煤代油的工作、成立華能公司利用國外出口信貸辦電廠、再次利用日本政府貸款開發神木東勝煤礦等等，都得到了他的支持批准，那幾年，能源、交通是國民經濟發展的瓶頸，也是總理重視關注的工作。作者提出：「我認為這位總理是開明的，是支持新生事物的。在他的支持下，很多措施得以實施，在八十年代對能源交通的發展起到了重大作用。」有一次，為了勝利油田的承包方案，黃毅誠竟和總書記激烈辯論了近兩個小時，而且都沒能說服對方。書中感慨地寫道：「雖然這次我們未能說服總書記，但我內心還是十分感謝他的。過去還未遇到過國家最高領導人在大問題的決策時，能當面聽聽下級不同意見的事例。這確屬不易，也值得大家學習。」

聯想到《炎黃春秋》刊載原國務院副總理田紀雲所寫的《我在國務院大院的記憶》，文中罕有地回憶了他在國務院內度過的十二個春秋，讚揚當年中南海國務院機關由趙紫陽總理帶出來的節儉樸素、任人唯賢的工作作風。這篇文章之所以轟動海內外，是因為第一次正面提到了趙紫陽。而黃毅誠的《我的故事》，則是一本更好的、更有力度的佐證，書中明白無誤地告訴人們，胡趙執政時期，確確實實是政治最為清明的十年。田紀雲的文章中有一句話可以說是一語中的：「後來證明，那時候提拔出來的幹部沒有一個貪污腐敗分子。」而現在，如陳良宇一幫子窩犯，又是誰提拔的？他們後臺和靠山又是誰呢？老百姓心中可以說是清清楚楚的。有比較才有鑑別，歷史看來是越來越清楚了，趙紫陽不僅是在像田紀雲、黃毅誠這樣的高官眼中，他在民間在老百姓心中的形象也是越來越高大了。

劉少奇有句名言：「好在歷史是人民寫的！」可在眼下的中國，人民連說句真話說句實話的權利都沒有，又哪裡來的抒寫歷史的權利呢？像田紀雲、黃毅誠這樣的高級幹部，他們也只能說半句真話，一涉及政治風波的後半句，還不得不與黨中央保持高度一致。「六四」之後，六千多萬黨員無條件的重新登記，就意味著良知的泯滅和人性的扭曲。據傳，在十七大期間，曾有一批老黨員聯名要求為趙紫陽平反，力爭中共中央對趙紫陽有一個公正的評價，但也是無果而終。這消息不知真假，但我相信，只要人心不死，公理還在，無論是十七大、十八大或是十九大、二十大，這一天遲早會到來的，因為歷史總不能遮遮掩掩地老是說半句真話吧！

11 這場公案，與誰細論

千古流傳的《陳情表》，是西晉李密寫給晉武帝的一個奏章。文中敘述祖母撫育自己的大恩，以及自己應該報養祖母的大義，除了感謝朝廷的知遇之恩以外，又傾訴自己不能從命的苦衷。今天，筆者手邊也有一本道盡悲辛曲折的《陳情表》，記述著發生在上世紀五十年代而且鮮為人知的一場學術公案，可謂真情流露，委婉暢達。

公案的當事人，是今年已屆九十五高齡的微生物學家陳廷祚先生（一九一七～）。陳老先生是江蘇鹽城人，一九四三年畢業於國立上海醫學院。一九四六年參加自民國以來第一次全國留學統考，錄取公費留學赴丹麥專習生物製品和微生物學。一九四八年接受東北人民政府邀請，於一九四九年底回國。一九五〇年參加衛生部大連生物製品研究所工作。一九五七年被劃成右派時，轉入他親自參加新建的成都生物製品研究所，曾任大連生物製品研究所總技師。一九九二年，陳廷祚離休。二〇〇九年七月，九十二歲的他在香港中國評論學術出版社出版了積攢著他的一輩子悲酸情結的《陳情表——愛國海歸ＰＫ院士五十年》一書，內中詳細敘述了他與國內頂尖的熱帶醫學奠基人、學部委員鍾惠瀾（一九〇一～一九八七）之間的學術紛爭與成果糾結。

據《陳情表》記載，在一九五八年大躍進年代的夏收期間，四川省溫江地區農村突然爆發了一次史無前例、原因不明的特大疫情，眾多的青壯年農民集體下田收割早稻，突然病倒，高燒不退，咳嗽咯血，導致肺部大出血死亡。到了八月，疫情發展到了高峰，形成一發不可收拾之勢，農業生產一度陷入了停頓，甚至水陸空交通也實施了防疫管制。疫情發生後，雖然有人懷疑病原學是國內常見的鉤端螺旋體病，但這次病狀又與以往教科書中所述及的症狀大不相同——患者病狀呈非典型性，少見有黃疸發生，但呼吸道症狀顯著，很多患者是由於咯血或肺部大出血而猝然死亡的。當時，這也迷惑了當地所有的醫生和專家，致使他們處於束手無策、不知所措的境地。此時，陳廷祚則借鑑前兩年英軍在馬來亞叢林作戰時所經歷的類似病例，提出應當考慮為「鉤端螺旋體病」的個人見解。他自己不顧剛剛被內定為「右派」的政治壓力，毅然投入病原體探索，在連續煎熬幾個不眠之夜後，終於在此年八月十六日，第一次獲得陽性血清學試驗結果，確定了這次疫情是由一種新型的鉤體病所引發的特大流行。隨之，還找到有效的防控措施，挽救了大批患病農民的生命。這次，陳廷祚從一個名叫賴安華患者的血液標本中分離出鉤體病原株菌體，經多年反覆檢驗證，發現了一個新血清型別，這是一種新的「肺出血無黃疸型鉤體病」，或稱肺出血性鉤體病，其在臨床上的獨特表現，從未見於別的教科書敘述，所以，在國際醫學界稱為「賴型鉤體」。一九八七年，位於荷蘭阿姆斯特丹的「WHO／FAO鉤體參考和研究合作組織」，確認陳廷祚所發現的「賴型菌體」為國際上一個獨立的新血清型別，並獲永久收藏。

陳廷祚在《陳情表》中，有一篇〈一封投訴無門的申訴書〉的章節寫道，就在他首先分離檢驗出為害中國半壁河山的「出血黃疸型鉤端螺旋體賴株」之後，有一位資深防疫醫學家，在八月二十四日奉命來四川核實這一重大發現並查驗證實返回北京後，卻貪天之功為己有，向中央政府謊報說，是他在抵達現場三天後就找到了鉤體病原體。他是憑藉其官職、地位和名望，「乘人之危，巧取豪奪」了另一位內定為右派的學者（即他本人）已經取得的該項科研的重大成果，並使陳廷祚本人最終被戴上「右派」帽子，技術待遇上從醫學一級一下子降為四級，讓自己一生和家人都蒙受了深重的苦難。這樁侵占他人技術成果事實真相，終於在三十餘年後，在四川省衛生廳的編撰的官方資料披露了出來。而陳廷祚本人為了表明當年以及隨後五十年的坎坷歷程，先後撰寫了六篇專題論述，列出種種實驗資料，將事實真相交待得一清二楚，來源均可查可考。這本《陳情表》，副標題為「建國海歸ＰＫ院士五十年」。書中認為，就本案所造成的有損中國知識界的形象來說，應該視為國內欺世盜名、剽竊掠奪的頂級學術腐敗，由此還造成了負面的國際影響。

與官方公開記載的資料相對應，陳廷祚所說的剽竊和強掠他學術成果的人，正是國內傳染病研究的泰斗級人物、著名的微生物專家、熱帶醫學的奠基人鍾惠瀾先生（一九〇一～一九八七）。在各種公開出版的傳記和文字材料中，對鍾惠瀾在處理一九五八年溫江疫情的描述，一直是作為他的人生亮點，甚至被譽為「華佗再世」而被反覆宣傳的。這樣的材料十分感人、栩栩如生：「上世紀五六十年代，鍾惠瀾已經成為國內每當國內出現大面積流行的疫病，他就像消防員一樣，親自到疫區『滅火』。一九五八年，全國醫學界正在開展拔資產階級白旗運動，鍾惠瀾被批判為四大白旗之一。此時，四川的溫江、重慶、樂山、雅安等地區同時暴發一種來勢兇猛的傳染病，患者發高燒、淋巴腺腫大、咯血，甚至在短期內死亡。當地懷疑是鼠疫或特種流感，因而封鎖了疫區。周恩來總理得知這一情況後，馬上給鍾惠瀾打電話，派他去處理疫情，指示他要盡最大努力控制住疾病的流行。第二天，他就趕到疫區，經過多方面考察，很快否定了鼠疫的可能，確定這是一種名為『鉤端螺旋體病』的惡性流行性傳染病。由於判斷正確，三天內便控制了疫情，解除了對疫區的封鎖。鍾惠瀾的出色表現贏得了周恩來總理的讚賞，周總理親自打長途電話，說：『鍾院長，你又打了一場漂亮的勝仗。』後來鍾惠瀾回到北京向跟周恩來總理彙報時，再次獲得了總理的誇獎，說他又立了一大功。」

新時期後，陳廷祚的摘掉了「右派」帽子，四川省衛生部門也為撲滅四川溫江大規模瘟疫一事正本清源，承認陳廷祚的科研成果與獨特貢獻。但陳廷祚本人，卻從一九八七年吉林科技出版社出版的《中國當代醫學家薈萃》一書中，看到了這樣一個反常的、不可思議的現象，就在官方出版的同一本書中，陳廷祚和鍾惠瀾都各自宣稱自己是首先發現新型鉤體病原體的人。二〇〇一年，在鍾惠瀾誕辰一百周年紀念的報導中，鍾惠瀾一生的最大亮點，依舊是五十年代溫江瘟疫的研究成果。這也讓陳廷祚老先生在事隔三十多年後，才發現了自己的科研成果早已被人剽竊。於是，他和家人多次寫信和找有關部門申訴，以求討回公道，給個說法，卻無人回應。他只有把整個事件的前因後果詳細寫下，滙成《陳情表》一書，將此事公諸世人，大白於天下。

現在看來，這場公案有以下幾個特點。首先是雙方的地位不對等，一個是中國科學院院士生物學部委員和一九七八年成立於北京的中國科學院熱帶病研究所所長，處於明顯的強勢；另一個是當年被打入「另冊」的右派分子，是二十多年來一直被打擊、被排斥的對象。二是宣傳媒體一邊倒的傾向性，時至今日，在對溫江防疫一事的報導上，官方媒介所沿襲的依舊是五十年代的定論，是把鍾惠瀾作為首功來歌頌的；而作為另一方的陳廷祚，內地根本發不出聲來，只能自己花錢在香港出書，小範圍的贈送，來道出其中的前因後果。第三，也是較為棘手的一點，作為公案的一方鍾惠瀾先生，已經辭世二十多年了，更沒有人願意來插手或調查這場公案是非原委了。據內情人講，現在國內學術腐敗如江河日下、抄襲剽竊已成家常便飯，尤其是利用職務與權勢來搶奪別人學術成果的現象，更是屢見不鮮。所以，國內學術界之黑暗，並不亞於天天你爭我鬥的官場黑暗。況且，眼下明擺著的學術紛爭，都無人過問，明顯的學術腐敗，也得不到懲處，更遑論四十多年前的陳年積案？如前些年轟動一時的國內著名律師張思之、浦志強代理王天成狀告武漢大學法學院院長周葉中著作權侵權糾紛一案，被告公開的著作明顯抄襲了王天成四十六處、數千字的文字，二審卻都以原告敗訴而草草收場。究其原因，就是因為周葉中是曾經出入中南海為政治局委員們講授法律課的頭面人物，而王天成是一個「六四」後曾判刑入獄的後生小子。真理終究抗不過強權。《陳情表》所涉及的人物，也非同一般，何況在中國，更缺少一個公正透明、能主持正義的權威機構，來評判學術上的是非曲直。

「陳情表」是古代的一種文體，一般以臣子向君主奏事陳情、告白冤屈為內容。而陳廷祚所親歷的這學術公案，雖是娓娓陳情，又該與誰細論？在國內學術界泥沙俱下、齷齪不堪的今天，看來也只能由這九十五歲的老人在書中如泣如訴地自說自話了。

附錄：因遭整肅至死與諾貝爾獎擦肩而過的湯飛凡

近讀悼念一九七六年「四．五」運動著名人物「小平頭」劉迪有關文章，發現劉迪父親是湯飛凡的助手，不覺起「物以類聚，人以群分」之慨。一九七六年的《北京之春》編輯周為民說：「劉迪被抓時他父親也一塊兒被抓了。他父親很自豪地對公安人員說，我很自豪有劉迪這樣的兒子！很了不起，真的，有劉老先生這樣的人才有劉迪。」一九七六年《今天》編輯部成員徐曉說：「劉迪的父親是被湯飛凡邀請回來的。湯飛凡居然是沙眼病的衣原體的分離者，他使砂眼的發病率從九十％下降到十％，這個絕對是夠諾貝爾醫學獎的。國際上有提名的，可是外國人根本就不知道湯非凡已經在反右中自殺，死了廿年了。這是一個大的歷史。」據《中國當代史略．科學家列傳》（第一冊）記述：湯飛凡（一八九七．七．二十三～一九五八．九．三十），又名瑞昭，湖南醴陵人。醫學微生物學家，中國免疫學奠基人。一九二一年湘雅醫學院醫學博士，任教於北京協和醫院，一九二六年受派赴美國哈佛大學醫學院從事細菌學研究，一九五七年中科院學部委員，畢生從事病毒研究。一九五〇年代和張曉樓等人成功地分離出沙眼病毒（沙眼衣原體），被稱為世界上第一個分離出沙眼病毒的人。一九五〇年代，沙眼流行極廣，世界衛生組織估計全球六分之一的人患沙眼，高發區因此失明的占人口總數一％，視力嚴重受損的占十％。中國沙眼發病率高達五十五％，致盲率五％，邊遠農村患病率達八十～九十％，所謂十眼九沙。研究沙眼病原體，從而找到預防治療的方法，在當時是是一項有著巨大意義的科研工作。湯飛凡在研究中把沙眼病毒接種在自己眼睛裡，冒著失明的危險證明了病毒的致病性。湯飛凡對民族對人類作出了重大貢獻。他被視為最有希望獲得諾貝爾生物獎的中國人。

一九五七年整風反右運動後，接踵而來一九五八年經濟上的大躍進運動，又伴隨著政治上的「拔白旗、插紅旗」運動。在醫學界，要拔的「白旗」都是反右運動中受保護的一流學者。湯飛凡首當其衝，橫遭批鬥凌辱。一九五八年九月二十六日，湯飛凡自我檢查；二十八、二十九日，接受群眾批判。名為和風細雨，實為狂風暴雨。先是坐著回答問題，第二天便失去了分辯的權利，一會兒「站起來低頭」，一會兒「坐下好好記」，第一天被批為：資產階級學術權威、插在社會主義陣地上的一面大白旗；第二天就升級為民族敗類、國民黨反動派的忠實走狗、美國特務、國際間諜，騎在人民頭上，冒充大科學家，把沙眼病毒送給外國人把分離方法告訴外國人出賣國家利益；加上污言穢語指其與實驗室某女如何如何。散會時，主持人對湯飛凡訓斥：坦白認罪才有出路，不然死路一條。明天繼續交代，接受批判。我們說到做到，可以馬上把你這個國際間諜抓起來云云。翌日晨，湯飛凡在寓所自盡身亡，以死逃脫繼續受辱。湯飛凡娶妻何璉。何璉是湖南軍閥何鍵之女。將門虎女。何璉獨自一人將丈夫遺體火化，骨灰放在自己臥室，將丈夫遺書中囑託還人六本書的事辦了。然後是煎熬廿餘年淒苦寂寞的歲月。在平反昭雪恢復名譽也成為運動的一九七八年，卻沒有湯飛凡的份，因為黨沒有給他戴過什麼帽子，既非右派，也不是什麼壞分子，他是自己尋死，所以無反可平。一九七九年，醫學界為湯飛凡平反的呼聲太大，衛生部於六月為湯飛凡舉行了追悼會。國際醫學界沒有忘記這位為人類的眼睛作出卓越貢獻的科學家。一九八〇年，中國眼科學會收到國際眼科防治組織（IOAT）短函：因為湯博士在關於沙眼病原研究和鑑定中的傑出貢獻，國際眼科防治組織決定向他頒發沙眼金質獎章。希望能夠得到湯博士的通信地址，以便向他發出正式邀請。可是，這世上早已沒有了湯飛凡。為湯飛凡頒發金質獎章的儀式在一九八一年全法眼科學大會上舉行。衛生部決定由湯飛凡的學生王克乾代為領獎，並明確通知了一起與會的時任中華醫學會眼科學會主任委員張曉樓。頒獎前一天下午，中國駐法使館突然通知王克乾：組織決定改由張曉樓領獎。張曉樓領來的獎章上刻著兩個名字，第一名居然是張曉樓，湯飛凡居次。大陸媒體採訪報導，張曉樓正式成為沙眼病毒的第一發現人，國際金獎的獲得者。張曉樓複製了兩枚鍍金獎章，自己留一枚，交給湯家一枚，原件上交衛生部。一個似乎圓滿的結局。湯飛凡未亡人何璉拍案而起，在知情者和仗義者支持下，於一九八六年寫信到國際眼科防治組織（IOAT），要求一個公正公道。四個月後IOAT回信：沙眼金質獎章是授予湯飛凡的，為了澄清起見，IOAT將複製一枚新的獎章。不久湯家收到新獎章，新獎章只刻著一個名字：湯飛凡。一九九五年，何璉在北京隨夫而去。

（黃河清二〇一一・十一・三十於馬德里蝸居）

12 籬槿堂人物論摭拾

筆者曾寫過一篇文章，題目是〈作為自由主義者的趙儷生〉，說的是在「一二·九」運動時，運動的領導人蔣南翔曾動員他參加黨組織，趙儷生以自己受不了嚴格的組織性和紀律性、走不成布爾什維克的道路而拒絕。聽了這話，從此蔣南翔再也不找他了。也就是說，趙儷生骨子裡是一個自由主義知識分子，所以，他認為「左」是無產階級革命運動中的一種政治痼疾，如論「左」的來源，則是組織性和紀律性的過分強調，惟恐出叛徒、特務、異己分子等等，久而久之，這種政治的心理狀態就凝固到政策和策略中去了。

自由知識分子特徵之一，就是有自己的獨立見解與判斷能力。一九四八年，趙儷生在解放區跟大家一起唱歌，打頭的一首歌就是《東方紅》，而且歌詞也與今天的不同：

三山低，五嶽高，毛澤東治國有功勞；
邊區辦得呱呱叫，老百姓頌唐堯。

趙儷生說他一邊唱著，一邊對「他是人民的大救星」這一句有意見，《國際歌》裡不是說我們不需要救世主嗎？還有「唐堯」二字，作詞者還是費了斟酌的，沒有用「秦皇」、「漢武」這名字。很顯然，這就是個人崇拜的濫觴，發展下去，就有了「毛澤東、史達林像太陽在天空照」，一直到「毛澤東思想是不落的太陽」等等。當時的河南解放區農村，正在熱火朝天地鬧土改，一座古老的城牆大門兩側，刷著兩幅大標語：「地主就是罪惡，農民就是真理。」對此，趙儷生也有自己的看法，因為有很壞的地主，也有不太壞的地主，如果抽象地、概括地來形容一個剝削階級，說它「罪惡」也可以，但少了點「區別對待」。對「農民就是真理」這句話，更說不通了，馬克思說過農民有其趨向革命的一面，也有小私有者的一面，所以它還需要革命的改造，需要工農兵的聯盟。在中國歷史上，農民自己去鬧革命就必然走向大皇帝，劉邦、朱元璋無不如此。如果「農民就是真理」，那麼平均主義、報復主義都會表現出來，豈不亂了套。於是，趙儷生把上述的想法寫進了日記，後來又寫進一本《從中原到華北》的小書裡面，並準備出版印刷。建國之初，三聯書店打來電話，說書稿在渤海灣中遭遇蔣的匪炮艦襲擊，沉入到海底了。直到「文革」時期，被關進牛棚趙儷生才得知，這部書稿就夾在他的文件案裡，並成了他「污蔑農民手中沒有真理」的罪證之一。

自由主義者往往不識時務，獨樹高標，無所羈絆的。在華北大學跟成仿吾的衝突，即是一例。那是在北平即將和平解放、要進城接管大專院校的前夕。當談到北平的教授們都要到軍管會的文官會報到，並辦理登記問題時，有人主張，無論年齡大小，必須親自來報到。也有人提出，像陳寅恪這樣的眼睛看不清楚了，身體也虛弱的，由家屬和朋友代替報到就行了。這時候，華北大學的副校長成仿吾發話了：「資產階級知識分子到無產階級領導的革命機關來報到，來辦理登記，一定要親自來，本人來，不得由別人代替，因為這是個態度問題！」趙儷生覺得這高亢的湖南話特別刺耳，心想，這是把自己當作征服者，把知識分子當作被征服者，叫他們來「迎降」的，不如就在文管會門前辦個受降儀式吧。於是，他按捺不住，起來發言了，說讀過一些列寧的傳記，十月革命後，俄國的知識分子要比中國的知識分子凶得多、囂張得多，像巴甫洛夫，他開口閉口罵布爾什維克是「匪幫」，可列寧怎麼樣呢？隔幾天就拿著黑麵包和黑魚子來看巴甫洛夫。他罵，列寧並不把他抓起來，也不同他吵，而是耐心地等他回心轉意，替蘇維埃共和國工作。這一切，值得我們學習，特別是值得成校長學習。這一下，可捅了馬蜂窩，三天後，趙儷生就被調離了華北大學，依照他自己的話，就是被「開除了」。

跟郭沫若的衝突，則是在一九四九年十一月，趙儷生調到新成立的中國科學院編譯局當編譯的時候。有意思的是，早年趙儷生還算是郭的粉絲呢。但他親眼看見郭拍著桌子訓斥吳有訓和陶孟和。吳有火性，不服，跳起腳來同他吵，陶則默默地承受這種凌辱，其狀甚慘。趙儷生很是反感，個性又一次發作，就把這事情向《人民日報》反映了。此後，郭沫若寫了一篇稿件《蜥蜴的噩夢》，讓趙儷生去編，文中不點名地罵了董作賓和郭寶鋆，說這樣的人只有到臺灣去殉葬。趙儷生認為，董已經去了臺灣，罵他「殉葬」關係不大，郭還在考古所擔任研究員，這樣罵法合適嗎？就問郭老能否改一改？沒想到郭沫若很不客氣地說：「你們嫌不好，給我拿回來，別的報刊會要的！」當年三十二歲的趙儷生覺得憋氣，又年輕氣盛，連寫了三封辭職信，後來收到一張便條：

「編譯局編譯趙儷生三次請辭，礙難再留，應予照准。郭沫若」

趙儷生自己說，他這一輩子跟「創造社」的兩員主將各碰了一下頭，總以失敗告終，但在精神上卻是愉快的。正如趙儷生的老伴高昭一所講，趙儷生的人格有三個特點。一是天生的自由主義者，這天生不是先天遺傳，而是「五四」新文化運動形成的新思潮所帶來的；二是一個人文主義者，宣導寬容、理解個性，尊重獨立思考；三是一個理想主義者，追求知識，追求學問，孜孜不倦地耕耘著自己的事業。為此，趙儷生付出了慘痛的代價，屢屢碰壁，而且碰得頭破血流，但一生也沒有改掉他那個性自由、稜角分明的脾性。

在一九五七年的反右運動中，作為個人，中國的自由主義者全部陷入滅頂之災，趙儷生自然也難逃一劫。作為他華北大學的老同學。黨史專家胡華回憶過，反右時趙儷生不甘寂寞，投出了一篇題為〈放在關鍵在於領導〉的文章發表在《青島日報》上，該文對一九五五年的肅反運動和知識分子政策進行評論，甚至點名攻擊高教部和他所在的山東大學負責人。胡華此時在青島還恰恰碰上趙儷生，對這篇文章不置可否，只是惋惜地向趙表示：「你這麼聰明的人，也被『陽謀』炮彈擊中了！」而趙儷生後來也就是因為這篇文章被劃為右派的。

所以，當十多年前趙儷生先生的回憶錄《籬槿堂自述》出版後，在讀書界可以說是好評如潮。之所以能引起這麼大的反響，就是因為傳主在書中對所接觸的人物評價上面，不揚惡、不溢美，忠實地記錄下個人的眼光與看法。這樣的春秋筆法，自然是與過去的那種依附名人、諛詞阿世的回憶錄截然不同的。因為中國知識分子講究的是淡泊處世，口不臧否人物，多說好話，少結仇怨；提倡的是：「平生不知解人善，到處逢人說項斯。」哪裡像這本書的作者，秉筆直書，口無遮攔的。之後，蘭州大學出版社又出版了六卷本的《趙儷生文集》，文集的第五卷是充實後的自傳，作者記述了自己的坎坷遭遇，而且「不是一般的坎坷，而是必欲置諸死地而後快」的坎坷，其中也寫到了作者一生中與一些公眾人物的交往過程，夾敘夾議的，又倒像是一部「籬槿堂人物論」。所以，在讀第五卷時，就隨手將書中此類相關的文字記了下來，前後整理在一起，做了一些「文抄公」事情，來讓更多的讀者來看看籬槿堂主一生中都接觸過那些人和事，作為歷史學家的他，又是如何知人論世的？而其中牽涉到具體的有爭議的人物與事件，那只能用趙儷生先生的話來說，就是：「『知我者其在《春秋》乎?!罪我者其在《春秋》乎?!』一切留給大家評騭就是了。」

張申府

我十八歲那年初識張申府先生，記得他身材較高，方臉膛，微胖，穿一身考究的西服，嚴整的打著領帶，用一口並不濃重的河北中部口音講課。一次到他的辦公室去，看到他正把兩條腿架在書桌上讀雜誌，這樣的架勢，像是後來看到的邱吉爾和尼克森照片中的形象。那時，他在清華大學是教《邏輯學》的教授，但當時還「吃不開」，此前卻是大人物，曾是中國共產黨巴黎支部、柏林支部的創建者，黃埔一期生入學口試的主持人。他的《邏輯》課很少講邏輯學，而是罵蔣介石，成為熱門的政治論壇。聽他課的人不外兩部分，一部分是保持著自己見解從擁護或者反對立場上來挑揀他的政治論點的，另一部分則是來混學分的。他的課繳上一份讀書筆記，沒有不及格的。有一天，上課從不點名的張先生突然點起名來，原來他收到一封信，畫上有人舉槍在向張先生射擊。上面，一行大標語：「第三黨萬歲！」

「誰寫的？請站出來！」他聲色俱厲地說，課堂上鴉雀無聲。好半天，張先生的語調緩和了。「說我是第三黨，大概由於我認識鄧演達先生吧？可在此前，我早在莫斯科認識了蔣介石先生，又在柏林認識了朱德先生，那麼，怎麼來定我的黨派呢？我申明，我是學哲學的，像蘇格拉底一樣，從來不怕死。」「一二•九」運動，他是幕後領導人之一，後被捕，清華教授會還通過決議開除了他。解放後見過他一次，那時他因發表過「劃江而治」的議論，不符合「宜將剩勇追窮寇」的意旨，早被「一抹到底」了。一九八三年四月，曾去看過他一次，他的記憶已全然模糊，師生一見面，就傻乎乎的問：「你四十幾了？」已不能談什麼了。一九八七年春，我以「交流學者」的身分訪問美國，張申府的研究者舒衡哲告訴我，「劃江而治」的背景是李宗仁。她又說，張申府曾親口說過，當年李大釗是北大圖書館館長，張是館長室秘書，有一次毛澤東交來由他繕寫的材料，可能繕寫的工整程度令李不滿意吧？李叫張轉告毛重繕一遍。張回憶說，他非常客氣地對毛說：「請拿回去重作一遍。」他看到對方的臉上露出了不愉快的神色。後來，我讀到一本陳伯達的書，說陳初到延安與毛見面，當毛得知陳是從北平來的，即刻打聽張申府的下落。足見毛先生是一直將張惦記在心的。

俞平伯

九十年代報刊上很捧他，也許因為在《紅樓夢》上蒙過冤屈，替他平反。但當時我對這位老師卻尊重不起來。個兒是矮的，眼睛是斜的，小平頭，一襲藍布大褂。初開學的晚會上，他獻演《活捉》，他演張三郎，夫人演閻婆惜，夫妻二人的崑劇修養是夠好的，但看後心裡總不是味。去聽課，旁徵博引，甚至引到「先曾祖曲園先生曰」，做學問就做學問吧，引先曾列祖有什麼必要?!

朱自清

朱自清佩弦先生，溫文爾雅，深通人情世故，人望很高。我們同學辦的刊物請他寫文章，從不推辭，而且文稿工工整整，一如其人。但到他課堂上聽，一門《陶潛》，一門《李賀》，是兩個工作量最輕的題目，而且講不出東西來。我們同學私下裡常常評頭論足，說「講出東西來」和「講不出東西來」，是老師中間的一條分水嶺。

聞一多

真正能講出東西的是聞一多，第一次見他時印象是厚發清癯、鼻上架有銀絲眼鏡的中年人。聞先生在青島大學任教授時，曾被學生轟過，說他「不學無術」，這對他是個刺激據說當時支持聞先生的只有一個人，那就是在他無窗室中苦吟著生活烙印的臧克家。聞先生本是新月派詩人，在美國是學舞臺設計的，現在又教起《詩經》、《楚辭》，自不免有功力不到的地方，所以他一回到清華就拚命下功夫，許多蠅頭細字的讀書筆記都是這時候寫出來的。他也搞考據，搞訓詁，但比所有的訓詁學家都有高明之處，是在沉潛之餘，還有見解，有議論，這對我們學生來說，啟發很大。於是，我們一下就把聞先生愛上了，大家爭著選修或旁聽他的課，主要是從他的講課中窺察他的治學方法，聞先生一下子在清華園走了紅。但他是有脾氣的，同學們也都小心翼翼的。他喜歡查類書，我們也跟著查類書；他講神話，不免多涉及兩漢的讖緯之書，我們也跟著熟悉一些讖緯。到了西南聯大，聞先生的學問來了個大躍進，他通過《周易》研究，把古代民俗、古代社會經濟、甲骨文、訓詁文字凝練到一起了，寫出了《周易義證類纂》那樣精絕的著作。我中年本是搞「農民戰爭史」和「土地制度史」的，那是受馬克思主義影響的結果。晚年，又不知不覺地回到「先秦文化史」上來，在聞先生死後若干年，又一次「受教」於他，感到他的研究實在太精湛了。我和聞先生之間，除去學業的的傳遞，還有他對我人格上的的薰陶。我在山西參加抗日部隊時，曾給聞先生寫過一封信，向他報告游擊隊的生活花絮。他從雲南晉寧用蠅頭小楷給我回了一封信。這時候，也正是他學術達到最醇練的時刻。這封信我珍藏下來，捐贈給先生遺著的編委會了。

趙德尊

具體引導我參加到革命週邊的，是趙德尊。他是遼寧人，小矮胖子，從來不發脾氣，是外語系比我高一級的學生，喜歡寫一些短文章，筆名羅白。此人後來成了高崗的秘書長，黑龍江省委書記，《毛選》第五卷中提到高崗手下有五虎將「張、張、趙、馬、郭」的「趙」就是他了。他在一九三五年組建「左翼作家聯盟」清華園小組，成員有王瑤、鄭天翔、趙儷生、馮契……這是秘密組織，還需要有個公開的名目，於是又組織了「國防文藝社」，又擴大改組為「清華文學會」。這是一個以「左聯」為核心的統一戰線群眾團體，我被推選為主席，陳國良（即陳落）為副主席。

王瑤

王瑤喜歡搞文藝理論，愛讀普列漢諾夫和盧那察爾斯基的書，愛寫書評和文學評論與論戰的文章，我們叫他「小胡風」。一九三九年我在陝西乾州教中學時，王瑤來看過我，他是從淪陷區混在許多山西商人隊裡到大後方來的，不久以後，他又到遙遠的大西南去拿大學文憑和研究生文憑去了。後來聽人說王瑤很惡劣，他自從被以蔣南翔為書記的清華園支部開除出黨後，就回到家鄉「隱居」起來了，在日本統治下表現很模糊。抗日部隊曾找過他兩次讓他「出山」，第一次被拒絕了，第二次甚至說出「下次不要再來，家裡住著太君，再來就要報告了」這樣的話。可是在《王瑤先生紀念文集》中，卻說王瑤當時曾去找過抗日部隊，組織不在，等了一個多月就回家了。當然，兵荒馬亂之中，事情會有些周折，但無論如何周折，這兩種說法總不會如此「徑庭」。王瑤兄是山西平遙人，這個地方在政治上與金融上都是不尋常的。這種在操業上和歷史上積澱下來的嫻於計算的明敏，不能說一點也沒有沾染到王兄身上。聞（一多）師母高真女士曾喜孜孜給我們講過一個與王瑤有關的故事，說有一天聞老師下課回家，把書包一摔半天才發話：「咳，咳，我真慚愧呀，當了這些年教授連一個女學生都沒拐上手，你看王瑤，才當了一年多國文教師，就拐上一個女學生跑了！」我們一聽，原來是講笑話。其實，這個「拐」字，有點委屈了王瑤夫婦，據我所知，王瑤的夫人杜琇女士當時也是冒著生命危險跟王瑤出走的，因為她的父親是盧漢手下保衛人員的頭頭，堅決反對這場婚姻，他們倆是躲進運送貨物大卡車的篷布裡，才倖免於難。聞先生用了一個「拐」字，只不過是「語不驚人誓不休」罷了！

馮契

出生於浙江諸暨，我們同學常開玩笑，說那是出西施的地方，可馮兒出自農家，性格內向，在大學一二年級時就不聲不吭的啃大本大本的西洋版康德和斯賓諾莎，很快就被老師器重。馮友蘭老師講《中國哲學史》課，每講到認為淋漓盡興的時候，總是向班上說：「密密密斯忒兒馮馮馮寶麟，你你有什麼意見？」引得我們一教室的人即新奇又嫉妒，整個教室七八十人，你的眼睛就直瞧得上一個馮寶麟？我們只有「叨陪末座」？從中可以看出，馮契的脫穎而出，已經被老有城府的老先生覺察了。馮契一輩子保有黨員身分，但不是一個激進主義者，似乎是一個天生的學者，溫柔內向，早年寫詩，喜歡思維。他的導師是金岳霖，提起他，今天真是煊赫的大宗師了。在我的印象裡，那是一個行動很古怪、內心很詭譎的老人。在哲學派別上，他篤信美國的邏輯分析主義，在我看來，這是一條鑽牛角鑽不出所以然的死胡同。試觀死鑽數理邏輯的沈有鼎鑽成半瘋，就可以思過半矣。四十年代中期，金和馮師徒在昆明一個小村莊裡進行了傳承，金的一套本領不但被馮學到了，還察覺到邏輯分析主義的不足之處，但靠自然科學的方式還不行，還要有人文科學的方法，於是將中國的「天人合一」的觀念注入進去，使自己晚年的造詣達到了一個新高度。當年老先生們對「密密密斯忒兒馮」的估量沒有落空，真的出臺了一個大角色！

榮高棠

現在是大人物了，當年叫榮千祥，專門領導大家唱歌演戲的。北平有一種行當，叫賣梨膏糖的，叫賣的調子特別優雅婉轉，榮千祥學來了，編入了救亡內容，大家都愛聽。久而久之，「榮千祥」三字轉晦，「梨膏糖」三字反而無人不知，他後來的「榮高棠」二字，實由此而來。

蔣南翔

在一二・九後期，記得蔣南翔到我房間來。他說：「你人很誠實，在搏鬥中表現英勇，這說明你革命熱情很充沛，但是革命熱情是多變的，它還需要組織的保證。」我明白了。他是在啟發我，要我提出參加黨的申請。我說：「容我考慮考慮。」過了些日子，我去找他說：「我讀列寧傳，讀到馬爾托夫的事。馬爾托夫主張，有些知識分子可以邀請到黨內作為黨的賓客，而不需要他們遵守什麼組織性、紀律性。列寧狠狠批評了馬爾托夫。馬爾托夫是孟什維克，當時肅反，『契卡』已經把馬爾托夫列入被肅的黑名單了，列寧卻弄來一張車票叫女秘書送去，讓馬爾托夫逃往西歐。事後，列寧想起馬爾托夫說，多麼精緻的知識分子呀。我讀過後，總覺得自己有點像馬爾托夫。我走不成布爾什維克的道路，我受不了嚴格的組織性和紀律性。我願意做一個全心全意的馬克思主義的信仰者，同時又是一個自由主義者。」從那以後，蔣南翔再也不找我了。

嵇文甫

一九四六年冬，我到開封河南大學拜訪文學院院長、文史系主任嵇文甫先生，此前，我曾讀過他的一本《左派王學》。嵇先生跟北大、清華我常見的西服革履的教授們完全不一樣打扮，他長袍馬褂，翁頭棉鞋，一派理學家的裝束。家裡一切清簡，不講究擺設，也沒多少書籍。但他談起學術來卻有滔滔之勢，記得我在一篇文章裡曾借用《世說新語》中的話來形容他：「吐嘉言如鋸木屑，霏霏不絕。」當時嵇先生由於思想新穎，正受到種種限制，當時他所住院落的臨街牆上，就刷著偽河南保安司令部政訓處的標語：「紛雜錯綜的思想必須糾正！」正在苦悶寂寞之際，我們一連談了三夜，「引為同道」。記得他講的是孫奇逢，我談得是「關中三李」，這兩個話題結合在一起，不就是一部十七世紀的北方文化史嗎？第二年我到該系任教，《明清思想史》是嵇先生留下的課，我接著從黃梨洲、顧亭林、王船山、顏習齋講起，後來發表的《清初四大學派》，就是那時的講稿。

嵇先生河南汲縣人，北大畢業，三十幾歲時去過蘇聯，所以不喜歡瑣瑣言教，他的學術路子很大，於學無所不窺。他常說，他不是不會作考據，但對許多瑣節考據家很瞧不起。他曾經馮友蘭引薦，在清華、北大講過課，但對當時赫赫負盛名的「諸沈」、「諸馬」很不抱好感。這樣，他又回中州來了。嵇先生晚年，幾乎全部從政，頗有意於「政術學」的研究，身兼中南軍政委員會委員、河南省副省長、鄭大校長等職，而迄未見留下成品。

范文瀾

華北大學是以范文瀾為校長北方大學與以成仿吾為校長的華北革命大學合併而成的，改組後兩人任副校長，由吳玉章擔任校長。范文瀾先生原籍浙江，因祖上在河南湯陰做官，所以生活習慣上是北方人的味道。多年來，他是在北平女子文理學院教史學、文學、訓詁學的挺古板的教授，可由於賦性偏激，所以早在共產黨「左」以前，他已經「左」起來了（這一點與魯迅相似）。他寫文章罵孔子，罵宋明理學，罵朱熹，罵佛學，都很偏激。到延安以後，他很受尊重，當毛澤東講「年輕人應該起來打到老年人」、「這是歷史的規律」的那場講演時，他就在座，毛還加了「范老你是專家，我講的不對你可要糾正呀」那樣的話。范老在延安就寫起他的《中國通史簡編》，我曾有緣讀到本書的初版本（而不是一次又一次的修訂本）。其中寫到歷代統治者的殘暴荒淫與無恥。問題是像配方一樣，這殘暴荒淫與無恥究竟應該占多大比列？它是不是歷史的全部？除此以外占更大比例的，應該是人類社會美好的希望與前瞻。所有的這些話都是在背後嘰嘰喳喳，可我把它帶到了長春，經人揭發，後來成為一條罪狀。

葉丁易

安徽懷寧人，在蔣管區時他在四川三臺的東北大學中文系任教授，比較大個的民主人士，給人一種「第一號人物」的印象。他可能有些自命不凡，脫離群眾，所以四周的人對他有些閒言碎語，如說他找吳玉章校長要求配勤務員，如說他批評范老的《簡編》，只不過是拾掇自趙甌北的《廿二史札記》等等。開國之初，他到蘇聯講課，因腦溢血死在莫斯科大學了。

榮孟源

最妙的人兒數他了。他屬河北滄州鹽山的榮家，是大家。他應是最老的黨員，可當時不是，黨籍被開除掉了。這不能不追溯到延安時代，那時他是延安師範的教導主任，延安師範奉中央命令，校址要與西北局調換，學生們不同意，榮的「小農意識」也出來作崇，「為什麼我們辛苦一場的打好的窯洞要讓給高麻子？」於是興起風潮，教員罷教，學生罷課，由榮執筆起草了《上毛主席書》。隔一日，毛的批示下來，四個大字：「豈有此理」。群眾歡騰了，「毛主席都說西北局豈有此理嘛！」誰知周揚到來，代表邊區教育廳宣佈延師解散、停課整風，榮孟源停職反省。老榮的黨籍就這麼丟掉了。所以他滿腦子裝著「老革命不如新革命，新革命不如不革命……」這一類牢騷話。

何思敬

是另一位相當妙的人，他曾是中央派駐李宗仁那裡的代表，這種身分是很高的，如南漢宸就是派駐楊虎城那裡的代表。何那時老了，替他設了一個「國際法研究室」，只他孤單一人，純是「因人設事」的性質。記得每在大院子裡開會，一班人蹲坐在地上，獨「何老」讓勤務員搬一架圈手椅，每當辯論到問題焦點時，他總是揮舞雙手，高聲喊著：「這是個原則性問題！」黃華是他的女婿，聽說晚年就住在外交部長家裡。

王綿第

也是怪人，他的兒子是鼎鼎大名的作家王蒙，他晚年就住在文化部長的家裡。此人與張岱年似乎是老朋友和好朋友，因為張的《學術自傳》裡幾次敘述到王綿第，張的劃右派言論裡有一條說，王的歷史早已交代清楚，交代清楚可以不批不鬥，但北大在「三反」運動中又把王綿第鬥了，張替他鳴放了一下，就化為右派了。王這個人德文極好，只是按照北京人的說法有些「鼬」。

王獻唐

王先生是山東日照人，他的學歷，只是青島德國人辦的禮賢學院，而且學的是工程，他平生的學術成就，都是以家學淵源為基礎而自學起來的。獻唐先生在搶救文獻資料、文物上對文化事業的貢獻，是不容易為一般人所瞭解的，更不為剛剛入城的那些槍桿子幹部所瞭解。如《穆天子傳》是汲塚竹書之一種，一九三〇年有海源閣藏書樓散出，各書肆包括日本書商爭相搶購，當時閻錫山的晉軍又打入山東，獻唐以一月的俸錢於「炮聲隱隱，市語倉皇」中購歸，以免書流域外。再如，乾嘉間的《詩切》與《同文尚書》，學術界多年隻聞其名，未見其書，每每引以為憾。其家藏稿遲至盧溝橋事變後始願求售。獻唐先生輾轉尋覓，抗戰時又運轉後方四川萬縣租賃十數山洞貯藏，始得以流傳後世，有了今天齊魯書社之影印本行世。還有，南宋末年的內廷供奉汪水雲，曾隨二帝北擄，遺詩二百四十首，是一部南宋亡國的詩史，歷來各家流傳的本子很多，獻唐先生約集當時學者柳詒徵、王重民等，合力校勘，終成佳本流傳於世。又如，清道咸年間山東萊陽學者周夢白的《倦遊庵槧記》，其書稿也是由獻唐先生以九百銀元買下運往四川萬縣山洞內得以保存下來的。王獻唐有癲癇病，曾在北平協和醫院做過開顱手術，偶然犯病時會猝然摔倒。他賦性狂氣，情趣幽默，經常放口臧否古今人物，妙語連珠。但由於他的堂弟王崇武是解放前濟南市市長、軍統局的濟南站站長。為此，我常常看到獻唐先生受到糾纏盤問的麻煩，他猝然倒地的次數也就愈來愈多。這對一個老學者來說，實在是一種摧殘。

何干之

廣東人，因寫了《中國社會性質問題的論戰》、《中國社會史問題論戰》二書而知名。他是老黨員，但每逢運動他都是「運動員」；運動一過，又立刻是「紅色教授」的尖子；可下次運動一來，他又是「運動員」了。這一點，我終身不明白。他在史論結合上，給了我不少教益。文革後期，得知何干之在北京郊區蘇家坨公社勞動時，因心肌梗塞突然發作，撂下手中的鐵鍬，躺在公路上就死去了。嗚呼……

高亨

高亨先生是東北人，清華國學研究院的首屆畢業生，跟王國維先生精研經籍訓詁之學，對《周易》有精湛的研究，主張研究《周易》一定要把《經》、《傳》分開，互不干擾。高亨除去《周易》外，還長於諸子之書的訓詁。找訓詁學者，除唐蘭之外，就數他了。可是高亨有嚴重歷史問題，那就是他在蔣介石快完蛋的前夜，擔任了東北戡亂委員這個職務。真是搞起學問來那麼聰明的人，在政治面前，竟如此糊塗。他還親自到東北來「蒞」了一次位，看到炮火連天，事無可為，才狼狽跑回了重慶。解放後，他要回東北桑梓服務，未獲准。只好另投青島，被山東大學的華崗校長聘用了。

華崗

現在距離華崗死在濟南雁翅山下的監獄中轉眼三十多年了，平反昭雪的會也早開過，他是一個老資格的革命家，一九三七年清華地下黨秘密傳播的一本小冊子《一九二五～一九二七中國大革命史（簡本）》，著者就是華崗。他是一個學者型的人，長期在白區工作，當年從國民黨反省院一出來，就被任命為《新華日報》總編輯，但圍繞他的一生，一直還是眾說紛紜。一個活了六十九歲的人，平生坐了二十三年的牢，而其中十五年竟是坐的共產黨的牢，並且最後慘死於牢底。他是一個書生氣很重的人，不善於料理生活，所以一生也充滿了不幸。他的第一個夫人與他是同志，還同在一個黨小組，小組三個人，另一個是邵荃麟，後來成為著名作家，又因為提倡寫中間人物而被批判。大革命時期，華崗被逮捕，他的夫人葛琴正在護理患病的邵荃麟，結果同志的愛轉變成夫妻的愛，這件事令華崗終生遺憾。後來他到北京開會遇見邵，兩個人擦身而過，不打招呼。文革期間，華崗在監獄裡與殺人犯、盜竊犯睡在一起，而且還要受這些人鬥爭毆打，最後死在一條空蕩蕩的土炕上，身無完衣，體無完膚，大小便淋漓在屍體四周，房內洋溢著一股惡臭……一代革命家，一代理論家，下場如此。

韋君宜

原籍湖北，家在天津，原名魏蓁一。人極聰明，個兒偏矮，不漂亮。抗日軍興，她嫁給了也是我們同學的孫世實。不幸，孫很快在一次敵機轟炸中遇難了。她又嫁給了楊述，即楊德基，也是學運起家的大人物。一九八七年，已有五十年不通音訊的韋君宜來信，寄來一本《一二•九運動史要》，囑我讀後寫一書評。我的意見集中在「反對資產階級改良主義和右傾投降主義」上，我認為不應該再給哪些活著或死去的人頭上扣這樣的帽子。他們不過是革命陣營中個別的「持不同政見者」，是革命列車在半路上下車的旅客；但他們當年都是極優秀的青年，並且洞察了「左」傾關門主義之危害的人。在反關門主義的時候，他們可能有過游離大局的一偏之間，這在今天是允許的。我把這些意見，直言不諱地寫給了韋君宜，她回信說：「你哪些高見自然無法發表。」「因為我們搞這一本書，非個人一家之言。」就是說，這本書是代表組織的，故難以容納個人意見。由此，我對「個人」與組織的關係，又一次受到了教育。

丁則良

學運時，有兩個領喊口號的人，其中一個是歷史系的丁則良。一九五三年在青島，握手時握到了他，他已是東北大學歷史系主任，我說：「我們不僅是清華十級的同班同學，還是一二九運動中手拉手的戰友哪！」他突然低下頭壓低了聲音說：「慚愧，我走了彎路！」這句話我百思不得其解，後來才知道丁曾進入組織又因政見不和退了出來，後來又知道他有一段在針對新中國的外國電臺幹過。一九五七年春夏之交，他從巴基斯坦參加全世界史學年會飛回北京，東北方面已經派人守候著，叫他回校交代問題，那時，他住在周一良家，留下一封遺書，就投未名湖自絕了。丁死後，東北人大還開了定案批鬥會，丁的胞弟丁則民教授還登臺批判。這種現象一點不奇怪，川大蒙文通教授死後的批鬥會上，由蒙的兒子蒙默登臺批判；在晉西北興縣的土改大會上，別逼著用繩子牽著父親的鼻子拉著遊街的是晉綏行政委員會主任、共產黨員牛冠蔭，其父牛友蘭是當地的首富，開明紳士，在縣城有四萬白洋的買賣，曾捐款一萬元抗戰，成為邊區參議會議員。解放後，牛冠蔭曾任全國供銷合作社總社主任。

童書業

是一個絕頂聰明但被扭曲的人。我要從另一個角度來寫童，他平生弱點，就在一個「怕」字。有六怕，怕失業，怕雷電，怕空襲，怕傳染病，怕癌，怕運動。還有人補充兩條，怕地震，怕蔣記反攻大陸。這裡的運動，是指政治運動，每次運動前奏的吹風會後，童的臉馬上就像煙灰一樣的顏色。肅反時，山大歷史系有三個大反革命，童書業是其一，說他有血債，一夜之間殺了一千個共產黨員。我知道童先生看見殺雞都嚇得捂著臉，怎麼會一夜之間殺一千個共產黨員呢？運動收尾階段，突然發生了一件新鮮事，我妻子正在午睡，我三歲的女兒意外發現一個瘦老頭跪在媽媽床前，此人正是童書業。原來他有一份厚厚的「交代材料——童書業供狀」在黨委組織部，運動過去了，他又想索回毀掉，可又不敢自己去要，想求我代他去要，又不敢當面提出，所以想到我的妻子，就出了這怪相。他的「交代材料」說有一個受美國情報局指揮的、隱藏大陸很久很深的，以研究歷史地理繪製地圖為幌子的反革命集團，其最高首腦是顧頡剛，上海代理人是楊寬，山東代理人是王仲犖，東北代理人是林志純，其中還有一句是：「我和趙儷生也是其中的成員。」他既害別人，又害自己，是精神變態的鐵證。

就在蔣介石叫喊要反攻大陸的那年，童的神經又緊張起來了，他找到當時山大歷史系的黨支部書記，說：「他們來了，首先要抓我，用槍口對準我的胸口，要我帶他們去搜捕共產黨員。你知道我是膽小怕死的，我不能不帶他們去抓你。但我和你約好，當我到你窗口時我拚命咳嗽，你聽到後馬上躲起來就是了。」這簡直是比小孩還幼稚的話語，可文革一來，對他的第一張大字報就是「童書業有變天思想」。在山東大學「牛鬼蛇神」拔草時，別人都是蹲著拔，紅衛兵只允許兩個人帶板凳，一個是馮沅君，因她是小腳，另一個是童書業，因為他有病。到後來連板凳都坐不住了，是躺著拔的。童死後，還有人幸災樂禍地說：「又替人民節省了二百多人民幣！」意思是死去的童書業再也不會去領月工資了。

楊聯陞

是高我一屆的大學同學，在學校住一棟宿舍。一九八七年我作為訪問學者到美國，別人告訴我，楊在哈佛的學術地位非常高，是哈佛學術委員會的委員。電話裡，楊用中國話說：「聽說你來了，但是我只能告訴你，第一我不能到旅館看望你，第二我不能請你到家裡或館子裡吃飯，因為美國史學年會就要開了，我的若干弟子都要來，我老了，接待不動，擋了他們的駕，怎麼好單獨接待你呢？」我告訴他，這些都無所謂，但我困居旅館，不習慣吃西餐，又不習慣打美國電話，情況困難，希望有所解救。楊發話了，電話裡聲色俱厲：「又不能吃西餐，又不能打電話，我問你，你到我們美國來幹什麼？像你這樣的人到美國來，只能給中國人丟人！」

我忍不住了：「楊聯陞同學，丟人二字可是你先出口的，下面就要容我來說了。記得盧溝橋炮響的第二天早晨，我們二人在清華門口說過的幾句話。你說這一來要各分東西了。不久我去了太原，在山西新軍打了兩年的鬼子，彈片至今還留在腿裡；可是你卻在中美處於既不友好的時候跑到了美國，替侵華軍師當了軍師。試問，咱們二人誰丟人？」在美國，還見到楊聯陞的一部論文集，胡適寫得序，好大的口氣，說他的文章都是英文寫的，是由他的弟子某某教授翻譯成中文的。

（趙儷生先生因病已於二〇〇七年十一月二十七日上午十時逝世）

13 陸平與鄒魯風之死
——一九五九年「反右傾運動」中的一樁個案

「兩校調查組」的由來

鄒魯風（一九一〇～一九五九），東北遼陽人，又名鄒素寒，陳蛻，是第一次國內革命戰爭時期參加革命的老黨員，也是流亡到內地的東北大學的學運領袖，「一二·九」運動時，是示威遊行隊伍的「總糾察」。在北平學聯期間，他受地下黨委託，曾三次見到魯迅先生，《魯迅日記》也多次提到陳蛻這個名字。後來他之所以改名鄒魯風，一是因為抗戰期間，他一直在山東堅持打游擊，山東簡稱魯，改這名字，是為紀念那一段經歷；第二，更主要的是感念魯迅先生他對一個素不相識的青年所予以的無微不至的關懷。他決心畢生學習魯迅先生，處處以魯迅之風自勵。建國以後，鄒魯風調到高等教育戰線工作，歷任東北人民政府教育部副部長、中國人民大學黨委副書記、副校長和北京大學副校長等職。一九五九年十月二十六日，鄒魯風在反右傾運動中，因「人民公社兩校調查組」一案，被逼自殺，年僅四十九歲。

一九五八年八月二十九日，面對全國農村人民公社化的熱潮，中共中央政治局擴大會議通過

《關於在農村建立人民公社問題的決議》，豪邁地宣佈：「共產主義在我國的實現，已經不是什麼遙遠將來的事情了。」十一月，根據中共北京市委的指示，以北大、人大兩校黨委調集兩校師生三百人（一說是一百六十八人）組成「人民公社兩校調查組」，赴河北省槁城縣、河南省信陽縣、魯山縣進行調查，這一調查組的總負責人是鄒魯風。調查組出發之前，兩校黨委召開大會，兩校的黨委書記胡錫奎、陸平都出席歡送。在此之前，毛澤東「人民公社好」的號召正在遍地開花地變成現實，全國上下的浮誇風、共產風和公共食堂化已經顯現出惡果，使農村生產力遭受到極大破壞。所以，此行如何調查，該說好說壞？曾有人為鄒魯風捏了一把汗，而鄒魯風卻說：「黨歷來主張實事求是，我們自然要講真話，把我們看到的一切如實地告訴黨。」當時，鄒魯風還提了許多新的問題，如關於商品生產和價值規律是否可以消滅等，顯然他對當時流行的一些極左口號是有所懷疑的。

汪子嵩親歷調查

前兩年，曾在河北槁城組參加調查的、古希臘哲學史研究學者汪子嵩在給友人的一封長信中，詳細談及了自己所經歷的「兩校調查組」的來龍去脈。他回憶：當年盛行的「浮誇風」、「窮過渡」、「瞎指揮」、「高指標」、「共產風」已經推向全國，甚至推向極致。「調查工作開始不久，我們便聽到隊員們反映的最普遍突出的情況是：當隊員問農民畝產多少斤時，農民回答說：『你要我說虛的還是實的？如果說虛的，我說畝產兩千斤；如果說實的，我說畝產兩百斤。』……

我們聽到了大量這類情況，卻不能向縣委、公社各級領導反映」，因為如果「有人在會上提了一些問題或意見，往往遭到縣委書記的批評，說他右傾保守」。調查組還發現，在大煉鋼鐵和大辦公共食堂時任意調用各家的鍋盤碗碟、樹木板材，連生活用具都被無償取走了。幹群關係日益緊張，領導上還在一味推行大躍進。他們看到剛種下的小麥，因為密植，撒的種籽過多，長出的麥苗軟弱無力。還有一片領導幹部的「試驗田」，上面搭著架子裝電燈電線，每晚用強烈的燈光照射，說是可以促使農作物茁壯成長。

等到了一九五九年春節過後，槁城調查組發現：這裡的糧食問題更為嚴重了，汪子嵩回憶：「我們在縣委大院吃飯，也吃不到黃澄澄的玉米麵餅子了，只能吃褐黑色的高粱雜糧麵餅。公社大隊食堂情況更慘，我們在興安公社的組員告訴我們，他們吃的是用棉籽榨油以後的渣子磨成粉做成的餅子，這種粉過去最多只能在餵豬、餵牛馬的飼料裡摻一點，現在用來餵人，不僅難以下嚥，更要命的是吃下肚後大便乾結，只有用手指才能將它摳出來，實在苦不堪言。農民們的抱怨是可想而知的。」

不久，鄒魯風下到三個大組考察工作。在槁城，他聽了調查組彙報後，認為問題嚴重而迫切，隨即要求大家將調查的資料予以蒐集整理，分門別類，回校後寫成專題的調查報告，上報給有關方面。在那些日子裡，有人說鄒魯風「被憂國憂民的情緒籠罩著，心情十分沉重」，彷彿就像不久之後在廬山會議上彭德懷與田家英等人的心情一樣。

這年的夏天，兩校「人民公社調查組」的工作全部結束。調查組回到學校後，開始緊張地寫調查報告，最後整理成《問題彙編》。鄒魯風當時是中共北京市委委員，他邀請人大、北大兩校黨委的負責人來聽取調查組彙報，地址在北大的臨湖軒。年屆九旬的汪子嵩回憶說：「他告訴我們，在北京時曾將他所瞭解的情況和看法、意見與市委領導交談過，他們大多表示同意，」「因為是黨內高層的會，而且當時的政治形勢已經開始鬆動，在中央幾次召開重要會議後，有些高指標降下來了。大組長彙報時毫無顧忌，敢於暢談自己的看法；領導們也參加議論，夾敘夾議。我們的黨委書記（陸平）說得比我們激烈得多，後來常有人提起。北京市委有一位幹部旁聽了會議，並且帶走了在會上散發的《問題彙編》。」

形勢突變風向掉頭

然而，正在此時，廬山會議召開，不久傳來了八屆八中全會批判「彭、黃、張、周反黨聯盟」和「反對右傾機會主義」的會議公報。於是形勢突然逆轉，風向馬上掉頭，此後便在全國掀起一場規模巨大的「反右傾」運動。據統計，在這次運動中全國被定為「右傾機會主義分子」而受到撤職、開除黨籍的黨員和幹部有三百多萬人，受到處分的普通黨員和群眾達八〇七萬人。人民公社兩校調查組，就是北京市委於當年政治形勢下拋出來的第一個重大案件。在北京市委的《內部情況簡報》中，把調查組的《問題彙編》全文刊載，並且加上大字標題——「人大、北大部分師生惡毒攻擊三面紅旗」。有人跟著揭發說，調查組所寫的《問題彙編》暴露了一些黨員領導幹部對「三面紅旗」的「右傾情緒」和「右傾思想」，其矛頭所向，直指調查組的總負責人、當時的北大副校長和第一副書記鄒魯風。鄒魯風還被揭發出曾經說過：「黨的政策違反了經濟規律，人民公社超越了生產力發展水準」、「吃飯不要錢違反了按勞分配的原則」、「大辦鋼鐵賠錢」、「幹部浮誇，強迫命令嚴重」、「一九五八年的缺點很大，傷了元氣，教訓慘痛」等等攻擊「三面紅旗」的反黨反社會主義的惡毒語言。

對鄒魯風的批判會是在北大辦公樓禮堂召開的，現場還有大喇叭廣播。批判會上，當年指派鄒魯風「掛帥」的人，聲嘶力竭地指責考察隊「全軍覆沒」，是「北大的奇恥大辱」。對突然受到錯誤批判，毫無思想準備的鄒魯風難以承受，但雖然身處逆境，他首先考慮不是個人的委屈，而是為調查組的大批同志蒙受不白之冤感到不安，為黨的實事求是的優良傳統遭到破壞深感痛心。他說：「我相信調查組的工作沒有錯誤，我們的工作是對得起黨、對得起人民的，我個人沒什麼，我感到痛苦的是因為我連累了大家，痛心的是黨的是非被顛倒了，相信總有一天會真相大白。」

十月二十六日，傳來鄒魯風在北大鏡春園西面的湖水中溺水死亡的消息。出事的那天清晨，有人曾看見他獨自在通向湖面的那條小徑上長時間地徘徊……隨即，有關方面宣佈：兩校調查組是一次極其嚴重的政治事件，而鄒魯風在黨委批判後已經自殺叛黨，被開除黨籍。當時人大、北大兩校的黨委書記還將所有參加調查組的團員召集到一起開會，宣佈鄒魯風自殺是「叛黨」，要他們出來揭發，參加批判，並且強調說調查組是「背著兩校黨委搞的反黨活動」。正所謂此一時彼一時也，原來調查組出發前，兩校的黨委還敲鑼打鼓地開會歡送過，而到了此時，卻被說成是「背著兩校黨委」幹的了。

陸平對鄒魯風之死的反應

比自己大五歲的副校長鄒魯風自殺身亡後，陸平的反應是怎樣的呢？原北大國際政治系教師陳哲夫在《我在北大六十年》一書裡，有著詳盡的描述。書中說當時對調查組展開大批判，是北京大學反右傾的重要任務，由黨委書記陸平親自掛帥，被揭發的如「公社辦得太大了，太早了」、「食堂辦得有點冒進」、「幹部作風粗暴」，都成了反黨反社會主義的言論。開始矛頭只是指向汪子嵩等三個組長，後來有人提出：「能不能往上揭？」與會的黨委書記陸平斬釘截鐵地說：「揭！揭！」於是，矛頭又指向了鄒魯風。到了十月二十七日，鄒魯風自殺的消息傳來，陸平感到的卻是憤怒，他用手猛地拍了一下桌子，罵道：「媽的，叛徒，拿紙筆過來，開除黨籍！」一個工作人員拿過來了紙和筆，陸平就立即起草了開除鄒魯風黨籍的決議。那時候，自殺是軟弱的表現，是對革命、對黨的叛變行為。陸平的所謂憤怒，只不過想表現一下他堅定的無產階級黨性。

陳哲夫回憶，鄒魯風死後，家人要求給鄒的墓前立一個碑，竟不被批准。鄒夫人（方志西）只好在一塊磚上寫著「鄒魯風之墓」的字樣，放在墓前。而且當年這件事是保密的，在北大只有少數黨內幹部知道，眾多的北大師生無從知曉鄒魯風死亡的消息。據說後來某系的一位教授因事到八寶山去，突然在一個墓前發現了一塊寫有「鄒魯風之墓」的磚頭，十分驚奇，回到學校後詢問，沒聽說副校長鄒魯風去世呀，怎麼會有「鄒魯風之墓」呢，會不會有兩個鄒魯風？一位北大的黨委第一副書記、副校長就是這樣悄悄地走了。

批判鄒魯風的時候，北京大學教授、翻譯家曹靖華心酸地說：「魯風一下子老了很多……」「一二・九」時期，他們之間是共風雨的同學兼知交，也是家裡能經常談心的常客，鄒魯風還是曹靖華入黨介紹人之一（另一個為馮雪峰）。對於鄒魯風的死亡，曹靖華自是痛惜萬分，曾不止一次對家人說過：「黨把魯風調到北大，就是準備讓他挑更重的擔子。因為他關心教育事業，熟悉學校，熟悉知識分子，本人又熱情、正直，光明磊落。他沒有死在國民黨特務的手槍、大刀片下；也沒有犧牲在抗日戰場；剛剛調來北大，卻因為堅持向黨講真話，而被無端地扣上右傾機會主義的帽子。況且，他不把責任攬在自己身上，同去的近三百人也無法解脫啊！他只能以死來維護自己的清白啊……」故人永逝後，曹靖華曾不止一次從俄文樓，穿過德、才、兼、備齋，去到鏡春園西面，在那條彎彎曲曲的小徑上徘徊，追憶與緬懷他的這位學生、同志和摯友。

歷史學家眼中「可悲的陸平」

歷史學家王曾瑜先生是一九五七年考入北大歷史系的，陸平比他晚來幾個月。他在自己回憶錄中，也有一節「可敬的馬校長和可悲的陸平」，對陸平有過這樣的評價：

有一位鄒魯風，一九五七年是人大副校長，一九五九年調任北大副校長，曾做過一次全校報告，就銷聲匿跡了。直到很晚，我才瞭解其內幕。原來陸平和鄒魯風為了配合大躍進，曾派法律系畢業班組織一個調查組，結果，調查報告的結論竟與彭德懷一致。反右傾開始，陸平就把調查組的右傾問題全盤諉諸鄒魯風，狠整的結果，鄒魯風終於自殺。……通過陸平這件翻手為雲覆手雨的勾當，我終於領悟到一個道理。我們從書本上學到的是「革命同志」之間精誠友愛，患難與共的關係，但事實上至少還有另一種你死我活的殘酷的人際關係。處在陸平的地位，他不往死裡整鄒魯風，又如何得活？如果再提升一點，是可以稱之為你死我活的定律。陸平狡猾地躲過了反右傾一劫，卻難逃文革一劫，一個最標準的反右派、反右傾的左派，轉瞬間又成了最標準的右派、黨內走資本主義道路的當權派，親歷了極厲害的批鬥。據說，他在文革後甚至不願路過北大的校門，以免追憶自己當年不堪回首的痛楚。但他對自己當年傷害、整死了那麼多無辜者，嚴重損害了數以萬計的北大學生的學業，卻並無追悔之意，從無致歉之語。

王曾瑜寫道，我們這個階段的北大人，偶而談及陸平，不約而同地極有惡感。記得大饑荒年代的夏季，我與化學系的一位同學在校園內正好與陸平相遇。他夾著一個當時顯示高幹身分的大黑公文皮包，短袖衫下，腹部豐厚的脂肪上下顫動，與廣大學生們的餓瘦形象成了鮮明對照。我的同學用上海話說：「看見伊個肚皮就促氣！」文革之初，聽說陸平挨鬥，北大人往往幸災樂禍。一位化學系同學當時對我說，他最遺憾的就是畢業證書上是陸平的名字，而不是馬寅初的名字。

女兒陸瑩的說法

據媒體報導，陸平的女兒、現任北京人民廣播電臺總編輯的陸瑩在二〇一〇年接受記者採訪時，談及文革種種往事以及當時陸平所處的境遇時，止不住幾次落淚，蒙面而泣。在談到陸平到北大補劃右派時，她說，父親去北大了後，要繼續反右傾，父親覺得右派都劃完了，還要補右派，很為難。他在一個內部會議上表示了這個意思，但當時黨內一個高層說：「你要是認為北大沒右傾，你就是第一個右傾。」我不能說這人是誰，因為他後來也很遭罪。文革期間有一次，父親看見廁所的水泥地上，躺著一個人，就是他，打得特別慘。所以父親堅決不說。文革結束後，父親帶我去看過幾個人，其中就有他。文革就是這樣，很多人開始的時候左得很，對老幹部很厲害。後來自己也被打倒了，很慘。所以文革的事情特別難說。因為這個原因，父親一直沉默了三十六年，也不准我們寫。他總說：「不能寫，寫了也沒法發表。」又說：「讓社會和歷史去客觀評價吧。」「一個人默默來到人世間，仰不愧天，俯不愧人，內不愧心，也就夠了。」

陸瑩在訪談中提到他父親晚年私下裡說過一句話：「我頂不住。」。她認為父親真的扛不住，那時候真的很難說話。是全黨路線的左，大家都很左。陸平的左，也正源於此。所以，陸瑩說文革後很多年父親不能去北大，因為見到未名湖就難受，那是他挨打挨批鬥的地方。

據中國人民大學所出版的人物傳記載，到了一九六一年，「兩校調查組」一案曾得到甄別平反，文革期間，又重新推翻了原先的甄別結論，讓已經冤死的鄒魯風再次受到誣陷。等到文革結束、彭德懷元帥廬山會議一案得到徹底平反、恢復名譽之後，才等到了如鄒魯風所講的「真相大白的那一天」。

14 延安時期的一場奪妻悲劇

陳辛仁（一九一五～二〇〇五），廣東普寧縣人，北平中國大學學生，中國左翼作家聯盟北方部的左翼作家。筆名辛人。一九三八年夏後在新四軍任職，參加敵後抗戰和建立抗日根據地。皖南事變後，歷任新四軍第二師（淮南軍區）政治部宣傳部長、中共淮南區黨委宣傳部長、新四軍（兼華東軍區）政治部宣傳部長、中共華東局宣傳部副部長。中華人民共和國成立後，歷任中共福建省委常委、建省委宣傳部長，福建省教育廳廳長、華東文化教育委員會委員、中共福建省委副書記、福建省人民政府副主席。一九五四年調任中共江蘇省委常委、副書記、書記處書記，九月被委派為中華人民共和國首任駐芬蘭大使。一九五九年回國後任國際關係學院院長、黨委書記，外交部黨委委員、北京外交學院黨委書記、副院長。

陳辛仁身後，曾出版四十三萬字的《陳辛仁回憶錄》（世界知識出版社二〇〇八年版），除去革命歷程外，內中有一段詳細記述了自己的婚姻悲劇。一九三五年，陳辛仁與妻子房紀在東京結婚，一年後生一女嬰。此時陳辛仁二十歲，房紀十七歲。這兩個熱血青年為了在革命的路上輕裝前進，把剛滿一個月的女兒送回老家交與母親撫養。此後兩年時間，兩人或在北平、或在香港、或在上海，時聚時散，漂無定所。抗戰爆發後，陳辛仁到新四軍軍部工作，房紀則到西北大後方寶雞擔任地下黨的工作，組織上承諾，等房紀的工作一旦脫手，也可以立即來到新四軍工作。分別幾個月後，陳辛仁曾接到薛暮橋夫婦從大後方帶來的一封陌生人寫的短信，說房紀很快就可以回到他身邊了。陳辛仁讀信後感到很奇怪，難道說房紀自己連寫幾個字的時間都沒有嗎？之後，戰事倥傯，前前後後有三四年時間，上面幾次說儘快發電報將房紀調到軍部來工作，但一直沒有兌現，其間，陳辛仁還收到過房紀的四五封來信，等到皖南事變後，就得不到她的消息了。

傳主回憶，就在他為妻子焦慮不安的時刻，讓他喪魂失魄的事情發生了。一天，軍政委饒漱石見到他，突然明確地勸他「另外結婚」，並支支吾吾地說什麼可以批准他「另外結婚」。陳辛仁當時覺得很可笑，自己是已有妻室的，為什麼要「另外結婚」呢？即使要「另外結婚」，又何勞你來「批准」？他再次提出，組織上不是已經承諾要發電報調房紀來軍部工作了嗎，為什麼還提什麼「另外結婚」，豈非咄咄怪事？這時，饒漱石用一種嗤之以鼻地說：「此一時也，彼一時也！你要知道，現在改名王茜的房紀，早就被人家調到他的辦公室擔任秘書職務了，與此同時，也兼私人秘書。他們已經結合到一起，這是兩廂情願的事情，如今木已成舟了！」聽到這裡，猶如一個晴天霹靂，猛烈地擊中了陳辛仁毫無準備的思想。但他還不清楚，搶走的房紀究竟是什麼人？他想痛哭一番，發洩重壓的感傷，但此時只有憤怒的顫抖，而沒有眼淚；他也想到大後方去說理，從那卑劣的魔爪中把房紀給奪回來，然而他也知道，在木已成舟的情況下去幹這樣的傻事是不會有什麼好結果的。因此思來想去，只有無所舉措地強忍著自己的心靈創傷。他呆呆地僵坐在一個小凳上，悲憤地質問：「我不能理解，在那崇高的革命聖地，竟會發生了令前線指戰員寒心的惡劣行為。」

就在和饒漱石談話之後，陳辛仁收到了一份通信地址是「陝西新華書店轉何凱豐交王茜」，信後面的署名是「王茜」，信的內容是簡單的幾句話：「別來數年，不知音訊，相見無期，請另覓伴侶，善自珍攝。」這時，陳辛仁才清楚地判斷，這個改名換姓叫王茜的房紀，已經徹底落入了貪戀美色的權力陷阱裡，找到的是比她大十二歲的何凱豐。不久，陳辛仁又得知，為了在搶奪房紀的同時，凱豐還無情地拋棄了與其同甘共苦的髮妻、長征路上有名的三十名女紅軍幹部之一的廖似光，而廖本人則是被凱豐命令警衛員把她給趕出家門的，讓這個身經百戰的老紅軍也成為家庭崩解的一個受害者。

再來看看凱豐此人，讀讀毛選，可看到有他好幾處名字。凱豐原名叫何克全，是江西萍鄉市人，生於一九〇六年，是中國共產黨前期領導人之一。在中共歷史上，凱豐不止一次反對過毛澤東，長征途中，作為六大中央政治局候補委員的凱豐，曾譏諷毛澤東是靠著「孫子兵法」打仗。遵義會議上，凱豐還鼓動博古不要交出中央的「挑子」。到後來，他不但認了錯，還更加緊跟黨內公認的領袖毛澤東。但在七大期間，由於代表反對，凱豐落選，沒進七大中委，以後在黨內的地位也也因此逐步下降。建國後，他先後任東北局委員、東北人民政府委員兼瀋陽市委書記、中共中央宣傳部副部長兼中央馬列學院院長。一九五五年三月因病在北京逝世。

對凱豐、廖似光、王茜這三人之間的關係，當年的一個紅小鬼，延安時期曾任中宣部行政管理員的李耀宇，曾親眼目睹過，他在個人回憶錄《一個革命親歷者的私人記錄》（當代中國出版社二〇〇九年版）的「鬧離婚鬧出流血事件」一節中有過如下的講述：

凱豐是中共歷史上的風雲人物，在楊家嶺時他的職務是中共中央政治局委員、書記處書記兼中宣部部長。凱豐的妻子廖似光（一九一一～二〇〇四），也是老革命，長得高大健壯，在黨校一部學習，到星期天就帶著勤務兵和警衛員回楊家嶺一次，楊家嶺的「小鬼」，私下裡喊她「穆桂英」。而王茜的則身矮體胖，像武則天時代的人，細眉長眼，戴著一副金屬框架眼鏡，文靜高雅。王茜曾留學日本，精通日文、英文，聽大家傳說，她還做過國民黨政府的顧問。李耀宇第一次見她，誤把茜字讀成西字，王茜糾正後，說：「你要叫我『王西』就隨你吧，授給你專利權，別人可不能這樣叫。」後來毛澤東的秘書葉子龍聽到叫「王西」，很是驚奇，問明緣由後說：「小李有專利權，我們就無可奈何了。」

李耀宇書中說，作為中宣部研究員的王茜，是在凱豐身邊工作，欽佩他的革命經歷和學識，再加上兩人有共同語言和興趣愛好，才日久生情的。為此，凱豐與廖似光之間的爭吵越來越厲害。一天，李耀宇正好看到「穆桂英」拿著一把短刀，怒氣衝衝地走上楊家嶺，她推開凱豐的窯洞木門，王茜和凱豐兩人正在裡面。凱豐問：「你幹啥來了？」廖似光大喊：「來殺你的，把你們倆都殺了！」說著，揮刀刺向王茜。凱豐瘦弱，也沒有搏鬥經驗，他挺身護著王茜，又用手掌抓住刺來的刀刃，「穆桂英」則抽回短刀，凱豐的手掌被割開一道長長的傷口，鮮血立刻流了出來。這時，李耀宇從身後抱住「穆桂英」的雙肩，使她不得動彈，又大聲呼喊。這時，住在隔壁的趙毅敏等人跑來，眾人推搡著把「穆桂英」請出窯洞。凱豐此時冷冷地看著流血的手掌，不知所措，李耀宇說：「部長，快把手使勁攥住傷口，別讓血再流了！」李耀宇回憶，後來凱豐與王茜在楊家嶺結婚時，十分冷清，無人祝賀，王茜就這樣悄悄搬進了凱豐的窯洞。等到一九四三年他從楊家嶺到棗園時，王茜已生了一個男孩。

不過，與建國後位至廣東省第四屆和第五屆政協副主席的廖似光相比，王茜後來的人生命運，更為悲慘與不幸。陳辛仁書中回憶，文革期間，他從外交學院造反派為他設置的「專案組」成員中得知，後來凱豐又有了新歡，為了再娶新歡而拋棄王茜的時候，曾散佈過「房紀已經死亡」的謊言。但此時的房紀，已被孤零零地拋棄在了關外瀋陽，早成了一個精神病患者。文革期間，當專案組成員前去向她詢問陳辛仁的歷史情況時，她兩眼直視前方，旁若無人地說：「是共產黨派來的嗎？我準備去開黨代會去了！」經過幾番訊問，專案組一無所獲。房紀後來患了癌症，死於一九七一年四月，終年五十二歲。房紀死後，是在當地居委會和鄰人的幫助下，才把她的骨灰撒在了北大荒的黑土地上。

無論她是叫房紀，還是叫王茜；無論是作為一個革命者，還是作為一個女人，都在這一場反覆離散的婚姻悲劇中，隨風而逝了。

15 一個親歷者眼中的肅反擴大化

對不少中國人來說，邱會作（一九〇四～二〇〇二）是個熟悉的公眾人物，他是江西興國人，一九二九年參加紅軍。參加了中央蘇區一至五次反「圍剿」和二萬五千里長征。遵義會議後，剛滿二十歲的邱會作被任命為軍委四局三科科長，負責軍委直屬縱隊的行政事務，被周恩來稱為「娃娃科長」。據回憶錄說，毛澤東在長征途中就不但和他這個「小興國佬」相識，而且還說：「我在你家的茶攤上喝過茶，知道你的爺爺、父親、母親都是村幹部，你和哥哥都當紅軍去了。」建國後，邱會作曾任中共中央政治局委員、解放軍副總參謀長、總後勤部部長等職務，一九五五年被授予中將軍銜。一九七一年「九‧一三」事件時，以林彪反革命集團主犯罪名被開除黨籍、撤銷職務和判處十六年有期徒刑。

狂殺濫砍「AB團」

邱會作回憶，他參加紅軍後不久，在紅三軍團部當宣傳員，這時候，紅軍隊伍裡殺「AB團」的風潮，開始蔓延，原本正常的生活被徹底打亂。「AB團」到底是個什麼組織？當時還是個孩子的邱會作根本不知曉，等幾年後到瑞金紅軍學校學習，才知道是「反共團」英文字母的縮寫，以後敵人把這個名字拿出來使用，主要是為了給蘇維埃政權和紅軍內部的人栽贓，企圖用堡壘從內部攻破的方式來瓦解革命政權。到了一九三〇年七月，亂抓亂殺「ＡＢ團」達到了高潮，紅軍和蘇維埃內部錯殺了不少無辜的人。邱會作眼瞅著八連政委就被抓走了，說是「ＡＢ團」；沒幾天，二排長也不見了，不久又有幾個班長被抓走殺了。看到這些熟悉的戰友一夜之間就成了「反革命」而喪命，他有點緊張。而且，處決「ＡＢ團」的刑場距離他的住所也就幾里路，每天都能看到有人被綁到那裡去執行死刑。雖說邱會作還是個小小的團部宣傳員，沒有被組織審查，但卻讓眼前所發生的一幕幕慘劇嚇壞了。

一天，邱會作去給部隊買菜，忽然聽到淒厲的軍號聲，走到河邊時已經戒嚴了，橋上不准過人，只見河灘上綁著幾個「犯人」，行刑者用大刀砍他們的腦袋，那幾個人死在沙灘上，鮮血四濺。這可把他給嚇壞了，因為前幾天傳來消息，說是介紹他加入共青團、現已經調到省裡當巡視員的黑子也是「ＡＢ團」的，這會不會牽連到自己呢？當天晚上，邱會作就給嚇病了，後經人解釋，他參加的是共青團而不是「ＡＢ團」，這「病」也就不藥而愈了。

雖說自己心裡有了底，不再害怕，但紅軍隊伍中的狂殺濫砍仍在繼續。有一次邱會作到上級機關送信，回來路上看到別的部隊在殺「ＡＢ團」，為了不讓那些被殺的人喊叫，就用小樹叉子橫在嘴裡，再用繩子綁住，行刑的方法比上次所見到更殘酷，為了節約子彈，執行人把要殺的人綁起來後推倒在地上，再用大石頭把「犯人」砸得腦漿四濺。邱會作見此情景，嚇得撒腿就跑。到晚年撰寫回憶錄時，那一天的場景仍讓他覺得不寒而慄。以後，雖說打「ＡＢ團」活動停止了，但紅軍中相當一部分中下層指戰員被無辜地殺掉了，這使得初建不久還很弱小的紅軍大傷了元氣。傳主認為，這場政治大災難，主要是政治路線錯誤的原因，但紅軍隊伍中也有落後愚昧的農民意識，加重了這場殺人風潮的災難性。

無限度地「擴紅」

中央蘇區前三次反「圍剿」，多數戰役都是在邱會作的家鄉興國境內打的。據黨史專家石仲泉《長征行》一書記載，興國在土地革命時期人口為二十三萬，參加紅軍的就有八．五萬多人，並組成興國模範師和中央警衛師，有名有姓的烈士就達二．三萬多人，占全國烈士總數的六十分之一，為全國犧牲烈士之首縣。所以周恩來曾詼諧地講過，北京南京不如瑞京，中國外國不如興國。到了一九三三年，王明路線在中央占統治地位，要與敵人打正面戰和陣地戰，紅軍隊伍也隨之急劇擴大，稱為「擴紅」。當時「擴紅」辦法是很特別的，名義上是動員，實際上是強迫，農村裡只要是能當兵的人，是非去不可的，連有沒有勞動力種田也都顧不上了。這樣一來，紅軍的隊伍是迅速膨脹了，但品質卻下降了，蘇區本身也大傷元氣。當時的措施，大致如下：

1 中華蘇維埃政府發佈《動員令》，提出要「保衛蘇維埃的每一寸土地，禦敵於國門之外，擴大紅軍，誓死保衛家鄉，保衛勝利果實！」

2 各地以鄉為單位張榜公佈應徵名單。名單一公佈，該當兵的人誰也跑不掉。互相監督。上了榜而不報名的，鄉政府就在你家門上掛「恥辱牌」相威脅，這對報名起到了很大促進作用。

3由縣級蘇維埃給每個適齡應徵的人發《應徵令》，規定你有當兵的義務，如不執行，就是反對蘇維埃，這是個很大的罪名，可以被嚴厲處置。

4公佈嚴厲懲罰破壞「擴紅」行為的命令，凡有破壞者，都必定嚴懲。邱會作回憶說，當年蘇維埃中央政府工農劇社曾編了一齣宣傳「擴紅」的戲，劇中的富農婆搗亂「擴紅」時的唱詞是：「當了紅軍很艱苦，天天行軍兩腿痛，夜裡放哨沒覺睡，凍得身上好冷吆……」這齣戲本意是宣傳「擴紅」，但演出後卻起到了副作用，後來對這個戲的劇作者和演員都以「破壞擴紅」罪，予以了嚴厲處置。

回憶錄說他參加革命後遇到的第一次過「左」、過激的群眾運動就是「擴紅」，黨內後來的「寧左勿右」思想，其實那時候就有了。當時農民中也有「反徵」現象，最常見的就是藏起來或是自殘，入伍後開小差的人也不少。部隊如果發現你開小差，會立即派人做說服工作，一般允許你回家待幾天，到時主動歸隊就算沒事。如果不回來，「擴紅隊」就會把不歸隊的人抓到鄉政府去，被強制送到部隊去。對開小差的逃兵，地方政府的處罰比部隊還嚴厲。

所以，在過去分析總結紅軍第五次反「圍剿」失敗、被迫進行戰略轉移時，總講是王明機會主義路線錯誤造成的，但邱會作本人認為，這與中央蘇區的政策偏差也有關聯，如過度徵糧「擴紅」、濫殺地主富農及其家屬的過激行為，濫打「AB團」、肅反擴大化等，這些都讓紅色政權多少失去了民心。以他的老家興國縣為例，當時的人力物力都已經到了竭澤而漁的地步。

完成特殊任務後險遭處決

中央紅軍是一九三四年十月開始長征的，其實，如楊尚昆回憶，早在這年四月廣昌失守後，臨時中央就已經開始由「禦敵於國門之外」轉向戰略轉移了，但這項準備工作是由博古、李德、周恩來組成的「三人團」秘而不宣地進行著。到了突圍前夕的五、六、七月份，臨時中央又展開三大運動，即突擊擴紅、突擊徵糧、突擊肅反。其間，邱會作因為參加轉移前的秘密工作，險遭處決。

回憶錄寫道，這年六月的一天，時任中央蘇區軍事工業局黨總書記的邱會作被周恩來緊急召見，要他去完成一項特殊任務，把幾處兵工廠、藥品材料廠和幾個倉庫一律炸掉，另外把大量的浮財掩埋，幾個倉庫的東西迅速分散，不能分散的就必須毀掉。這些事情要處理得乾乾淨淨，絕對保密，無論如何也不能讓當地人覺察到我們的意圖。要是知道了，傳出去了，就會動搖根據地軍民的士氣。周恩來特別叮囑，對兵工廠的處理可能會比較困難，最好夜間採取行動。這是一項最高機密的工作，如有洩密，軍法不容。當時，還有政治保衛局的一個警衛班同他一起參與任務，說是協助，其實是監視。

完成任務一個月後，形勢更為嚴峻，同時紅軍內部的肅反也加快步伐。十月初，就在紅軍長征即將開始時，國家保衛局已經研究決定，要把邱會作徹底「保密」（即秘密殺害），因為他掌握著紅軍轉移前的全部絕密，怕他萬一「開小差」，會給革命事業帶來重大損失。一天黃昏，國家政治保衛局執行部部長張炎和帶領隨從闖進屋內，向已經失去自由的邱會作展示出局長鄧發簽署的處決令，然後把他像死刑犯一樣捆綁起來。邱本人此時只是連呼冤枉，但毫無作用。也許他命不該絕，就在押往刑場的路上，正好碰上周恩來、鄧發和邱會作的直接領導、紅軍供給部部長葉季壯三人騎著馬迎頭而來，葉季壯見狀大吃一驚，立即詢問周恩來怎麼回事，周恩來也有些驚愕，但沒有說話，只是面向鄧發探詢，但鄧發卻向周恩來擠擠眼睛，意思按老規矩辦。而懷著求生欲望的邱會作的雙眼則一直死盯著周恩來。周恩來略加思考後，對鄧發說：「他還是個孩子，交給葉季壯帶回去吧！」這樣，下面才給邱會作鬆綁，他跟著葉季壯的馬後，死裡逃生跑回了供給部。

邱會作晚年回首往事時，還大為感慨：葉季壯一個爭辯，周恩來一道命令，把我的腦袋保留下來了，讓我多活了七十年。幾年後，在瓦窯堡紅軍總部的一次聊天時，李克農曾問鄧發：「長征臨出發前，你為什麼要把邱會作抓住殺掉，難道就是因為他多知道了些機密嗎？要不是周副主席，閻王那裡就多了一個鬼。」鄧發略帶羞愧地對邱會作說：「那件事的起因你都知道，幸好沒造成千古之恨！」周恩來聽到這裡，插話解釋說：「離開江西之前，殺了一些不該殺的人，當時我們都有責任。沒有殺他，是葉季壯堅決不同意，否則要等殺掉之後再彙報上來，那就晚了。現在大家對亂殺人的事很痛恨，這是我們黨一個最為慘痛的教訓。」後來到了延安，周恩來還對邱會作提起過這件事，說：「你當時直盯盯的眼睛望著我，給我的印象很深！」

長征出發前，邱會作所在的供給部有幾個領導幹部就這樣被殺害了，恐怖氣氛相當厲害。那時候的國家政治保衛局就是革命隊伍中的「活閻王殿」，想要誰死是件輕而易舉的事。從一九三〇年開始殺「ＡＢ團」，到一九三四年開始自己殺自己，一些所謂不可靠分子，如寧都暴動起義過來的一些幹部，不少都慘遭殺戮，連紅五軍團總指揮季振同都被冤殺了。作為邱會作個人，可以說是九死一生，僥倖從「左」傾屠刀下的鬼門關撿回了一條命。所以，他對蘇區肅反擴大化是有著切膚之痛的。

「七大」時提到蘇區肅反，會場上哭成一片

一九四五年，在黨的七大分組會議上討論到除奸政策要穩重時，有位代表發言說：「除奸要十分穩重是完全正確的，左傾教條宗派在江西蘇區殺人太多了。」就這一句話，立即震動了全場。不少代表紛紛接著說：「殺人多，殺得慘，把許多好幹部都殺掉了！」有代表控訴：「在內戰時期，老根據地的人口減少了近百分之二十，人哪裡去了？戰爭犧牲是主要的，但我們自己殺了不少自己的好同志。我們殺的甚至比國民黨殺的還要多。許多好幹部都是自己殺的呀！我們對鄧發的肅反政策很憤怒！」

會場還在發言的時候，有幾處就哭開了，有的邊哭邊述說著政治保衛局的殘酷無情。有位代表說：「一九三四年秋，我們三軍九師部隊有位連長，上午打仗負了重傷，腿都斷了，不能行走，可是晚上就把那位連長拉去殺了。因為腿斷了不能走，硬是兩個人拖出去殺了。」這個例子刺痛了更多的人心，全場一片失聲痛哭。有代表大聲疾呼：「我們要求追查鄧發的責任！」話音一落，全場此起彼伏地發出「同意」的呼應。會議結束時，陳毅也以沉痛的心情說：「我們今天的會提出了對過去殺人的問題，這是一個重大問題，代表團一定向大會主席團報告。」

過了兩天，毛澤東親自來到華中代表團，專門就蘇區肅反問題講了一次話，他指示說：一、被錯殺的人大都是好同志，我們悼念他們；二、那些同志都是烈士，將來革命成功後，我們應在當地為他們恢復名譽，並以烈士對待；三、肅反問題是錯誤的，是路線問題，不是某個人的問題，大家不要提追查鄧發的責任問題。

毛澤東講話後，代表們沒有再提出新的意見。但肅反擴大化的執行者、當年的政治保衛局局長鄧發，卻在七大預選中落選了。張聞天夫人劉英在《憶七大》的回憶文章中說，毛澤東曾到張聞天處徵詢求意見，有幾位列在候選名單上的同志落選了，要不要列入七大正式名單？毛澤東笑著問她：「你是娘娘，有何意見啊？」劉英說：「娘娘已經下臺了。」毛澤東說：「你是三朝元老，應該聽你的意見。」劉英直率地回答說：「除了鄧發之外，其他幾位都可以列入正式名單。鄧發在肅反中錯誤太大，影響不好。」最後的選舉結果，他沒有當選上七大中央委員。到了次年的四月八日，鄧發與王若飛、秦邦憲、葉挺等同志在重慶乘飛機返延安途中，因飛機失事在山西興縣黑茶山不幸遇難，成為著名的「四八烈士」。

16「食少事繁，豈能久乎」

——蔣夢麟晚年的婚姻悲劇

蔣夢麟（一八八六～一九六四），原名夢熊，字兆賢，別號孟鄰，浙江省餘姚縣人，中國近現代著名的教育家。一八八六年（光緒十二年）生，幼年在私塾讀書，十二歲進入紹興中西學堂，開始學習外語和科學知識。後在家鄉參加科舉考試，中過策論秀才。一九〇八年八月赴美留學。次年二月入加州大學，先習農學，後轉學教育，一九一二年於加州大學畢業。隨後赴紐約哥倫比亞大學研究院，師從杜威，攻讀哲學和教育學，獲哲學及教育學博士學位。一九一七年三月，蔣夢麟獲得哲學及教育學博士學位後即回國。一九一九年初，蔣夢麟被聘為北京大學教育系教授。自一九一九年至一九四五年，蔣夢麟在北大工作了二十餘年。在蔡元培任校長期間，他長期擔任總務長，三度代理校長，一九三〇年冬正式擔任北大校長，先後主持校政十七年，是北大歷屆校長中任職時間最長的一位。他學識淵博，精明幹練，在那黑暗而動盪的漫長歲月裡，克服重重困難，堅持辦學，為北京大學的建設和發展作出了重大貢獻，是一個被人稱為「學問不如蔡元培，但辦事卻比蔡元培高明」的人。

一九四八年，蔣夢麟擔任國民政府農復會主委，後來在臺灣推行土地改革，頗有成效。一九五八年，夫人陶曾穀去世後，有不少人為他冰媒作伐，都沒使蔣夢麟動心，直到一九六〇年在臺灣圓山飯店一次宴會上，一個叫徐賢樂的女人走進了老人的最後生命。

徐賢樂，江蘇無錫人，上海光華大學畢業生，曾與國民政府陸軍大學校長、後被國民黨特務暗殺的楊杰有過一段婚姻。此年蔣夢麟已經七十四歲，而早年風華絕代的徐賢樂剛及四十八歲。年齡的差異，並不妨礙兩人一見鍾情，一個年逾七旬的老人的心泛起了漣漪，在給女方的第一封信中就寫道：「在我見過的一些女士中，你是最使我心動的人。」蔣夢麟的字寫得不錯，也堪稱書法大家了，幾個月後，他用一張橫幅一尺日本繪畫金邊皺紋水色紙，專門寫了一首唐五代豔詞高手顧敻的調寄《訴衷情》，特別注明「敬獻給夢中的你」，來表達對女方難捨難分的傾慕之情。

當蔣徐二人談婚論嫁的消息傳出後，社會上一片譁然，蔣的親友包括宋美齡、陳誠、張群等紛紛反對。他的老友胡適先生更是激烈反對，並寫了一封很長的勸說信，講明此事非同小可，利益攸關，其中有一語肺腑之言道明究裡：「這小姐的手法，完全是她從前對待前夫某將軍的手法，在談婚姻之前，先要大款子，先要求全部的財產管理權。孟鄰先生太忠厚了，太入迷了，決不是能應付她的人。」

不過，旁觀者清，當局者迷，正如俗話所說，熱戀的人都是瞎子，而老人的愛情更盲目、更頑固。蔣夢麟對幾十年老友胡適的規勸之詞，採取是收而不看的態度。一九六一年七月十八日，一意孤行的蔣夢麟與徐賢樂舉行了一個家庭式秘密婚禮，一對有情人終成眷屬，這也是蔣夢麟的第三次婚姻。同日，蔣夢麟還在報端上發表談話，把胡適給奚落了一頓，說他一位從前北大的老朋友，曾經寫信勸阻他，他連信也不看，把它扔在字紙簍裡了。此時，他還不忘譏諷地說：「這位老朋友比不上我，他是只會在字紙簍裡工作的！」

真如許多人所預言的那樣，這老少配的婚戀，剛及一年多的時間，便由熱到冷，亮起了紅燈。到了次年年底，蔣夢麟摔傷了腿，認為女方照顧不周，對徐表示厭惡，不願見她，並認為以前種種山盟海誓，都是女方的虛情假意。一九六三年的一月十三日，蔣夢麟親自寫下了後來被女方稱之為「一紙修書」的「分居理由書」，說明意見不合，無法共處，決定分居。作為徐賢樂一方，卻將當年兩人熱戀時蔣寫給她的情書與豔詞，一一公諸報端，強調倆人原是極端恩愛的，目前的情勢，都是別人挑唆造成的。三月二日，蔣對女方攤牌，嚴厲指責徐不關心他，並轉移財產。一個月後，蔣夢麟的律師找到徐賢樂談判協定離婚，被徐所拒。隨後，男方訴請法院，至此一場離婚大戰全面爆發，成為臺灣媒體競相報導的花邊新聞。

蔣夢麟提出離婚的理由是：「受到人所不能忍受的痛苦，家是痛苦的深淵，後悔沒有聽胡適之先生的忠告，愧對故友。」而女方的態度也很堅決：「結婚乃終身大事，是愛蔣博士的人，而不是他的錢，當初嫁他，就是要做他的終身伴侶，所以決不離婚。」在離婚訴訟的程序上，還出現過一段插曲，因為根據民國政府的民事訴訟法，這離婚官司還要回到蔣夢麟的原籍浙江去打，這對當時兩岸隔阻的政治現實來說，是根本不可能的，所以臺灣高等法院裁決，改由臺北地方法院來受理此案。

遙想蔣夢麟當年，在任北大校長時，被日本憲兵隊抓去用手槍抵在頭上都是不畏懼的，而在整個離婚案中，竟害怕與徐賢樂對質公堂，所以這一對忘年的怨侶，自始自終也沒再見過一面。誠如胡適先生所預言的，蔣夢麟「決不是能應付她的人」。在整個離婚案中，徐賢樂處處表現出一副「弱女子」的受害形象，對男方所提出的離婚理由，寫出洋洋萬言的答辯詞，以子之矛，攻子之盾，認為男方提出的離婚訴訟，全然是受人撥弄所致，反在輿論上占了上風。對於徐賢樂的反擊，蔣夢麟在接受媒體採訪時予以否認，此時的老人，腿傷未痊、身體孱弱、聲音顫抖，全然一副風燭殘年的模樣，他滿含著熱淚說：「我堅決要和徐女士離婚，我有道理，也有原因的。我已是望百之年的老人了，在社會上做了幾十年的事，也不是小孩子，豈會這麼容易受人挑撥？」顫顫巍巍的他，還引用了《三國志》裡司馬懿評價晚年諸葛亮的一句話：「食少事繁，豈能久乎？」

一九六四年一月二十三日，這場曠日持久、轟動臺灣島的離婚官司，經人調解協議離婚而息訟，男方則支付給女方贍養費五十萬元。塵埃落定後的六月十九日，蔣夢麟便因肝癌病逝，終年七十八歲，距離他與徐賢樂調解離婚還不到五個月時間。這位前北大的老校長，著名的一代學人，也可以說是因為晚年的一場婚姻悲劇，搞得心力交瘁才鬱鬱而終的。離婚後的徐賢樂，則一直寡居，直到二〇〇六年一月十日去世，壽命幾近百歲。

17《舊世新書》中的人與事

很多讀者可能都不知道集作家、詩人、翻譯家、語言學家、漢學家為一身的著名學者盛成（一八九九～一九九六）這個人了，這本《舊世新書》的回憶錄是二十年前印行的，印數僅為一千五百本。特把從百度上搜索來的資料附下：

一八九九年二月六日，他出生於江蘇儀徵的一個家境沒落的漢學世家。自幼聰穎好學，少年時代便追隨孫中山先生參加辛亥革命，被譽為「辛亥革命三童子」之一，並受到孫中山先生的褒獎和鼓勵。一九一〇年出家金山江天寺，師從著名的「革命和尚」黃宗仰，同年與其兄盛白沙（民國烈士、功臣之一，曾任廣州革命軍政府海軍「肇和艦」艦長、汕頭海軍臨時艦隊指揮，並協助孫中山平息陳炯明叛亂，一九二三年為叛亂分子殺害）一起秘密加入「同盟會」，結識革命家黃興，得其大賞識因而更為現名，號成中。一九一四年，盛成考入上海震旦大學讀法語預科。三年後，他考入長辛店京漢鐵路車務見習所任職。在「五四」運動中，盛成與北大學生一起衝擊東交民巷，火燒趙家樓，後來他被推舉為長辛店鐵路工會的代表。在這次運動中，盛成與周恩來、許德珩等學運領袖，結為親密的戰友。

一九一九年年底，盛成滿懷開始充滿艱辛的留法勤工儉學之旅。二十年代初，盛成加入了法國社會黨，並參與創建了法國共產黨，是該黨早期的領導人之一。一九二七年，盛成應法國文豪羅曼•羅蘭的邀請，出席了在日內瓦召開的「世界婦女自由和平促進大會」。但是由於盛成的言行和思想與當時完全聽命於蘇共的法國共產黨存在很多分歧，使得他最終告別了政治舞臺。在一陣迷惘之後，他開始潛心於學術研究領域。

一九二八年，盛成應聘到巴黎大學主講中國科學課程。在這段時間裡，盛成深深地領悟到東西方思想相通，他獨具慧眼地提出自己的見解：「天下殊途而同歸。」從此，這便成了盛成為之奮鬥終生的最高理想目標。由此應運而生的一部自傳體小說《我的母親》，出版後立即震動法國文壇，西方報刊紛紛給予介紹和評述。詩人瓦雷里為該書撰寫了一篇長達十六頁的萬言長序，盛讚這部作品改變了西方人對中國長期持有的偏見和誤解。該書還得到著名作家紀德、羅曼・羅蘭、蕭伯納、海明威、羅素等人的高度評價；並先後被譯成英、德、西、荷、希伯萊等十六種文字在世界各地出版發行。

三十年代初，盛成從海外載譽歸來。他先後到北京大學、廣西大學、中山大學和蘭州大學執教。抗戰期間，他一度投筆從戎，擔任過上海十九路軍政治部主任和武漢全國文藝界抗敵聯合會常務理事等職。一九四八年，盛成應聘到臺灣大學擔任教授，他一邊從事教學，一邊從事國學研究。由於思想進步他受到當局的迫害和校方的排斥。一九六五年，盛成脫離臺灣來到美國。在美期間，他用英文寫成《歐陽竟無傳》。不久，盛成再度來到法國南部，專門從事文學創作和學術研究。他的著作被收入法國中小學課本，同時還發行了由他本人親自朗讀的教學錄音帶。六十年代，他還應聯合國教科文組織的約請，把《老殘遊記》譯成法文出版。一九七八年十月，這位在海外漂泊多年的遊子，幾經周折終於回到祖國的懷抱。盛成先生歸國後，長期在北京語言學院擔任一級教授。八十年代，進入耄耋之年的盛成仍然孜孜不倦地從事馬來語與漢藏語系的比較研究。一九八五年，法國密特朗總統授予這位「世紀老人」法蘭西榮譽軍團騎士勳章，以表彰他對中法文化交流所做出的突出貢獻。

下面是在閱讀《舊世新書》時，隨手摘錄的二十條自覺有史料價值的人與事。

1　一九三〇年十月十日，盛成乘義大利輪船回到上海，同船的墨索里尼的女兒與女婿，墨的女婿是來上海任總領事的。盛成第二天見到馬相伯，把自己《我的母親》珍本第一號送給了已經九十歲的馬相伯先生，第二號和第三號則送了埃及國王和土耳其總理凱末爾。

2　馬相伯是鎮江人，一九〇三年創辦震旦大學，一九〇五年創辦復旦大學，民國時代，擔任過北京大學校長。辛亥革命爆發之際，他七十二歲，南京光復之後，諸將爭功，都要當江蘇都督，這時候馬老是江寧府尹，等於京兆尹，是南京最大的行政官員。馬老召集各路將領在三牌樓大戲院開會，他用苦肉計，自己打自己的耳光，打得通紅說：「馬相伯你是什麼東西？你有什麼資格來替勞苦功高的將領講話？」說完又打這一來，全場氣氛下去了，沒有一點火氣了。他又講：「諸位曉得這是什麼地方嗎？這是當年太平天國的天京。天京是如何失守的？是不是諸將不和？當時清兵還在對岸，與今天的形勢沒有什麼兩樣？昨天的教訓，我們今天可以忘記嗎？」由於這番話，才把南京穩定下來，各省的代表才能制修訂臨時約法，成立臨時政府，選孫中山作臨時大總統。馬老可以說是中華民國的最大元勳。

3 在南京內學院，盛成拜訪了歐陽竟無先生。內學院的前身是延齡巷金陵刻經處，這是近代中國佛教復興的大本營，它的創始人是楊仁山先生。楊先生學貫中西，晚年發誓振興佛學，曾往日本蒐集中國遺失的佛教經典，運回南京刻印。他的弟子很多，最有名的就是歐陽漸（竟無）與證剛，這兩位都是少年研究陽明學、後又從南昌證經書院的皮錫瑞（皮鹿門）學習漢學。盛成對國內研究佛學人包括竟無先生的看法是，他們都是研究翻譯文字的佛學，由於梵漢兩種文字存在有差異，再加上當時有一種偏見，認為世間的一切都是空的，所以唐朝名家的翻譯所譯出的東西都是似是而非的東西，而後來的研究者又從當年的文字中出發去研究，無異於刻舟求劍，緣木求魚。歐陽竟無先生讓人讀《大乘起信論》，是楊仁山從日本搞回來的，後來竟無先生又考證出這部書是偽書。但陳寅恪在印度山中找到了《大乘起信論》的梵文原版，他在廣西大學曾對盛成說：「歐陽竟無說這部書是偽書，完全是武斷。」

4 在北平，盛成一天接到在巴黎留學時的好友路易•拉魯阿的字條，他是巴黎大戲院的秘書長、巴黎大學中國學院的主講。他說：「我這次來是請梅蘭芳去法國演出的，來了後就被李石曾一幫子包圍住了，三日一小宴五日一大宴，晚上讓我去看程硯秋的戲，叫我請程硯秋去法國，不要請梅蘭芳了。我請梅蘭芳的計畫早就有了，程硯秋是個假嗓子，我把他請到法國不好交待。」為此，盛成牽線叫拉魯阿與梅蘭芳見了面，同去的還有齊如山、姜妙香。談到出國，梅蘭芳提出要包銀。拉魯阿說法國沒有這個規矩，也不能打這個保證。梅蘭芳怕虧本，有顧慮，未能成行。之後，梅蘭芳去了莫斯科，瑞典王子卡羅也很喜歡中國戲劇，便邀請梅蘭芳不要回國，直接去瑞典，再去巴黎，一切費用由他負責。梅向他的顧問余上沅徵求意見，余對歐洲不瞭解，說：「要去還是你一個人去，劇團回去為好。」結果，是梅蘭芳一個人獨自去的瑞典和巴黎。

5 「九一八」這天，盛成去華樂戲院看褚民誼票戲，褚當時是南京行政院的秘書長，不在南京辦公，卻跑到北平演戲。當年褚民誼留法是學醫的，耽於玩樂，畢業時買了一篇論文，是研究兔子月經的，還請蔡元培給論文題了名字叫《兔陰期變論》，一時傳為笑談，被稱為「兔陰博士」。這天唱的是《空城計》，張學良也去了戲院，包廂就在盛成的旁邊。正看戲時，來了急電，張起身就走了。後來有人說這一天張學良正在同胡蝶跳舞，來了電報也不理，不符合事實。可後來張連看戲都是否認的。

6 一九三一年冬，因為喪母，情緒不好，盛成常與朋友們在中山公園長美軒聚會，同來的有徐志摩、林損、錢穆、蒙文通等北大教授。徐志摩在時，可以吸引很多不同的人，甚至平時見面想罵的人。盛成常講：「所有的人都是沙，只有徐志摩是水泥。」「我愛你這個人，但不喜歡你的作品」徐志摩身上常常一文不名，所有的錢都寄回上海供陸小曼揮霍，沒錢買飛機票，就坐免費的郵局飛機。有一天，他在燕大有一個演講，晚上七點鐘應該到，大家在北大文學院等他，等到九點未到，第二天聽說機毀人亡了。

7 隴海鐵路建成後，盛成來到河南開封尋找利瑪竇信札中所講的猶太教徒，四處打聽，都搖頭說不知。最後來到清真寺，有人說：「有一個『桃筋教』，也叫『青回回』，也有一個寺。」這才發現真有一個猶太教堂。盛成對他們講猶太教，講耶路撒冷，講以色列，都搖頭稱不知。在一個櫃子裡，擺著一本祖上傳下的老聖經，也不讓人看。一個加拿大人說，那本聖經是世界上罕見的珍本之一。

8 一天黃齊生來看他說：「王若飛關在綏遠監獄，不見天日，請求幫忙加以營救。」盛提出讓張道藩幫忙，黃搖頭說不行。提出找胡適，黃表示贊同，並與盛一起趕到米糧庫看望胡適。胡適當即答應給傅作義寫信，好像寫了五六頁紙的八行書然後蓋上圖章，將信封好交給黃齊生。此後，王若飛在獄中可以出來曬太陽、看報紙，後又去掉鐐銬，最終被釋放。

9 一九三一年初盛成回到北平時，北平有兩家法式沙龍，其中一家是伍連德開的（另一家是林徽因家的），他是中國紅十字會長，太太是福齡公主，太太的姐姐是德齡公主。她們二人都進過宮，是慈禧太后的姨侄女。他們的父親叫裕庚，以前是駐法公使，所以而讓人精通法文，德齡還寫過《清宮二年記》。沙龍在竹竿胡同。

10 一九三四年下半年，北平傳聞故宮很多畫都被做了假，真畫已經不在了，並且說假畫都出自陸和九之手。這件事越傳越凶，全國譁然，易培基成了眾矢之的。當時蔣介石來北京協和醫院看病，張繼與其夫人崔震華揭發了此事，蔣為了平息眾怒，下令追查。並組織人員調查故宮盜寶案。有傳言說國寶已經運到國外，作為追查委員會成員之一的盛成於是出國調查。後來才知道，老蔣也參與了這樁案子，目的是為了籌集軍費，準備賣些寶物來抗戰，後來這件事也就不了了之。

11 老蔣到南京後，外號李大麻子的政學系領袖、雲南人李根源住在蘇州，通過楊永泰為老蔣出謀劃策，當時對付共產黨的主意都出自楊永泰，還有上中下三策供老蔣選擇。而楊永泰的主意則來自李根源，李的家中有一根專用電話同楊永泰聯繫。胡漢民、汪精衛的勢力被瓦解後，蔣介石讓楊永泰從南京到武漢，結果路上被CC暗殺了。

12 當年蔣介石想效法孫中山也當總理，但有人說總理只能有一個，就是孫中山，所以改為總裁，讓汪精衛做副總裁。

13 楊度兄妹、齊白石、八指頭陀都是王湘綺的學生。八指頭陀過洞庭湖時，念了一句詩：「洞庭波送一僧來」，出了名，結果王湘綺收了他做學生，那時候，他還不認字。

14 「雙十二」（西安事變）後，盛成到了長沙，何鍵請他吃完飯。席間，長沙到處響鞭炮，何鍵的孫子跑來要錢買鞭炮，說老蔣被放回來了。何鍵不信，認為張學良是不會放老蔣的。長沙是何鍵統治的中心，也是反蔣的中心，按理說不會這樣來慶祝的，但鞭炮聲卻一直響到深夜。

15 李宗仁善於將將。張自忠在馮玉祥部隊時，對士兵十分嚴厲，從不讓士兵吃飽，認為只有這樣部隊才能打仗。他對國家的利益不關心，一切以自己的利害為重。臺兒莊戰役前，他態度搖擺，來到徐州後，李宗仁非常坦白地對他講：「你是一個愛國將領，但別人不瞭解你，現在到了最後關頭，如果再不抵抗，就永無寧日了。我相信你能與日本人大戰一場。」張自忠聽了很感動，主動請戰，李宗仁派他守衛最東邊的防線臨沂。張自忠說：「我再不抗戰，就對不起司令長官！」他走後，司令部的人都說張自忠不可靠，但李宗仁用人不疑。後來看，如果不是張自忠奮起護衛，土肥原的部隊就會抄了臺兒莊的後路，不可能有後來的大捷。

16 按西藏歷史記載，宗喀巴生於元順帝末年，比《明史》記載的提前了六十年（一甲子）。盛成寫了一篇《生卒年月考》，發在《西北研究》上，提出九大疑點，認為之所以要把宗喀巴的生日提前六十年，就是要避免說他們受漢人的影響。事實上，布達拉宮是明成帝派漢人幫助修建的，智光和尚在明太祖時就已經進西藏了。

17 大陸全面解放時，在臺灣的盛成讓人給徐悲鴻帶了一封信，讓徐問周恩來自己是否可以回去。周恩來讓徐悲鴻寫信轉告，要暫時留在臺灣。這封信後來被臺灣當局扣了，於是盛成成了監視對象，軍警兩次半夜到家裡檢查。有人將此事彙報給蔣介石，蔣說不可能，說盛成的兄長（盛白沙）就是我黨的先烈啊。

18 錢歌川過去是中華書局的，與盛成是好朋友。後來到臺大做文學院院長，有了地位，態度就不一樣了。後來，丁西林上任後，認為錢歌川水準不夠，就被換了下了。於是錢歌川就上告，說盛成、丁西林、臺靜農都是共產黨。以後傅斯年上任，把錢歌川的教授頭銜也給拿掉了。

19 武漢會戰前，盛成在武昌城外馮玉祥的家中見他，馮說：「我們武人可以用槍桿子抗戰，你們文人為什麼不能用筆桿子抗戰呢？」於是，才開始醞釀組織「中國文藝界抗敵協會」，由老舍、老向、何容分別與國共雙方聯繫。盛成找了王炳南，讓他去徵求周恩來的意見，周恩來就派了馮乃超、胡風、姚蓬子（姚文元之父）加入協會。

20 臺兒莊戰役前在徐州，盛成住在花園飯店，聽說史迪威也住在這裡。一天碰上一個外國人停下來用法文問他：「你是不是《我的母親》的作者？」盛成很驚訝，問他如何稱呼？對方說他就是史迪威上校，是使館的武官。兩個人坐下來交談，談到了八路軍的許多戰場，史迪威對八路軍的印象特別好。第二天，盛成帶著史迪威見到李宗仁。孫連仲、李和孫回答了史迪威的很多問題，史迪威把這些軍事戰況登載美國的軍事雜誌上，對美國援助中國抗戰起到了很大作用。後來，史迪威還因為這篇文章升了少將，成了老蔣的參謀顧問。

18 與何長工命運相關的兩封信

正如開國上將陳士榘講過的一句話，何長工所擔任的職務與他本人對黨的貢獻是不相稱的。

何長工（一九〇〇～一九八七），一九二二年初就在法國加入旅歐中國少年共產黨並於同年轉入中國共產黨，參加了創建井岡山革命根據地的鬥爭，一九三〇年六月已經是紅八軍軍長了，並於這年七月指揮全軍首先攻人長沙。一九三三年任中國工農紅軍大學校長兼政治委員。長征初期任軍委教導師政治委員、軍委縱隊第二梯隊司令員兼政治委員。一九三五年遵義會議後，任紅九軍團政治委員，與軍團長羅炳輝率部策應、掩護中央紅軍主力北上。紅一、四方面軍會合後，任紅三十二軍政治委員。但是後來他在黨內的地位卻逐步下降了，解放後僅任重工業部副部長、代部長兼航空工業局局長、地質部副部長。

歷史上，曾有兩封信與何長工的命運相關，都是寫給毛澤東的。

第一封信是發生在黨的七大期間。當時在各個代表團統一提名的預選中央委員的名單中，晉冀魯豫和晉察冀代表團都提名時任抗日軍政大學一分校校長的何長工為中央委員候選人，在主席團第一次的綜合名單中，也有他的名字。在第一次預選中，有人對他提出了異議；在第二次預選中，何長工的名字就消失了。落選的名單回到代表團小組會上，何長工看到後心情很沉重。對此，和他同在一個代表小組的老紅軍王英高覺得有些不公平，於是給毛澤東寫了一封信。

主席：

我叫王英高，是八路軍總部代表團中的一名代表，傅鐘同志是我們小組的組長，何長工同志與我同一個組。第一次預選舉中，有何長工同志的名字，再經過一次預選後，就沒有了他的名字，可能是落選了。我看到他的心情很沉重，情緒也不太好，我怕出什麼事，我又不好問他，也不好在小組提，故向主席反映一下，不知當否，請批評指示。

王英高在參加七大的回憶文章中說（《憶七大》黑龍江教育出版社二〇〇〇年版），這封信是在大會選舉前，由他親手交給毛澤東的，他向毛主席敬個禮後說：「主席，我給你寫了封信，反映一個問題。」毛主席笑著問過他的姓名後，又笑了笑，揮揮手到前面主席臺去了。王英高為什麼要寫這封信，因為他認為何長工是一個資歷很深、貢獻很大的老同志，在井岡山時，就到王佐部隊去做黨代表（何長工是《杜鵑山》柯湘的原型），以後歷任軍長、政治委員等職。另外，他對幹部很關心，平易近人。七大預選中，王明、王稼祥落選後，毛澤東曾在大會上幾次講話，動員大家選他們，王英高這封信的意思，也希望毛主席能為何長工講幾句話。後來，王英高才知道，何長工之所以落選，是因為他在長征途中任紅九軍團政治委員時，曾參加過張國燾所組織的第二中央。

第二中央，是一九三五年十月五日，擅自南下的張國燾在四川馬爾康縣卓木碉自行成立的「中國共產黨中央委員會」（史稱「第二中央」），張國燾自任中央主席，並單方面宣稱開除毛澤東、周恩來、博古、洛甫的黨籍。第二中央的中央委員會不僅有何長工的名字，而且他還是中央政治局的候補委員。當年的紅四方面軍兵強馬壯，人數眾多，曾挾持不少包括朱德、劉伯承在內的中央紅軍部隊，如後來何長工所講，當年他也是「出於無奈，飲恨隨張國燾南下」（《何長工回憶錄》解放軍出版社一九八七年出版）。這個歷史舊賬，以後則成為壓在何長工身上一輩子的政治包袱。

其實，儘管王英高為何長工打抱不平，但沒當上七大中央委員的何長工，情緒也未必不好。建國後，有人聽過他在大會上講述自己的這段經歷時，說：「有人問我，何長工同志，你是井岡山會師的有功之臣，資格那麼老，怎麼連個中央委員都不是呢？我對這些人說，毛主席曾經對我說過，長工同志，中央委員會不是同鄉會，中央委員會裡湖南人多，我幹了，你就別幹了。」他那濃重的湖南口音剛落，立刻引起全場陣陣歡笑。與會者感到這位老人除去幽默風趣之外，更顯得他胸懷坦蕩，對黨的事業忠誠無私。

第二封信，則是在文革期間何長工自己寫給毛澤東的，是真的在為自己的命運鳴不平。

一九六六年十月，在中共中央工作會議上，毛澤東一口氣點了幾個包括薄一波在內反黨反社會主義分子的名字，其中就有「地質部，何長工」。並且由李富春負責向各部委傳達。在這次大會上，林彪也惡狠狠地說：「何長工對黨有刻骨仇恨，比國民黨反對派還兇狠。我們不向他進攻，他就要向我們進攻。」全會結束，對何長工的革命大批判也跟著升級，接受批鬥的何長工給毛澤東寫了一封只有一百七十多字的信，主要內容是對主席點名一事的個人看法。《何長工回憶錄》第五〇七頁記述該信是請朱德轉交給毛澤東的，信中是這樣寫的：

「受到主席的批評，我既慚愧又遺憾。我從一九一九年在北京長辛店留法勤工儉學預備班和你相識，到秋收起義跟隨主席同上井岡山，在主席長期教育、培養下成長起來。萬萬想不到主席培養了我幾十年，居然培養出一名反黨分子。不僅我個人感到遺憾，我想主席也會深深感到遺憾。請主席不要誤聽旁人的讒言，將昨日的功臣變成今日的罪魁，將昨日的同志變成今日的敵人……」

值得注意的是，何長工的這封信不同於當年有些領導幹部那樣，一旦被毛澤東點名批評以後，馬上就會痛哭流涕的檢討認罪。何長工給毛澤東的這封信，則是話中有話，軟中帶硬。當年批判他的林彪的權勢可謂如日中天、炙手可熱，而何長工居然敢於在信中規勸毛澤東「請主席不要誤聽旁人的讒言」，這該需要多大的勇氣與膽識。作為一個穿越槍林彈雨的革命了四十多年的老同志，一個冒著生命危險去跋山涉水聯絡朱德、陳毅並且最終導致井岡山勝利會師的被毛澤東稱為「革命的長工」的老戰士，一個親手製作了中國工農革命軍第一面軍旗的老紅軍，一個被國民黨反動派一次就殺掉全家三十多口子的老革命，怎麼會忽然成為「反黨反社會主義分子」呢？這封信不僅說出了強加給他頭上的這頂所謂反黨反社會主義帽子的荒謬可笑，同時也指出了文化大革命「懷疑一切，打倒一切」的扭曲與瘋狂。

19「七大」花絮種種

一九四五年四月二十三日至六月十一日，在中國人民抗日戰爭即將取得勝利的前夜，中國共產黨第七次全國代表大會在延安楊家嶺的中央大禮堂召開。出席大會的正式代表五百四十七人，候補代表二百零八人，代表著中共一二〇一萬黨員。七大期間共召開全體會議二十二次。毛澤東在大會上致開幕詞和閉幕詞。大會選舉新的中央委員會，其中中央委員四十四人，候補中央委員三十三人。現在我們所看的，就是毛澤東《論聯合政府》的開幕發言與《愚公移山》的閉幕發言。

在當時，七大代表的政治榮譽在歷史上也是最高的，所以，爭當七大代表的風氣簡直籠罩了整個延安城。而沒當上代表的人，思想複雜，牢騷繁多。如丁盛回憶，黨中央一九三九年就決定召開七大了，他作為七大代表，一九四〇年就到了延安，還參加了延安整風和搶救運動。一九七一年，毛澤東南巡，丁盛向毛彙報時，說自己參加過「七大」，毛澤東聽後，故作驚訝地說：「你參加過七大？了不起啊！你可不能擺老資格，不要搞宗派囉！」接著又對丁盛、劉興元、韋國清說：「你們這幾個人都是我這個山頭的啊，可要注意！」可惜的是，丁盛回憶錄只是對參加「七大」一帶而過，沒有詳細的敘述。其他的花絮更少為人知了，故此。筆者將在平時所流覽黨史文獻中的與七大相關的花絮種種，茲錄入下：

沒當上七大代表鬧情緒的種種表現

第一，有些人對自己沒當上七大代表非常不滿，於是就向中央領導人和抗日根據地的領導人寫信，以罵人為目的，發洩不滿。華中地區就有幾個幹部聯名寫信給華中代表團團長陳毅，而胸懷寬廣的陳毅還把這封信在代表團上公佈了。信的內容指責陳毅看不起工農幹部，說：你現在喜歡的是所謂的知識分子，對工農幹部根本不放在眼裡。你還記得嗎？你上井岡山時，同毛主席、朱總司令下山去接的是誰？殺豬歡迎你的又是誰？後來在你指揮下打仗流血的又是誰？我們這些人都沒用了嗎？你常常說，知識分子是革命的，沒有知識分子革命就不能成功。這些話就算你說的是對的，那麼，你為什麼不說，工農幹部也是革命的，沒有工農幹部革命也是不能成功的？

第二，有決心討飯的。紅三軍團有個參加平江暴動的老同志因為沒有當上七大代表就給彭德懷寫信說：我決心討飯，去丟共產黨的臉。我是跟著你從平江暴動出來的，現在連個七大代表都當不上，我沒有前途了。為了此事，生性豪爽的彭德懷大罵了寫信人一頓。之後，又苦口婆心地做工作，才把聲稱要去討飯的人情緒給安撫了。

第三，有沒當上七大代表就要求退黨的，而且這些人不是個別的，且多數是紅四方面軍的幹部。他們給劉伯承寫信說，你是我們的領路人，現在向你說點心裡話。我們打仗不比別人差，但我們抗戰以來不能當指揮官，只能當管理科長了。現在要開七大了，我們四方面軍的幹部，只有為數不多的代表，也就是裝點門面的代表，我們只有要求退黨。這是非常消沉的不良情緒，在七大之後，中央第四方面軍幹部的任用，引起了重視。

第四，有要棺材費的。沒有當上七大代表的人，各種牢騷無奇不有。有五個人聯名給朱德寫了一封信，信上說：「我們參加革命十多年了，現在除了身上的傷疤之外，其餘一無所有。我們要求回家種田，臨走時要求發給一副棺材錢就很好了。」這種人的情緒，比要求退黨的人還消沉。

周恩來提出「三個永遠」

高文謙在《晚年周恩來》一書中，提到了通過延安整風，周恩來「從此洗心革面，開始由衷地擁戴和信服毛澤東」。直到臨終之前，還在給毛澤東寫信，承認自己「仍不斷犯錯，甚至犯罪，真愧悔無極。」可以說，周恩來在七大會議上的種種動作，已經表露出他已經完全「臣服」於毛澤東了。

「七大」前夕，整風運動已經接近尾聲，而華中代表團絕大多數都沒有參加過整風學習，為了使全體代表受到整風教育，一九四四年七月一日，陳毅團長特別邀請周恩來向代表團作長篇報告。

以邱會作個人回憶，周恩來講了五個問題，他只記得後面兩個的部分內容。周恩來說：我們黨走向武裝鬥爭道路之後，我犯了兩次路線錯誤，一是第二次國內革命戰爭時期的左傾路線鬥爭，一次是抗日戰爭時期的右傾投降路線錯誤。這兩次路線錯誤都使黨遭受重大損失。在左傾路線錯誤時期，蘇區的工作損失幾乎百分之九十；在右傾路線錯誤時期，發生了皖南事變。對這兩次錯誤路線，我都負有重要責任，是錯誤路線的決策者之一。他又說，這次整風運動，從開始毛主席就提出了總的目的就是要解決路線問題，毛主席提出的路線就是馬列主義普遍真理同中國革命實踐相結合，沒有這樣一條路線，中國革命就不能成功。我們過去之所以犯錯誤，所以失敗，最主要就是犯教條主義，把馬列主義當成教條，這不是馬列主義的過錯，而是教條主義的過錯。馬列主義不同實踐相結合，只記得書本上的話是一點用也沒有的，依靠它來制定路線一定失敗。我們黨內教條主義者的錯誤，是反馬列主義的。周說，毛主席提出的整風方針，是搞通思想，團結同志。不搞通思想團結不起來，我們的團結是在思想一致的基本上的團結。毛主席講過，張國燾要自己不逃跑，思想又通了，我們還會團結他的。在整風中，換幾個人容易，但沒有什麼用，還是團結不起來。只有思想的團結，才是真正的團結。周恩來說，在整風運動中，毛主席提出「思想入黨」問題，大意是，一，入黨為公；二，堅持實事求是；三，遵守紀律；四，服從領導。他說：在整風中，毛主席幫助了我，救了我。我對不起毛主席，毛主席對得起我。我該怎樣報答毛主席的恩情？我的決心是，永遠在毛主席的領導下工作，永遠服從毛主席的領導，永遠當毛主席的學生。我的話能說到就做到！周恩來的講話，是在熱烈的掌聲中結束的。

周恩來在「七大」大會上的發言，基調與他在華中代表團的報告基本一樣，態度是十分嚴肅認真的。在談到王明的教條宗派對黨的事業帶來的嚴重損失時，周恩來流了淚，一時說不出話來，並在全體代表面前重申了他的「三個永遠」。他的這種嚴肅認真的態度，贏得全場的熱烈讚揚。

在中共七大中，代表中還有人對周恩來的黨齡提出疑問，周恩來一九二〇年在歐洲參加德共，他的黨籍是一九二四年通過共產國際轉為中國共產黨黨員的。利用這個藉口，降低周恩來在中共黨的歷史地位。七大當選的中央委員中，周恩來的名次落在林彪、高崗、饒漱石、康生之後。在全部四十四名委員中，周恩來占第二十三名。毛澤東當選為中央委員會主席、中央政治局主席、中央書記處主席。中央書記處主管日常黨中央的領導工作，由毛澤東、劉少奇、任弼時三人為書記。劉少奇正式升為毛澤東以下的第二號人物。八月，中央政治局通過決議，在毛澤東離開時，由劉少奇代理主席職務。

劉伯承發言專批「百團大戰」

一九三二年十月在排斥毛澤東出局，並讓他休息養病的寧都會議上，劉伯承曾是攻擊主將，他嘲笑毛澤東思想太陳舊，一點也不懂現代軍事，還以為現在是「三國演義」時代。到了遵義會議後，劉伯承徹底歸順了毛澤東，承認在中央蘇區時期反對毛澤東是錯誤的。而彭德懷與毛澤東的關係，一直是磕磕碰碰的互相「操娘」的關係。「七大」之前的一九四五年二月，就在延安召開了由劉少奇主持的「華北座談會」，本來是總結華北敵後抗戰的工作，後來卻發展為對彭德懷的批判會，會上批判彭德懷領導百團大戰是犯了大錯誤，一是暴露了自己的實力，二是幫助了國民黨頑固派。

在七大會議上，彭德懷又一次發言檢討「百團大戰」，承認自己「剛愎自用」等等。會後，毛澤東的秘書師哲在路上問毛：「彭德懷檢討的怎麼樣？」毛澤東只說了三個字：「很勉強！」看來兩人之間的疙瘩仍未解開。後來彭德懷雖然也被選舉為政治局委員，但毛對這個生性耿直的湘潭老鄉，一直是耿耿於懷的。所以，在七大大會發言時，劉伯承就順著毛的意思，大批起「百團大戰」來了。抗戰時期，中共依照著洛川會議精神，就是毛澤東所講的「一分抗戰、二分周旋，十分發展」，要最大力量是保存和擴大共產黨自身的實力，形成國統區、淪陷區和解放區的新「三國」，結果被國民黨譏諷為「游而不擊」。為了回應這一說法和當時戰局的需要，彭德懷主持了一場「百團大戰」，還被毛澤東大批特批，認為暴露了我方的實力，吸引主戰場日軍的實力來對付共產黨八路軍了。

劉伯承在七大上的發言，是專講「百團大戰」問題的。他說：「百團大戰」在軍事上沒有取得很大的勝利，或者是得失相等。但在政治上吃了大虧，保護了國民黨，暴露了自己，招來了日本帝國主義的大掃蕩。劉伯承說，毛主席對敵後鬥爭的方針，在政治上是發動群眾，占領地盤；在軍事上是開展游擊戰爭，不放棄有利條件下的運動戰。總起來說，就是擴大力量，準備反攻。百團大戰是違背這一方針的。他又說，國民黨是反攻第一，抗戰第二。我們打百團大戰，吸引了日本帝國主義把更大的力量對到我們自己身上，國民黨的壓力反而小了，它的反共氣焰更高了。

彭、劉二人彼此的輕視與排斥，已成中共黨內公開的秘密。到了一九五八年軍委擴大會議上，劉伯承又成為彭德懷批判的目標。現在看來，說是冤冤相報，屢試不爽，其實這兩個人都是毛澤東大棋盤上縱橫捭闔、隨意移動的棋子。

李富春「七大」會上說笑話

李富春在發言中說了一個「候補」的比喻詞，即刻引起了全場大笑。他說自己在黨的六次大會上，被補選為政治局候補委員，這是「屁股上插黨參——後（候）補」他說這句歇後語時，還一字一板地講得很清楚。這一來，引得滿場大笑，連臺上坐得毛澤東都笑出淚水來了，一個勁地用袖子在眼睛上擦。後來這個幽默段子，還廣為流傳，成了一個政治笑話。

七大閉幕，同樣愛說笑話陳賡當選為候補中央委員，同他開玩笑的人也很多，大家都喊他「屁股上插黨參」或是「候補」。接著，就是全體代表合影。這時，不少人拿著一根小棍子，有的拿著一個小石頭，有的乾脆直接用手向陳賡的屁股頭插去，並且還說：「來，再給你補一下！」搞得陳賡招架不住，為了躲避，就有意向毛澤東、朱德、周恩來等領導人身邊靠近。毛澤東知道大家和陳賡開玩笑，也笑了起來，並且說：「這是富春同志的發明！」

毛澤東力推王明、王稼祥進中委

遵義會議上，王進入政治局並成為「三人團」一員，六屆六中全會後，王擔任軍委副主席、華北華中工作委員會主任等要職，一度是中央核心領導之一，有人見他辦公桌上有三部電話，然而，王在「七大」上差點連候補中委都當不上。楊尚昆解釋有兩個原因，「一個是他這個人性格比較孤僻，不大接近群眾，大家認為他架子大，實際上他是個書生氣很濃的幹部。」第二當然是因為他曾是王明路線上的人。「他作為一個留學生，回國後工作做得不多，但一下子就作了紅軍總政治部主任，不是一步登天？」楊把「性格孤僻」作為第一條不是偶然的，「七大」是團結的大會，王明和張聞天都進了中央委員會，張還是政治局委員，何況是有力支持過毛的王稼祥？就此而言，沒有較好的人際關係可能是其落選取的主要原因。曾湧泉也認為：「有些同志對他並不怎麼瞭解，據說是因為稼祥同志對下級態度生硬，民主作風差，而沒有選他。」（曾湧泉，一九八五）一九九七年，楊尚昆與《王稼祥傳》的作者談話，第一句話就是：「稼祥同志很像一個學者，他不太會『交際』，用現在的話講就是不太會『公關』。雖然他當紅軍政治部主任的時間很久，但對於紅軍幹部並不很熟悉。……在中央紅軍中，軍團一級的幹部他熟悉，……他對師以下的幹部就不大熟悉了，甚至都沒有見過。」你連人都不認識，叫人家怎麼選你？進入北京後，「稼祥同志住在中南海，幾乎不同別的人接觸。」

不少史料都披露過，在「七大」時，毛澤東從大局出發，動員代表選舉王明、王稼祥為中央委員。七大中央委員會的選舉是先由主席團提出候選名單，再交由各個代表團逐個進行審查，在正式選舉之前，再由主席團提出複審後的名單，可見當時黨內的民主還是很認真的。當時對於王明路線的認識，大多數代表並不是很深刻，可對他們脫離群眾的家長作風特別痛恨，尤其是對王明的一副官架子和王稼祥的訓人、罵人，特別反感。所以，這兩個人在華中代表團始終沒有通過。

七大的中央委員和候補中央委員是分兩次選舉，落選的中央委員，可以在候補中央委員的選舉中再選。由於兩王落選了，毛澤東心情很不安，他在選舉結束時在大會發言中說：王明、王稼祥同志落選了，按照我們的黨章規定是正常的，但我還是要說一點意見，他們是犯有錯誤的，但還是讓他們到中央委員會裡面來。這不是說少了他們兩個人不行，而是革命的事業需要他們進中央委員會裡來。我建議大會要延長兩天才閉幕，我們主席團還要討論再選王明、王稼祥的問題。

大會講完之後，毛澤東還到各個代表團去做工作，他的講話既嚴肅又帶感情：「選王明和王稼祥同志進中央委員會，是黨的利益、革命事業、黨的團結的需要，不選他們對各個方面都是不利的。他們犯過錯誤，但他們可以改正錯誤。我們不選他們就要輪到我們犯錯誤了。他們兩個都是好同志，我要求大家仍選他們進中央委員會！」

在談到王稼祥時，毛澤東很中肯地說：「大家知道遵義會議是中國革命的關鍵會議，如果沒有張聞天、王稼祥從第三次左傾路線中分化出來，站在正確的立場上，遵義會議不可能開成功，我們不要忘記他們。」華中代表團聽了毛澤東的解釋後，一致表示同意選舉這兩個人進中央委員會。在第二次選舉之前，毛澤東又在會上講話，重申他力主選舉王明和王稼祥進中央委員會的觀點，並用宏亮的聲音連著說了兩遍：「我要求大家選舉王明、王稼祥進中央委員會！」並向代表們連連招手，表示謝意。在毛澤東的力推下，王明終於當選為中央委員，王稼祥則當選為候補中央委員。

其實，王明之所以當選七大中央委員，不僅是中共官方現在所宣傳的由於毛澤東的寬宏大量，而是由於王明當時在黨內還有實力，與許多重權在握的七大代表的人緣也不錯，也就是說還有「人氣」，不像是現在黨史上說的成了什麼孤家寡人。當年延安的男女之比為十八比一，進步女青年擇偶，講究的都是「王明的口才，博古的理論」。據著名法學家韓培德回憶，五十年代初期，他一度想從執教的武漢大學調往北京，當時主持中央法制委員會工作的王明也想要他。韓德培經董必武的秘書介紹，認識了原中原局書記鄭位三，鄭位三就是七大中央委員，過去曾是王明的部下，他對這位中共歷史上的領導人物十分崇敬，鄭位三說，王明是黨內的演說家，當年他在延安做報告時，聽者如潮。後來韓德培到北京去參加全國第一次司法回憶，王明是司法會議的主持者，他曾被王明找到家裡談話。當時王明正在生病躺在籐椅上，見到韓培德後立即起身，談了一個多小時。王明誠懇地表示希望韓培德和他一道工作。王明輕聲細語，講話條理非常清楚，不是那種想到哪裡就講到哪裡的人。千秋功罪，自有歷史來裁決，但王明作為中共高級領導人的風度卻給韓培德留下了深刻的印象。後來，王明曾通過中南局高教部來商調，但武漢大學硬是不放人，無果而終。

凱豐落選七大

張聞天的夫人劉英回憶，毛澤東曾到張聞天處徵詢求意見，有幾位列在候選名單上的同志落選了，要不要列入七大正式名單？毛澤東笑著問她：「你是娘娘，有何意見啊？」劉英沒好氣地說：「娘娘已經下臺了。」毛澤東說：「你是三朝元老，應該聽你的意見。」劉英直率地回答說：「除了鄧發之外，其他幾位都可以列入正式名單。」結果是鄧發出局，而另一個同時出局中共首腦人物，就是政治局候補委員凱豐。

伍修權回憶，在討論第七屆中央委員會名單時，他看到候選人中間有凱豐（何克全）的名字，就在發言中說起他在遵義會議前後的種種表現，指出凱豐是當時是反對遵義會議對博古、李德極其「左」傾錯誤路線進行批判的，不但如此，凱豐還鼓動博古不要交出中央的「挑子」，對遵義會議所作出的決議是一種敵視和排斥態度，鑑於他這一錯誤立場，伍修權認為凱豐不應該成為新一屆的中央委員。七大期間，毛澤東已經成為黨內公認的領袖，在歷史上，凱豐不止一次反對過毛澤東，六大時期，作為中央政治局候補委員、少共中央書記的凱豐，由於它是從莫斯科中大大學出來的是一直看不起從山溝溝出來的毛澤東的，遵義會議上，他看到毛澤東引用水滸傳的故事，就打斷毛的發言，說，毛澤東只會《三國》、《水滸》和《孫子兵法》的那一套東西，都是故紙堆裡翻出來的陳舊東西。毛澤東聽後，卻不急不惱地問，《三國》和《水滸》他是看過的，卻沒有細讀過《孫子兵法》，想必凱豐同志都很精通，就請問問一下，這《孫子兵法》到底有幾章幾節？都講了些什麼？這一來，反倒把凱豐給問住了，張口結舌，不知該如何應對。

由於伍修權和別的代表反對，凱豐落選，沒進七大中委，他在黨內的地位也因此直線下降。對此，伍修權還有些歉意，認為有些對不起自己中大同學。

劉少奇負責修改黨章

中共的延安整風與籌備七大，是同時進行的。薄一波記述一九四三年十一月，他到延安，準備參加七大，帶了母親同去，把母親安置在一個深溝的窯洞居住。……母親對他說：「這裡不能住，每天夜裡鬧鬼呀。」薄按方向查看，原來有幾個窯洞關著上百青年，都神經失常，大哭大笑，他們都是整風中送來的。薄一波見到毛澤東，毛對他說：「中國革命有兩個方面軍，蘇區是一個方面軍，白區是一個方面軍，少奇同志就是黨在白區工作的正確路線的代表。」

七大時，劉少奇負責黨章修改的起草。其中有一條是「黨員有在一定的會議上批評黨的任何工作人員的權利」，劉少奇和周恩來的意見出現分歧，劉將其中「任何」二字刪掉，周又加上，劉又刪掉，反覆較量了許多次。最後周說：「我過去在中央工作時，就是因為沒有人敢對自己提不同意見所以錯誤愈犯愈深。我的錯誤黨應該引以為誡，不可再犯。」最後，劉少奇沒有理會周恩來。

一九四五年中共「七大」選舉過程中，華中代表對饒漱石頗為不滿，指責他有「欺人、弄權、虛構」等缺點，不宜當選為中共中央委員。劉少奇到會後批評了給饒漱石提意見的人，認為這是第饒漱石的攻擊，破壞領導威信，影響黨的團結。然而，劉少奇到華中區代表團的背後又是什麼呢？有人已經先行致信給劉少奇：「小姚（饒漱石的化名）處境微妙，宜向同志們說明，力爭小姚當選。」所以，劉少奇批評給饒漱石提意見的人自然也是事有必至了。

陝北幫進入中共高層

前裝甲兵政委莫文驊回憶，在七大之前，延安就有中央紅軍救中國還是陝北紅軍救中國的宗派之爭了，還有黨內有兩個領袖的說法，除去毛澤東，另一個自然就是高崗了。莫文驊回憶，他曾因事與高崗發生衝突並向毛澤東告狀，罵高崗為「混蛋」，是「要脅中央」。毛澤東卻說他：「你還年輕啊！」並提醒莫文驊，你是在什麼地方工作啊，是在陝甘寧啊，部隊在邊區，就要和高崗搞好關係，要知道，中央的政策高崗不點頭，在邊區也行不通。如此看來，莫文驊的忍功，遠不及毛澤東。

所以，陝北幫的力量崛起，高崗、習仲勳等人進入中共高層。在七次全國大會上，高崗當選中央委員，習仲勳當選為中共中央候補委員，並且兼任中共中央組織部副部長。有關習仲勳當選中共中央候補委員還有一段插曲，中共「七大」時，毛澤東在大會上一再強調說：「大家不要忘了陝北的同志，延安是我們的立足點嘛。」根據毛澤東的這一指示，把代表井岡山方面的李井泉、陳光從中央委員會委員、候補委員的候選人名單中撤出，李井泉表示理解，而陳光則大為不滿，他發牢騷說：「毛主席，我什麼地方對不起你啊？」李井泉、陳光騰出來的名額就給了西北方面的習仲勳以及參加過渭華起義的張仲遜。還有一個烏蘭夫，先前連七大代表都沒當上，到延安臨時打報告當上代表，並在大會上發言盛讚黨的民族政策好，結果出乎意料地當上七大中委。

其實，毛澤東這種出奇的用人之道並不只是體現在對習仲勳的賞識上。還是在中共「七大」選舉時，陳賡就認為薄一波蹲過國民黨監獄，是寫「自首書」出來的，當黨員可以，但不宜被當選作候補中央委員的候選人，而且還向劉少奇做了反映。毛澤東得知以後，偏偏反其道而用之，說：「為什麼不可以當正式中委（中央委員）呢？提候補中委就不妥。」結果，薄一波一躍，反而為中共中央正式委員，年僅三十七歲，是七屆中央委員中資歷較淺的一個。有人解釋，因為薄一波是劉少奇的親信，陳賡則是周恩來的親信，而此時毛澤東政治上正與劉少奇結盟，所以才會這樣做。

這就像六年前與江青結婚一樣，張聞天寫信說江青在上海是演員，影響較大，這樣做，對黨對你都不太好。毛澤東覽信大怒，當場把信扯掉說：「我明天就結婚，誰管的著！」第二天果真擺出喜酒兩桌，不過，張聞天自然不在賓客之列。

20 值得一讀的補遺九篇

一九五三年九月十八日，作為毛澤東一個幾十年的老朋友，梁漱溟在政協常委擴大會議上與毛澤東發生了最激烈的衝突。會上，梁漱溟說：「我根本沒有反對總路線，而毛主席卻誣我反對總路線。今天我要看一看毛主席有無雅量，收回他的話。」毛澤東卻拍著桌子厲聲說：「告訴你，我沒有雅量！」讀過這段歷史公案的人都知道，以黨外民主人士的身分，敢於公開頂撞毛澤東的，獨梁先生一人也！如費孝通所講：「他是一個我一生中所見到的最認真求知的人，一個無顧慮、無畏懼、堅持說真話的人。」

新出版的《毛澤東傳一九四九～一九七六》，對毛梁之爭語焉不詳，略而不談，但卻提到了兩人爭執的緣起。書中寫到，把中國建設成為一個工業化的富強的社會主義國家，是毛澤東一生追求的目標，所以建國後毛澤東和中國共產黨選擇了一個需要來投入大量資金的優先發展重工業的方針。但是這些資金從哪裡來？主要來自農業的積累，這是由於中國是一個落後的農業大國這一國情所決定的。一九四九年，農業收入占國民收入總值的六十八・四％；一九五二年是五十七・七％；直到「一五」計畫的最後一年的一九五七年，還占到四十六・八％。這自然成為中國工業化發展的資金來源。雖然國家採取了縮小剪刀差的政策措施，但畢竟還是要較多地取之於農民。否則就沒有工業化可言。對此，在一些人們中間，包括共產黨內的人和黨外的朋友持有異議，有的人還認為，由於建設重點在工業，「生活之差，工人九天，農民九地」。

說這句「九天九地」話的人，就是梁漱溟。他何來的膽量與勇氣，清高與自負？敢於廷爭面折，犯顏直言；又何來的歷史責任感與使命感？能在中國現代史上記下如此奇特的一筆？正如有人稱梁漱溟是一個「最後的儒家」，關心國事民瘼和人間疾苦是他終生的情懷與實踐。自他於一九二四年辭去任職七年的北大教授後，便將人生的視覺轉向農村與農民，長期在農村基層從事「鄉村建設運動」，企求尋找一條改造舊鄉村的道路。所以，就在九月十一日的擴大會議上，他即席發言，完全以一個農民的代言人自居，批評農村的鄉村幹部強迫命令、包辦代替，為農民生活現狀叫苦，為農民不能進城打工叫屈，其中特別提醒到：「我們的建國運動如果忽略或遺漏了中國人民的大多數——農民，那是不相宜的，尤其是中共之成為領導黨，主要亦在過去依靠了農民，今天要忽略了他們，人家會說你進了城，嫌棄他們了！」這話在今天聽來，還是那樣忠言逆耳，猶如鏡鑑。

第二天，毛澤東開始反擊了：有人不同意我們的總路線，認為農民生活太苦，要求照顧農民。這大概是孔孟之徒施仁政的意思吧。然須知有大仁政和小仁政者，照顧農民是小仁政，發展重工業、打美帝是大仁政。施小仁政而不施大仁政，便是幫助了美國人。毛澤東還說，有人竟班門弄斧，似乎我們共產黨搞了幾十年農民運動，還不瞭解農民，笑話！

明眼人都聽得出來毛澤東的這番話是針對梁漱溟而來的。梁本人也頗感意外和委屈，馬上給毛澤東回了一封信，說明自己不僅不反對總路線，而且是擁護總路線的。主席在這樣的場合說這樣的話，是不妥當的。不僅我本人受屈，而且會波及他人，誰還會對領導黨貢獻肺腑之言呢？十三日上午，梁把信交面交毛澤東，對方約當晚談話，即在懷仁堂京劇晚會之前約二十分鐘。梁要求毛解除對他的誤會，而毛則堅謂梁是反對經濟建設總路線之人，只是不得自明或不承認而已。雙方言語頻頻衝突，結果是不歡而散。十六日，梁漱溟再次大會發言，除複述十一日發言內容，把「九天九地之差」這句不該說得話又說了一遍外，再三陳說自己並不反對總路線，而是熱烈擁護總路線的。此時，除毛澤東一人外，尚沒人公開站出來批評他。

到了十七日，形式卻急轉直下，讓人出乎意料。

中午過後，梁漱溟循例進場入座後，發現座前有一份印刷件，是他在一九四九年春在重慶發表在《大公報》的一篇文章。當年的文章是兩篇，一篇是針對國民黨的，指出國民黨人是共方所提和談八項條件第一條的戰犯，定要追究責任；另一篇則對中共說話，好戰者即去，請不要再打，不要以武力求統一。梁漱溟一看會上只印發《敬告中國共產黨》，而不印發姊妹篇《敬告中國國民黨》，就明白要批判他。果然，先由章伯鈞發言，指斥梁漱溟許多。

繼而，中共方面有位領導人在會上作了一個長篇講話，中心內容是說梁某人「一貫反動，暗中幫助蔣介石」，還表示對梁漱溟要老賬新賬一起算。其間，毛澤東三次插話，分量很重：

「你雖沒有以刀殺人，卻是以筆殺人的！」

「人家說你是好人，我說你是偽君子！」

「對你的此屆政協委員不撤銷，而且下次政協委員還要推你參加，因為你能欺騙人，有些人受你欺騙。」

……

這位作長篇發言的「中共方面領導人」是誰？一九八八年，有一本暢銷書《梁漱溟問答錄》中就是按這樣方式稱呼的。去年，新版的《梁漱溟先生年譜》和今年新版的《梁漱溟問答錄》，都明確指出了一九五三年九月十七日第一個對梁漱溟作長篇批判發言的是周恩來。當年沒有指明姓名的原因有二，一是考慮到那場歷史公案主要責任人是毛澤東，周恩來是次要的；二是考慮到當年的廣大讀者在情感上難以接受周身上存在有缺點錯誤的史實。時至今日，為尊重歷史事實，不必再為賢者諱，想來今天的讀者一定會理解周恩來當年所處的艱難處境的。在周總理當年對梁漱溟要老賬新賬一起算的長篇發言中，有著若干地方不符合歷史事實。所謂的舊賬，指的是在一九四六年國共爭端中，梁漱溟作為第三方的民盟秘書長，曾提出一項讓共產黨讓出東北部分根據地的折中方案，結果周恩來大為震怒，直斥梁漱溟：「原以為你是偽君子，其實你是真小人！」

雖然矛盾越來越激化，可梁漱溟還是沒有認輸服軟。第二天（十八日）登臺發言時依舊「氣勢甚勝」，而且引發了「看一看毛澤東有沒有雅量」的更大衝突，甚至還講出了：「我倒要看看自我批評到底是真是假！主席您有這個雅量，我就更加尊重您；若您真沒有這個雅量，我將失掉對您的尊重。」

對此，毛澤東的回答是：

「您要的這個雅量，我大概是不會給的！」

「批評有兩條，一條是自我批評，一條是批評。對你實行那一條？是實行自我批評嗎？不是，是批評！」

繼續爭執的結果是全場譁然，群情激憤，梁漱溟成為眾矢之的，可他依舊僵持著，不下講臺。執行主席高崗宣佈：關於梁漱溟講不講話的問題現在進行表決。大多數人舉手不讓梁漱溟講話，毛澤東和少數人卻舉手贊成，毛邊舉手邊對梁漱溟說：「梁先生，我們是少數呵！」梁漱溟還想再申述一句，但會場上有人大呼：「服從決定，梁漱溟滾下去！」於是，梁漱溟被剝奪發言權，轟下講臺歸座，也從此失去了他作為一個政治家和思想家能夠倡言建議的政治舞臺。

在這場衝突以後的梁漱溟，處境是可想而知的。新版《梁漱溟問答錄》有補遺九篇，可資瞭解。其中《全國政協直屬學習組》的補遺指出，所謂的直屬學習組，肇始於一九五七年反右派之後，一直到八十年代中期，幾近三十年的歷史。而這個特殊年代的特殊群體的成員，有三、四十人，大多是全國政協委員中的無黨派愛國民主人士。在階級鬥爭的這根「紅線」貫穿始終的非常歲月，他們都毫無例外地處於被改造的地位，但鑑於他們的社會地位，批判歸批判，生活待遇照常不變。就在這個直屬學習組，曾曠日持久地對梁漱溟進行過四次大批判。第一次是一九六五年，梁漱溟提出「科學道德」是新中國的成就主流，並非是階級鬥爭，由此而展開長達四個月的批判梁漱溟反對階級鬥爭學說。第二次是一九七〇年討論「憲法草案」時，梁漱溟提出憲法就是為了限制王權，不宜寫上毛澤東個人的名字，更不宜寫上什麼接班人林彪的名字。時值文革高峰，自然難逃革命大批判。第三次批判是一九七四年批林批孔時期，八十三歲的梁漱溟在「批林批孔」運動中亮明的觀點是「批林、但不批孔」。面對壓力，他的態度「三軍可奪帥也，匹夫不可奪志！」由此而招致長達一年，範圍擴大到二百多人的大批判。第四次在一九七八年二月，梁漱溟再次語驚四座，明確指出毛澤東去世應成為人治的結束、真正法制的開始，為此又遭到幾個月的批判。

其實，看看毛梁兩人的人生歷程，在這兩個同庚的名人身上，很有些歷史契合，命運常常使他們不期而遇，或交流，或探討，或衝突，或反目。梁漱溟初次見到毛澤東是在一九一八年，當時梁漱溟應北大校長蔡元培之邀到北大哲學系任教時，楊開慧的父親楊昌濟亦在哲學系任教。梁先生族兄梁煥奎是楊昌濟的老師，楊去日本留學，就是梁煥奎選中的。因此兩家之間的交流往返很是密切，與毛澤東也常常見面，但很少交談。抗戰時期，梁漱溟曾兩次訪問延安，與毛澤東先後談話八次，其中通宵達旦的就有兩次。一九五三年九月的這場衝突過後，兩人中斷了聯繫，梁從此再未見過毛澤東，但毛澤東並沒有把這個老朋友完全忘記，在毛澤東辭世前的一九七五年十月十六日，他還在《學部老知識分子出席國慶招待會的反映》的《政工簡報》上，寫下的那段著名的批語中，專門提到了梁漱溟，有明顯的保護之意：「打破『金要足赤』、『人無完人』的形而上學錯誤思想。可惜未請周揚、梁漱溟。」而梁漱溟則始終認為毛澤東是本世紀中國僅有的少數幾個偉大人物，他始終不接受任何說他反對毛澤東的指責，只承認兩人之間有誤會或政見不同。可以說，他的這些觀點，除去他的人生閱歷之外，也是與毛澤東幾十年來的個人友情分不開的。

二〇〇五年九月，遠在美國芝加哥的艾愷在為《這個世界會好嗎——梁漱溟晚年口述》一書作序時寫道：「就作為一個歷史研究者的角度來說，我認為就算再過上一百年，梁先生仍會在歷史上占有重要的地位，不但是因為他獨特的思想，而是因為他表裡如一的人格……就這點而言，他永遠都是獨一無二的。」

這，或許就是梁先生最獨特的個人魅力！

21 一個軍統頭子的恐怖人生

據媒體報導，二〇〇七年一月二十五日，在臺灣島有「活閻王」之稱的前「保密局退役少將」谷正文病逝於臺北「榮民」總醫院，終年九十七歲。作為蔣家王朝的一條忠實鷹犬，谷正文有著複雜的人生經歷和雷霆般的鐵腕手段，他一生有過四次婚姻，有子女多人，但最終卻落下個眾叛親離，在孤寂淒涼中死去。

谷正文此人

一九四六年，國民黨軍統頭子戴笠死於空難後，軍統局主任秘書毛人鳳在清點其遺物時，注意到戴笠的日記中提到的一句話：「郭同震讀書甚多，才堪大用。」自此開始對這個郭同震另眼相看，常常委以重任，後來這個更名為谷正文的郭同震居然成為繼戴笠、毛人鳳之後的國民黨高級特務頭子。據相關資料介紹，谷在臺灣，「有一段時間直接受蔣介石領導」，曾任「馬祖島『反共救國軍』副總司令，總司令就是蔣介石本人」；還曾任「國防部軍事情報局特勤處主任」、「少將主任審查官」，退休後仍任「國防部軍事情報局顧問」。谷在臺灣的主要活動，除破獲共產黨的地下組織，「偵辦的匪諜案共牽連二千多人」，還訓練「特工敢死隊襲擾大陸」，自稱：「蔣老先生晚年最不甘心的事，他的千百將領，星光熠熠，只有我和反攻死去的六百壯士，使他稍稍安心。」他更主謀「暗殺周恩來」的「喀什米爾公主號」飛機爆炸案，使出席萬隆會議的中國代表團中外記者十一人空難殉身。谷正文一面說：「我是個壞人嗎？」一面說：「殺人跟殺豬有什麼分別。」可見這個人稱「諜海梟雄」的，是一個活生生的冷面殺手。

文章發表後，國內有知情人證實，本名郭同震的谷正文，不僅僅是他自我標榜的「反共英雄」，還有著叛國投敵、漢奸特務的醜惡歷史。公開的史料說，郭同震於一九三一年考上北大，本要立志做學問，但「九・一八」事變後，國家危亡，時局艱難，華北之大，已經放不下一張安靜的書桌了。於是，像千千萬愛國青年學生一樣，谷正文無心學習，轉而投身學生愛國運動，成為中共北平學生運動委員會的書記，後來又轉到八路軍一一五師擔任某大隊的大隊長，他在抗戰前夕，一次執行任務時失手被擒，被囚於國民黨的牢房中，這才投效了國民黨的特務機關軍統局，成為軍統局華北區的特工。谷正文自己說，一九三五年在北大讀中文系就加入了軍統局，戴笠每個月還會派一個人與他聯繫，「七・七」事變後，他與北平二十多個流亡學生來到濟南，組成「山東政府教育廳演劇隊」，受中共北方局領導，隊長是容高棠（千祥）。後又投入敵後游擊工作，被日軍俘虜，抗戰勝利後再次回到軍統局。然而，而知情人則說，郭所在部隊，是一個非軍務的「政治宣傳大隊」，實為戲劇演出隊，後曾改稱戰士劇社。一九四一年，郭同震是攜兩隻駁殼槍，騎一匹馬潛逃投敵，隨即成了日寇濟南憲兵隊曹長武山英一的特務，幹過不少禍國殃民的壞事，後又投靠國民黨特務戴笠門下的。

歷史的真相如何，留待進一步考證。但今年九十五歲的谷正文本人卻口述過一本《白色恐怖秘密檔案》，十年前由臺灣獨家出版社出版，書中詳盡敘述他自己的一生所經歷所偵辦的種種大案要案，用他自己話來說，是津津樂道地「好漢要提當年勇」，難怪連國民黨保密局局長毛人鳳都對他說過：「你比我還狠！」今天用我們的眼光來看，則是毫不掩飾的敘述自己罪惡的一生。谷正文自詡：臺灣出版的回憶錄很多，陳立夫的回憶錄最假最壞；谷正文的最真最好。書的序言是李敖寫的，連李敖這樣的強梁人物，都不得不折服驚詫於傳主的聰明、幹練、慧黠、奇宕和狠毒，而且遍查全書，找不到一絲的懺悔之詞，可以說是真正的怙惡不悛，全然是一個把靈魂抵押給魔鬼的浮士德。除去過去公開披露的歷史事件外，書中也有大量揭發他主子惡行文章，如親自在北平市市長何思源家中放置炸彈將何的女兒炸死、與蔣緯國一起密謀綁架傅作義功敗垂成，到遵照蔣介石的旨意毒死白崇禧等等，都是活生生的故事和血淋淋的事實，讀來驚心動魄，讓人不寒而慄。此外，還有一些大陸讀者所不知道的人與事，都頗值一記。

大義凜然謝世南

一九四六年，內戰爆發後，戴笠曾特意到北平委任谷正文為「北平特別勤務組組長」。谷正文在自述中說，當時在北平的情報鬥爭，其實就是他與中共北方局城工部部長劉仁之間的鬥爭。書中說：一九四六年冬季，他利用一個飛賊，破獲了中共在北平桌子腿四號院的地下電臺，電臺的通訊範圍遍及瀋陽、察哈爾、張家口、西安乃至上海。臺長李政宣後來供出一份組織名單，其中包括第十二戰區孫連仲部的作戰處長謝世南、高參室主任余心清兩名中將及十七名少將。

據羅青長回憶，此事發生在一九四七年十月，中共中情部西安情報系統王石堅所屬北平密臺被破獲，重要情報關係謝士炎、朱建國、丁行、石淳、趙良璋均被捕，後都被蔣介石親自下令殺害。事態波及西安、蘭州、瀋陽、承德一些組織也遭破壞（《見紀念李克農文集》）。此謝士炎，當是谷正文所提到的謝世南。

谷正文自稱不是一個輕易以貌取人的人，可他第一眼看到謝世南時，卻被他的那從容凜然的氣勢給震懾住了。那時，他在北平第一看守所等候訊問人犯，兩名刑警一前一後的把謝世南帶進刑訊室，當謝世南那堅毅的雙眼向四周逼視過來時，谷正文頓時心慌意亂地猶豫起來，草草為自己找了一個藉口，便匆匆從後門「逃走」了。

次日上午，二人再次交手，谷正文親自為謝世南沖泡了一杯咖啡，以此作為這次特殊對話的開場，說：「通常我只是一個人喝咖啡，只有碰上自己欣賞的人物，才會共飲。」謝世南點點頭，然後說：「如果你在共產黨，一定是一個傑出的情報幹部。」並對谷正文的這種審訊方式表示訝異。谷正文則問：「你是領袖（蔣介石）的得意門生，發生這種事，後果大概很嚴重，你怕死嗎？」

謝世南堅定地回答：「不！拿死亡來威脅我是沒用的，對我來說，死亡只有遺憾和不遺憾的區別！我認為你是國民黨裡少見具有情報天賦的人，因此我相信你一定明白我們共產黨的工作人員已經深入滲透到國府國軍各個階層，這就是我覺得死亡並不遺憾的原因。這樣說吧，死了一個謝世南，還後有更多的謝世南，那死去的謝世南無法完成的任務，活著的謝世南會完成……我在國民黨部隊很多年，經歷過很多階層，所以我有資格批評它沒有前途。至於共產黨，我至少欣賞它的活力、熱情、組織與建設新中國的理想，因此，我選擇我欣賞的黨。而且，我認為國民黨是妨害共產黨早日建設新國家的最大阻力，所以，我用國軍中將作戰處長的身分，幫助共產黨消滅國民黨！」

謝世南在回答訊問室表示，他的工作就是便是把孫連仲的十二戰區部隊調動交由李政宣向延安發報，其他涉案將官的工作內容也是一樣，因此，華北、東北國軍部隊的動態，共黨中央莫不瞭若指掌。除此，謝世南抱定必死之心，堅決不供出其他涉案人員。這位身為陸軍中將的謝世南，黃埔軍校畢業，湖南人，後被蔣介石認定「大叛徒」給殺害了。臨時前，謝世南大義凜然，還遺詩一首贈與谷正文，可他自稱遺忘了。

但是，歷史沒有忘記，據查，谷正文回憶中的謝世南，其實叫謝士炎，他於臨刑前揮筆寫下的是這樣的詩句：「人生自古誰無死，況復男兒失意時。多少頭顱多少血，續成民主自由詩。」然後從容走向刑場，犧牲時年僅三十六歲。謝士炎，湖南省衡山縣，化名謝天縱，曾在恩施第六戰區司令長官孫連仲部任參謀處副處長。一九四六年九月，謝士炎參與擬定國民黨軍進攻張家口的作戰計畫。他將作戰計畫通過地下黨交到北平軍事調處執行部中共代表葉劍英手中，有力地戳穿了國民黨當局假談判、真備戰的陰謀。自此，謝士炎被我地下黨吸收為秘密情報員。一九四七年二月四日，謝士炎由葉劍英介紹秘密加入中國共產黨，「余誓以至誠，擁護共產主義，在毛澤東同志領導之下，加入中國共產黨，為無產階級革命，盡終生之努力。」一九四七年，謝士炎調任國民黨保定綏靖公署少將處長。他利用參與國民黨高級軍事會議的機會，向黨提供了一系列重要軍事情報，為人民解放做出了貢獻。一九四七年九月，由於叛徒出賣，謝士炎不幸被捕，先後被關押在北平監獄和南京陸軍中央監獄，於一九四八年九月十九日慷慨就義。

與蔣緯國密謀綁架傅作義

一九四八年冬節，淮海戰役後，國民黨在華北軍事力量幾乎完全被共產黨取代，只剩下北平、青島等幾座「圍而不打」的空城，谷正文坦承每人心中都有一個疑問：「國軍到底能不能打仗？」此時，坐困北平城內近十個軍的軍心也開始浮動起來，共產黨也開始透過傅作義的女兒傅冬菊積極向父親活動，傅作義飽經各種心戰攻勢煎熬，開始動搖了。尤其是黃維被俘後，傅作義從沒離開過辦公室，晚上累了，也不脫衣服，就在靠在椅背上睡，他的一臉憂戚和一身體臭就是一個信號，國民黨在他身邊的特務於是向南京呈報了此一守將不穩的危機。自華北剿總成立以來，蔣介石為了穩定華北戰局，破格給予山西軍系出身的傅作義超出中央嫡系將領的待遇，為得是收買傅作義的忠心效命，如今，戰局惡化後，仍不時聽到傅作義動搖的報告，老蔣心裡非常懊惱，特派鄭介民飛到北平，企圖說服傅作義率軍突圍，由天津乘船南撤，在被傅作義拒絕後，又派同是山西軍系的徐永昌來當說客，亦未奏效。

一九四九年一月，共產黨圍城的炮聲步步逼近，蔣介石宣告下野，此時，蔣緯國突然來到北平。谷正文認為傅作義投共的心跡已明，只有動用綁架的手段才能使他回到南京。但蔣緯國不同意這個方案，覺得那是小人作風，如果「蔣緯國綁架傅作義」消息傳出，那對蔣介石個人的威信和蔣家的聲譽會有很大影響。但谷正文卻不肯死心，剴切諫言，認為這是北平失陷前所能作得最有意義的一件事，如果綁架成功，將傅作義押回南京以通敵罪審理，對其他持觀望態度的國軍將領也是一個警示。谷正文堅持說：「綁架雖不能將城中七個中央軍帶回江南，卻有可能因此而挽救其他部隊的士氣。」聽到這一番分析，蔣緯國也動了心，他甚至自己舉出當年戴笠計擒韓復榘的往事來支持谷的看法：「韓復榘死後，國軍便在臺兒莊打了中日戰爭中的第一個大勝仗。」

然而，後來這個計畫並未實施，直到四十四年後的一九九三年，谷正文與蔣緯國碰面後，才從蔣緯國口中解開了這個歷史謎團。原來蔣緯國到華北剿匪總司令部，看到的傅作義是一副心力交瘁癱坐在椅子上，居然劃了五根火柴還點不著一根香煙，再申述了自己的困境後，反問：「如果二少爺是我，你會怎麼辦？」蔣緯國回答不出來，但自己的計畫也動搖了，決定放棄綁架傅作義的行動，他向谷正文解釋：「後來我想了想，父親並未交代我這樣作，所以，我不能擅做主張這麼做。」一個月後，谷正文也撤出了北平城。

刺殺陸軍大學校長楊杰案

原陸軍大學校長楊杰。出生雲南，與國民黨要員張群同為日本陸軍士官學校第十期炮兵科學生，北伐時期，二十二歲的他提前輟學返國，擔任北伐軍總務部次長。北伐後，又出任北平憲兵學校校長。第二次國內革命戰爭時期，楊杰對蔣介石的「剿共」政策不滿，成為國民黨高級官員中率先反對「剿共」者。一九三三年，侵華日軍進犯長城，作為陸軍大學校長的楊杰率大兵團與日軍作戰。後曾一度擔任國民政府駐蘇聯大使。大陸全面解放前夕，楊杰因為到雲南動員盧漢起義，受到國民黨特務的追殺，後來到香港避難。

國民黨敗退臺灣後，蔣介石開始對認為導致他失敗的政敵對手，首選的目標就是楊杰，三番五次催促毛人鳳解決此事。毛人鳳則讓谷正文動手，後又交給了會講廣東話的特務頭子葉翔之，而直接承辦此案的兩個殺人兇手田九經和韓克昌，則是谷正文從國防部技術總隊找來的，這兩人原來都是從河南偽軍收編過來的。

一九四九年十月下旬，葉翔之帶著一行人來到香港，開始動手。特務田九經擔任週邊，韓克昌則拿著一封事先準備好的信函，在上午十點左右來到楊杰的公寓三樓，謊稱是臺灣送信來的，楊杰毫無防備地讓來人進到室內，看過信後，韓克昌又謊稱讓他寫個收條好回去交差，乘楊杰俯身寫收條時，韓克昌拔出手槍朝楊杰的頭部及心臟部位連開三槍，楊杰當場斃命。事後，貪財的韓克昌竟還將楊家的兩個大皮箱拖下三樓。田九經趕到後問：「你提這些幹什麼？」韓克昌喜不自禁地回答：「全都是些值錢的寶貝啊！」田九經讓他丟了東西，趕緊快跑。

事後，香港警方很快封鎖了現場，發現楊宅一片凌亂，值錢的東西散落樓梯，便認定是一樁竊賊入室搶劫殺人案。連葉翔之都沒想到，由於韓克昌的一時見財起意，竟使整個殺人行動更臻完美了。後來這楊杰的寡妻，則與學人蔣夢麟續就了一段姻緣。

製造偽鈔擾亂大陸金融案

回憶錄中有一個「製造偽鈔擾亂大陸金融案」章節，說是一九五〇年，國民黨敗退臺灣之後，保密局頭子葉翔之便構想在臺灣印製一批假人民幣和港幣，再通過漁船走私到大陸和香港，以擾亂大陸的貨幣市場，引發經濟恐慌，再借機「反攻大陸，完成復興大業」。而當時，蔣家父子一聽到這個計畫，立即頗感興趣，表示贊同，讓這個印製假鈔的工程前後進行了十一年之久。

不過，當年臺灣的印刷製版技術不過關，想仿製出可以亂真的鈔票並不容易，谷正文靈機一動，認為在監獄裡必定關有能印製偽鈔的「天才」，這與電影中《伯納德行動》的情節幾乎一樣，都是在監獄裡找到的偽幣製造者的高手。經過查找刑事犯罪的資料，終於臺灣宜蘭監獄發現了一名因為販毒和偽造假鈔而判刑的「天才」人物凌旦復。同案犯還有兩個，也是因為製造假鈔被判刑的。這凌旦復是一個沉默寡言的犯罪專家，平時懶洋洋的，一天也說不出一句話，但一談到如何販毒、如何印製假鈔，馬上精神大作、口若懸河，滿腦子都是犯罪方法。於是，臺灣情報局的一紙公文，便將這些囚犯給「調服勞役」、派作別用了，把他們遣送到名為「特種印刷所」的特殊機關囚禁。而凌旦復本人，因為是全臺灣島唯一能夠人工分色雕版的奇才，則頗受禮遇地搬到一個高檔別墅裡，享受著貴賓級待遇。

人員有了，接下來就是要購買能夠分色照相的機器。這時，其中一個同案犯的妻子主動要承擔購買任務，她精明強幹，除去國語之外，還會廣東話和英語。這個女人的確不簡單，每逢週末，就會躲藏在美國大兵的大皮箱裡，搭乘飛機抵達香港尋找分色機器。那時候臺灣當局的出入境檢查看似嚴格，其實漏洞百出，尤其是對每年提供巨額援助的美國大兵來說，所謂檢查，不過是他們炫耀自己有獨享特權的一種畸形方式而已。這個犯人家屬用這種「夾帶」辦法不知「出國」了多少次，每次出國少則幾天，多則兩星期，而且從未「穿幫」露餡過。這樣折騰了許久，也沒買到分色照相機器，但這女人卻在德國訂到了同時供應內地印製人民幣的紙張，這家紙廠把同型紙張編上近似的密碼賣給她。所使用的印刷油墨，也與內地的一樣，甚至連鈔票上的編號印刷，都是同一廠牌、型號的油墨。然後，凌旦復開始用土法煉鋼的硬招數，簡陋的設備加上他那雙具有「分色」功能的眼睛，每天趴在燈箱上一刀一刀地猛刻。結果是不孚眾望，這「特種印刷所」的機器一開，滿屋子都是印刷精美、幾可亂真的人民幣。

凡是政府行為的作弊是不計成本的，臺灣的保密部門對這項行動可謂靡費公帑，耗資無數。可笑的是，當時保密局的特務們對大陸政治經濟形勢相當隔膜，所印製的大都是五元一張的大鈔，完全不瞭解大陸民眾當時還是停留在幾分錢和幾毛錢交易的艱苦奮鬥時代，結果讓一箱箱假鈔全部打了水漂不說，還讓不少潛伏在大陸的特務因此暴露了自己的身分，落入了法網。後來，臺灣的偽幣製造者們意識到這一點，往大陸闖關的假人民幣就改成了面額一元、五角的小面值偽幣了。除去人民幣，他們還印製更為精美的港元，成本雖高一些，但都是成箱成箱地偷運往廣東、香港。這樣一來，不僅給大陸經濟帶來一定程度的困擾，也給不少在香港做生意的外國人帶了不少經濟損失，到後來連美國人都不幹了，要求臺灣當局禁止特務機關印刷假幣，干擾香港金融市場。於是，蔣經國找到谷正文，劈頭就問：「你們為什麼非印假票子不行？」

其實，印製偽鈔蔣家父子都是事先知道的事情，他們本想以此來擾亂大陸的金融市場，造成經濟混亂，好乘機反攻大陸，沒想到卻事與願違，反給臺灣當局自身惹來一長串的麻煩。所以，等毛人鳳死後，這項行動也就偃旗息鼓、無疾而終了，於是谷正文把倉庫裡一箱箱的偽鈔付之一炬，整整燒了三天三夜。這個類似二戰期間的「伯納德行動」，也就化為歷史的雲煙了。

「喀什米爾公主」號事件

一九五五年四月，中國政府派出以周恩來總理為團長的代表團參加在萬隆舉行的亞非會議。周總理原計劃四月十一日乘坐印度航空公司的包機「喀什米爾公主號」從香港起飛，經印尼首都雅加達前往萬隆。但「喀什米爾公主號」在四月十一日離開香港四個多小時以後，大約在下午六時三十分左右因爆炸失事，機上八名中方人員和三名外籍人士全部罹難。所幸周總理臨時改變計畫，從昆明取道仰光到達雅加達。這就是震驚世界的「喀什米爾公主」號事件。

近年來有不少報導說：「喀什米爾公主號」飛機大爆炸，是谷正文在毛人鳳的批准下，指示保密局香港負責人趙斌承策劃的暗殺活動，也是谷正文生平戰績「最輝煌」的一次。這些都與傳主本人的口述自傳有出入，其實，是趙斌承先見到毛人鳳稟報計畫後，才提出讓谷正文商討細節的，並有同謀陳鴻舉出面，以五十萬港幣收買香港啟德機場鄺姓清潔工，將一枚牙膏形的塑膠炸彈飛機機翼的起落架縫隙中，自己又藏進另一架客機起落架裡，飛到臺北松山機場領賞。

谷正文的任務，是將這鄺姓的清潔工帶出松山機場。而當時要進入臺灣的機場、碼頭，都必須經嚴密的審查，「臺灣保安司令部」硬是要弄清楚此人的身分和進行的任務，偏偏這一切細節在「喀什米爾公主號」爆炸前又不能透露半點風聲，谷正文費了好大周折才將那清潔工帶走。這一天的《大華晚報》上還刊載出一小塊新聞，說是松山機場抓著了一名企圖偷渡入境的「香港難民」。而原定於上午起飛「喀什米爾公主號」，下午才由啟德機場起飛，當天下午，六時三十分，客機於北婆羅洲沙勞越附近上空發生爆炸，中國代表團的三名成員、五名記者，和來自波蘭、奧地利及越南的記者共十一人，全於空難中喪生。

「喀什米爾公主」號事件發生後，臺灣的特務機關成了全世界輿論的眾矢之的。不過，毛人鳳倒為此事榮升為中將，成為保密局有史以來第一個還活著時就升任中將的局長。至於趙斌承與陳鴻舉，在頒獎會上，卻說過如下的話：「這種事還頒獎呢！連自己的兒子問起來都不能承認的事，還要敘獎？」

偵破國防部參謀次長吳石共諜案

二〇〇五年十一月二十五日，在紀念中國書法巨擘舒同一百周年誕辰時，有報導說，舒同就是當年中共內定的解放臺灣後的第一任省委書記。

據最新披露的材料，為了配合解放臺灣，當年中共的秘密交通員朱諶之從香港抵臺，潛伏在國民黨軍隊國防部的任參謀次長地下黨員吳石在寓所秘密接見朱諶之，向她提供了一批絕密軍事情報資料，包括《臺灣戰區戰略防禦圖》，舟山群島和大、小金門的《海防前線陣地兵力、火器配備圖》，臺灣島各戰略登陸點的地理資料分析，海、空軍的部署及兵力情況等。這批情報通過管道很快從香港送到華東局，由舒同遞送去北京。當年毛澤東聽說這些情報是經一位女共產黨員秘密赴臺從一位國民黨高層的「密使一號」那裡取回時，當即囑咐：「一定要給他們記上一功喲！」還在紅線格信紙上寫下：「驚濤拍孤島，碧波映天曉。虎穴藏忠魂，曙光迎春早。」後來因國民黨保密局抓獲共產黨臺灣工委委員陳澤民，隨後又抓獲工委書記蔡孝乾。蔡變節後，導致島內四百多名共產黨員被捕，吳石、朱諶之後來都被執行死刑。

吳石案就是谷正文一手經辦破獲的。保密局抓獲臺灣的工委書記蔡孝乾後，從他的一個記事本上發現了很多名單，其中有一名「吳次長」，據分析，此人便是國防部中將參謀次長吳石。吳石出身於保定軍官學校，與陳誠算是前後期的同學，另外，他與參謀總長周至柔的關係也不錯。半夜十二點，谷正文帶領手下人敲開了吳石的家門，而吳石對他的指控堅不承認，並企圖以自殺來抗議。後來，谷正文心生一計，於凌晨五時先把吳石的妻子帶去到自己家裡，讓自己妻子陪同她拉家常，又謊稱自己在吳石南京擔任國防部史政局局長的時候，還是個科員，多虧了吳石提拔，才升為上校，現在吳石出了事，很想幫他，但就看你這當妻子想不想救次長了。吳妻受騙，招供出吳石的所作所為。翌日凌晨，谷正文馬上打電話給毛人鳳，告訴他：「今天就可以抓吳石了，罪證確鑿！」

事後，毛人鳳好奇地問谷正文是如何讓吳妻開口的，谷正文把偵辦的過程說了。毛人鳳對這種不按牌理出牌的做法先是微微一愣，然後笑著說：「好厲害，以後可得小心防著你咯！」毛人鳳這人平素是不喜歡開玩笑的，谷正文與他相處多年，這是第一次，也是最後一次調侃他。

謀殺白崇禧

蔣介石與白崇禧之間，有著幾十年的紛爭恩仇，在蔣的心中，對白崇禧最不能諒解乃至極欲採取謀殺手段報復的一件事，是對方在徐蚌會戰（淮海戰役）危急時，在武漢坐擁六十萬兵力卻無心再戰，後挾失利之責逼退蔣介石下野。後來，白崇禧部隊步步敗退，又在蔣介石以他為揆閣寶座的誘惑下，於一九四九年十二月三十日從海口飛到臺灣，但也從此不能離開這座藩籬一步了。

白崇禧中計後，眼看桂系軍隊群龍無首而潰敗，便完全認命，沒有任何政治企圖了，在臺灣居閒的歲月裡，打獵成了他生活中的一大樂趣，但不幸的是，這一與世無爭的嗜好，也成為他悲劇下場的根源。有一天，蔣介石接到密報：「白崇禧不甘寂寞，意圖發展客家組織，再造勢力，聯絡地點就是一名客家人在臺北市鄭州路經營的一家漁獵用具店。」

這個密報讓種種數不清的新仇舊恨怒火中燒，蔣介石立即電召毛人鳳授命查辦「老妹子」（白崇禧的代號）。谷正文設計抓捕漁獵用具店的老闆，但老闆堅決否認自己的店鋪是一個政治活動基地。偵辦的結果向蔣介石彙報後，可蔣介石卻指責他們辦事不力，他向毛人鳳施壓說：「事情豈有這樣簡單？況且，他還是一個歷史罪人。」於是，蔣介石正式命令毛人鳳採取制裁罪人的行動。接獲任務的谷正文開始籌畫暗殺行動，而這次行動的最高原則是，決不留下半點痕跡，以免外界懷疑是一個政治暗殺。

第一次暗殺是利用白崇禧上花蓮縣壽豐山打獵的機會，在上山的鐵路軌道製造事故，定名為「軌道謀殺」。結果，在谷正文的精心謀劃下，兩輛軌道車相機墜入深谷，千鈞一髮時刻，一名副官將六十歲的白崇禧推出車外，另四個人墜入深谷後身亡。谷正文隨毛人鳳向蔣介石報告行動結果後，蔣介石並未苛責，只是說：「再從長計議吧！」

壽豐事件後，白崇禧變得更加謹慎，深居簡出，很難下手。第二個計畫是「毒殺計畫」，當時白崇禧有一個情婦傅太太，谷正文企圖收買她，找機會將白崇禧毒死，但傅太太為人精明，不落圈套，這計畫也就無疾而終了。但蔣介石仍不肯放過白崇禧。

後來，谷正文得到一個消息，說七十三歲的「老妹子」自夫人死後，身心寂寞，人老心旺，正與一個張姓護士熱戀呢。幾天後，又有消息說：「老妹子」上中醫協會理事長賴少魂處開了壯陽藥泡藥酒。谷正文認識賴少魂此人，打了一個電話過去，寒暄幾句後，問：「昨天是不是有位四星級將軍來過？」賴少魂是個機靈人，只好說出實情：「白將軍不是病，他只是想補補。」谷正文軟中有硬地威脅說：「不管是什麼，你可要發揮專長，蔣總統讓你多『照顧照顧』將軍，重病須下猛藥！」並暗示要在劑量上動手腳，要讓垂垂老矣的白將軍不勝藥力，賴少魂一聽，忙說：「明白，明白！」

一九六六年十二月一日，張小姐再度前往白宅夜宿。翌日，白崇禧原定於上午八時出發為某工程剪綵，可超出半小時了仍未露面，副官推門探詢究竟，發現張小姐早已離去，白崇禧則赤裸著身子爬臥在床上，早已經氣絕身亡、四體冰涼了。至此，蔣介石與白崇禧之間長達數十年的恩恩怨怨，總算了斷。而在這一年，谷正文也正式退役了。

不過，直到四十年後的二〇〇六年，白崇禧的兒子白先勇還是這樣看父親的死亡的：「關於他的去世有種種傳言，但是我也沒有結論，很多人講是國民黨特務下的手，我覺得是謠言。因為他們為何要留下一張藥單？這很笨，他們完全可以做得不留痕跡。我相信醫生的說法，他的心臟是冠狀動脈硬化，一直不大好。」因此，白先勇堅信父親是死於心臟病的。

22《燕山詩話》「今典」多

二〇一一年初，國內一家出版社出版了香港老作家羅孚的一套八本的文集，筆者喜歡讀的，是其中的《燕山詩話》。上世紀八十年代，作者曾在北京生活過十年。這十年，如作者自己所說的，是詩的日子，不是日子過得像詩，而是頗有閒暇讀詩，所以也就想方設法讀了一些還沒有形成集子的當代人的詩，這本詩話也就是為了記下他所遇到的名家及其好詩，以公諸同好。詩話中所涉及的人物，如夏衍、馮友蘭、廖沫沙、聶紺弩、吳祖光、荒蕪等這些人，都是當代舊體詩壇上的行家高手。

懂得古典詩詞的人都知道，除去「打油」之外，舊體詩是講究「用典」的，不用典就顯不出詩的雋永幽深與意味深長，如詩聖杜甫、晚唐的李商隱，都是擅用古典的大詩人，有時候一句詩中，就有好幾處典故，不懂得這些典故，也就無從讀懂詩人的詩作。用典的妙處，就是千百年來他們的詩歌依舊讓後人一詠三歎，回味無窮。與古典相比，這本《燕山詩話》所記錄的，則是「今典」，雖說敘述是當代人的舊體詩，但提供的卻是詩裡面的人事代謝與時代背景，而且都是一些彌足珍貴的當代文化史料。如夏衍晚年愛貓，平時吃飯，總是他一口貓一口地這樣吃著。為此，華君武曾為他畫過一幅《貓奴祝嘏圖》，黃苗子為之題詩，啟功也有《十六字令》五首，其一是：「貓，性命相依誼最高。鬚眉氣，不論黑黃毛！」還有，夏衍那本一印再印的回憶錄《懶尋舊夢錄》的出處，是如何來的？原來是緣於李一氓送他的一幅集宋人詞聯：「年來心事都休，懶尋舊夢；肯把壯懷拋了，作個閒人？」

詩話中寫到了「湖畔詩人」馮雪峰生前的磨難與死後的波折。一九七六年底，馮雪峰辭世後，在人民文學出版社內部曾為這個前社長召開了一個追悼會，那是一個只有哀樂與泣聲的小型追悼會；公開正式的追悼會則在三四年之後，悼詞是有了，但卻不許出現「溝通魯迅與黨的關係」、「在周總理領導下工作」這樣的真實歷史。書中寫道，這位先後擔任過中央蘇區黨校教務長、副校長，紅軍大學政治教員並參加過長征的文藝戰士，上世紀六十年代初在「右派」摘帽之後就完成了一部以紅軍二萬五千里長征為題材的長篇小說《盧代之死》，但有人卻出面說：「你搞創作可以，但不宜寫偉大的長征。」於是，他不得不親手燒掉了這部五十萬字的中國第一部描述長征歷史的小說。不然的話，這部小說興許會成為今年建黨九十年濃筆重彩呢。後來，聶紺弩在他的詩作《輓雪峰》裡，才有了哀婉沉痛、膾炙人口的「文章信口雌黃易，思想錐心坦白難」的時代名句。

以前，只是聽說過著名語言學家王力在文革期間寫有《五哀詩》，來痛悼遭迫害致死的文人大師，一哀老舍、二哀翦伯贊、三哀吳晗、四哀周予同、五哀劉盼遂。在這本詩話裡，可以讀到這五哀的原詩。如哀經學家周予同的七言絕句是這樣寫的：「經學淵源自不群，妄將尊孔厚誣君。傳車押解山東去，帶鎖披枷掘孔墳。」說的是文革期間，周予同不僅因為讀經尊孔被批鬥，還被「像囚犯一樣押解到山東曲阜，讓他親手去挖孔子的墳墓」。其荒唐年月下的野蠻粗俗與斯文掃地，讀來令人髮指。還有，筆者收藏有廖沫沙的詩詞集《餘燼集》，但詩人有一首詠「雙百方針」的「七絕」並未收入，成為這本詩集闕失的佚詩，茲從這本詩話上轉錄如下：

前篇才放後篇收，毒草香花一例休。
若使文章能禍國，興亡何必動吳鉤！

再如，哲學大師馮友蘭文革期間成為江青的侍從之臣，是一直被人所詬病的。然而羅孚在書中的解釋卻是，與其說江青看中了他，其實更是毛澤東看中了他。因為毛澤東有言在先：「北京大學有一個馮友蘭，是講唯心主義哲學的，我們只知道唯物主義，不懂得唯心主義，如果要想知道一點唯心主義，還得去找他。」就憑這些話，他才從「牛棚」裡解放出來，工宣隊還要他寫信感恩，馮不但寫了信，還寫了感恩詩：「善救物者無棄物，善救人者無棄人。賴有東風勤著力，朽株也要綠成陰。」到了唐山大地震後，江青又來到了馮友蘭居住的地震棚，上邊又讓他歌功頌德，這又有了他的新的感恩詩：「無數英雄戰地天，紅旗高舉到前沿；主席關愛如旭日，萬眾歡呼勝夜寒。」

在「『生正逢事』吳祖光」一章，作者談到了劇作家吳祖光家裡懸掛著一幅自書的四個大字橫額「生正逢時」。這四個字也是有所出典的，乃出自吳本人一九七〇年在幹校的一首《自嘲詩》：「眼高於頂命如紙，生未逢時以至此；行船偏遇頂頭風，不到黃河心不死。」十五年後，作者把「生未逢時」改成「生正逢時」，一字之改，不同凡響，豐富了詩的興味，提高了詩的境界，反映出詩人頑強樂觀的錚錚鐵骨，起到了點鐵成金之效。書中還提到了吳祖光的《枕下詩》，其實，這部詩集並非全璧，付印時曾被刪去十二首詩，這十二首裡，就包含著詩人生前被民間廣泛傳播的「退黨事件」的感觸，距離今天也幾近二十五年了。今後如有出版社能重印《枕下詩》，不妨將這部分失收的詩作錄入，因為隨著時間的推移，往日的敏感，也應視為平常了。且讀其中四首如下：

其一：

學劍不成詩不成，慣從井底看人生。
讀書不過四五頁，解意只得三兩層。
惹禍招災緣底事？吹牛拍馬恨無能。
清晨閉戶圖安臥，貴客臨門報險情。

其二：

一霎晴明一霎曇，陰風鬼火黯長安；
啟關驀見喬國老，退黨何如入黨難。

其三：

不聽勸退便開除！卻喜翩然還故吾。
入彀當年非所計，相忘今日在江湖。

其四：

七十中央竟點名，居家無日不來人。
何勞細事頻勞問，深感殷殷片片心。

原詩十二首並有注解：一九八七年八月一日，中央政治局委員胡喬木親臨工人體育場東路四層樓寒舍，持中央紀委文件，勸我退黨。「不聽勸退便開除」為文件語。

詩話中有兩節是談論與周作人相關的是是非非的，其中有一段現代掌故，說當年到過日軍占領下的北平、見過周作人的唐弢，生前寫過一篇文章，談到周作人在一九五四年曾寫過一封六千字的長信給周恩來，毛澤東在看過這封信之後說：「文化漢奸嘛，又沒有殺人放火，現在懂古希臘文的人不多了，養起來，讓他做翻譯工作，以後出版。」再如作者在「空前絕後聶紺弩」一文中，補記聶紺弩追悼會上不少文化名人所送的眾多輓聯，不僅彌足珍貴，而且字字沉痛，盪氣迴腸，讓人愴然動容。書中還有不少章節如「書憤放歌吳世昌」、「楊憲益詩打一缸油」、「碧空樓上探舒蕪」等等，記述了不少當今詩壇上讓人恍然大悟、明白就裡的「今典」。

羅孚，原名羅承勳。一九二一年生於廣西桂林，今年是整整九旬的文化老人了，也是新記《大公報》少有存活的老人之一。他一九四一年在桂林加盟《大公報》，先後在桂林、重慶、香港三地《大公報》工作。曾任香港《新晚報》編輯、總編輯。編輯過香港《大公報》、《文匯報》的《文藝》週刊，以絲韋、柳蘇等為筆名，發表了大量的散文、隨筆和文論、詩詞等。上世紀八十年代，羅孚因罪繫獄十年，到底是什麼罪？至今撲朔迷離，有人說是洩密罪，有人說是間諜罪。一九八九年「六四」之後，有一個著名的偷運民運人士出境的「黃雀行動」，參與之一就有羅孚的兒子羅海星，以後被中共當局判刑五年。羅海星因血癌於二〇一〇年辭世，其妻子周蜜蜜，是香港著名兒童文學作家。白髮人送黑髮人，也是人間至痛，夫復何言！不過，羅孚被判刑後倒是很自由的，可以在北京「大圈圈裡面套著的黃圈圈」裡面自由活動，隨便探客，只要不出北京城就行。這比潘漢年當年的幽禁條件還要好些。潘漢年當年在北京大興縣團河農場的一片竹林之中，每週日可進城自由活動。那個幽禁地，恰與筆者上班的地方距離不遠，很神秘的一個幽靜處，歸公安部管轄。當年，羅孚則在北京的一個小胡同內幽居十年，他以後才得知那竟是《燕山夜話》的作者鄧拓居住過的地方。之後，羅孚也有了他自己的《燕山詩話》。但對於喜歡舊體詩的讀者來說，這本「今典」多多的《燕山詩話》，或許會比當年的《燕山夜話》讀來還要津津有味、引人入勝。

23 毛澤東閒說戲劇

古人形容智者處事，「治大國若烹小鮮」。也就是說大人物治理一個國家也是舉重若輕，談笑之間的事情，不經意間就能展現出大智慧。作為偉人的毛澤東，本是南人，卻雅好京劇，是很多中共高層人物所不及的。毛本人不但愛聽戲，還喜歡多少評點幾句人物劇情。話雖隨意，但內蘊豐贍，從中可以看出他個人性格與臧否好惡，甚或可以看到「毛澤東思想」的某些脈絡。幾年來，筆者凡讀到有與此相關的人與事，就一一摘抄下來，如此小道文章，不知能供研究者去探其軌跡否？

1作為革命家的毛澤東，也是一個京劇迷。延安時期，他就收藏有中華圖書館一九三二年印行的京劇《戲考》（全書四十一冊），全延安就只有這一套，另外還有《春閨夢》、《亡蜀鑑》、《清官冊》、《汾河灣》等傳統戲唱片，當年的魯藝平劇研究團因為缺少京劇方面的資料，曾派人到毛澤東的駐地，通過江青來借閱一些京劇資料，江青對來人說：「《春閨夢》是主席很喜歡的唱片，你們是專家，請注意妥善保存。」延安時期，魯藝平劇團演出了不下幾十齣京劇古裝戲，劇本都是從毛澤東那裡借的，後來毛澤東說：「算了，這套書送給你們！」一九四〇年在延安，平劇《法門寺》連演四天，話劇《日出》也連演四天，毛澤東看了一場《日出》，卻重複連看了四場《法門寺》。

2 一九三八年，馬健翎以東北人民義勇軍抗擊日本侵略者為題材，寫了一齣大型話劇《國魂》，用的全是陝北方言。第一次在延安東關抗日軍政大學試演時，毛澤東主席和中央其他許多領導前來觀看。演出結束後，毛澤東在接見馬健翎時說：「你這個戲，寫得很成功。如果能把它改編成西北人民群眾喜聞樂見的秦腔演出，那作用會更大的。」馬健翎聽後當晚回團後就著手改編。不久，秦腔《國魂》就在延安上演了。毛澤東、周恩來和中央其他領導再次觀看演出。演出結束後，周恩來還特地把小演員李文宇抱了起來。過了幾天，毛澤東託人給民眾劇團團長柯仲平寫了個條子，上面寫著：「請你轉告馬健翎同志，能把劇名改一改。由《國魂》改為《中國魂》更好。」從此，這個戲就以《中國魂》的名字在群眾中廣為流傳。

3 延安時期，毛澤東曾抽出一天時間，邀請平劇研究團的人員到他家裡做客，和他們聊天、欣賞京劇唱片。中午進餐時，有人問搞京劇工作是不是革命工作時，毛澤東說，京劇現在可以為人民服務，怎能說不是革命工作？將來經過改造，也可以為社會主義服務嘛，怎能說不是革命工作呢？在談到《魚藏劍》的時候，毛澤東說起了人的感情問題，說《魚藏劍》是講伍子胥吹簫遇見吳公子光，推薦勇士專諸刺殺吳王僚的故事。毛的大意是，封建時代的人是很注重感情的，到了資本主義社會就不這樣了，金錢就是一切了。

4 毛澤東愛看古裝戲，每有演出必來。有時在演出之後，還要會見全體演出人員，並大家一同吃夜餐。有一次，魯藝平劇研究團在楊家嶺小禮堂給中央領導人演《游龍戲鳳》和《托兆碰碑》。後一個是講楊繼業被困兩狼山，碰死李陵碑的故事。開演前，主持人羅合如特意上臺說明：「我們演的《托兆碰碑》是要上鬼的。」話音未落，坐在臺下的毛澤東就接過話茬說：「上個把子鬼，沒有關係嘛！」

5 一九四四年，延安評劇院的創作人員根據從毛澤東那裡借到的《水滸（一百二十回）》，參考別的資料後，改編了平劇《三打祝家莊》。毛澤東在專門聽取了這部戲的創作情況後，指出該戲的寫作要做到：第一，要寫好梁山主力軍；第二，要寫好梁山地下軍；第三，要寫好祝家莊的群眾力量。一九四四年一月九日，毛澤東看了《逼上梁山》後，給延安平劇院寫了一封信：「看了你們的戲，你們做了很好的工作，我向你們致謝！歷史是人民創造的，但在舊戲舞臺上（在一切離開人民的舊文學舊藝術上）人民卻成了渣滓，由老爺太太少爺小姐們統治著舞臺，這種歷史的顛倒，現在由你們在顛倒過來，恢復了歷史的面目，從此舊劇開了新生面，所以值得慶賀。你們這個開端將是舊劇革命的劃時期的開端，我想到這一點就十分高興，希望你們多編多演，蔚成風氣，推向全國去！」

6 一九四五年二月二十二日，二十三日，《三打祝家莊》在延安正式公演，毛澤東多次觀看此劇，還說：「三打祝家莊，為什麼要三次？我看宋江這個人有頭腦，辦事謹慎，前兩次是試探，後一次才是真打。我們幹革命，就要學宋江，要謹慎。」毛澤東看到裡面的黑旋風李逵時，評論說：「這個李逵是天不怕、地不怕，就跟我們的將軍許世友一樣！」

7 一九四五年十月，毛澤東從重慶談判返回延安，當晚就去看京劇，他對演出團團長阿甲說：「蔣介石三次請我看戲，我看了兩次，一次是看《法門寺》；一次是看《十三妹》。他們在技術上比你們好些，風格沒有你們高，你們演得深些。」他還囑咐阿甲：「對同志們政治上要鬆些，在藝術上要緊些。」這個「要緊些的藝術」，也包括學習中國歷史知識。另一個版本，談判時間，蔣介石和夫人宋美齡舉行晚會，演平劇助興，並請毛澤東、周恩來出席，演出開始前，蔣介石側身問毛澤東：「請問毛先生，最喜歡哪一齣平劇？」毛澤東略加思索後回答：「逼上梁山，世上的很多事情都是逼出來的，這齣戲反映了這一普遍規律，因而人們才世世代代喜歡它，我們在延安就常常演它。」

8 一九四七年十一月二十一日，毛澤東接見晉綏軍區評劇院的工作人員時說：「你們平劇院接受舊的藝術，還要創造新的藝術。舊的藝術是有缺點的，尤其是它的內容，我看是顛倒是非，混淆黑白。」他說舊戲裡，孔明一出場就神氣十足，勞動人民不過是跑龍套的，要「改造更多的舊戲」。他評介《惡虎村》的黃天霸說：「《惡虎村》這齣戲應該把黃天霸改寫成特務。」

9 一九四九年三月七屆二中全會期間，毛澤東在平山西柏坡看李和曾主演的《坐樓殺惜》，對高派藝術非常熟悉的他說：「李和曾唱得不錯，我很多年沒看到這種高腔鬚生演唱的京劇了！」第二天，又看李和曾挑梁演唱的《失空斬》，毛看得很投入，邊看邊哼著其中的唱詞，並對坐在身邊的周恩來說：「唱得真好呀，真是高派唱腔，給人一種剛勁奮力的感覺。一個才二十多歲的年輕人，就有這樣高超的京劇藝術才能，真是前途遠大。」

10 一九四九年三月四日，王震抵達西柏坡出席中國共產黨七屆二中全會，並向中央請纓去新疆。當日，毛澤東即單獨接見了他說：「今天晚上我請你看戲，你要賞光啊！」可毛澤東發現王震沒有來看戲，便連夜找上門來問：「鬍子，你怎麼不去看戲呀？那裡熱鬧的很咧！」王震回答：「主席，我是個粗人，沒有文藝細胞啊！」毛澤東說：「你是在遵守『勤有功，戲無益』這個信條吧！今晚臺子上演的是《紅娘》，這齣戲你應該去看，那個『紅娘』很可愛，總是全心全意給人家做好事。『紅娘』是這齣戲的主角，你到新疆就是去演紅娘、唱主角，為那裡的各族人民去做好事！演紅娘可要有很高的藝術技巧咧，她在臺中間，大家都跟她轉。可不能像『崔夫人』，只在臺上擺那麼兩下就行了。」

11 一九四九年四月，北平戲劇界為歡迎毛澤東及中央機關遷平，在長安大戲院舉辦兩場京劇晚會。第一晚大軸戲是梅蘭芳（飾虞姬）與劉連榮（飾項羽）合演的《霸王別姬》。毛澤東看後對身邊的工作人員說：「不要學西楚霸王，我不學，你也不要學。」還說：「君子愛人以德。」他稱讚說：「這真是一次高水準的藝術表演！」還向警衛員介紹：「梅蘭芳是中國第一名旦，在四大名旦中，他排在第一。」又對他們說戲：「不要學西楚霸王，我不要學，你不要學，大家都不要學。」當時，他還號召所有的領導幹部都要看看《霸王別姬》。建國初期，毛澤東給梅蘭芳為院長的中國戲曲研究院題寫了「百花齊放，推陳出新」。建國前後，毛澤東幾次觀看了梅蘭芳、程硯秋等京劇名角的表演。這是毛澤東第一次從臺下認識了臺上的梅蘭芳，雖近在咫尺，但未能直接晤面，握手交談。

12 一九五一年二月十六日農曆除夕之夜，懷仁堂舉行春節晚會。毛澤東出席觀看梅蘭芳（飾白娘子）主演的《金山寺》、《斷橋》。翌日春節，毛澤東接見梅蘭芳含笑地說：「梅先生很會扮戲，昨天看了《金山寺》、《斷橋》，你的白娘子扮相與眾不同，想得很妙，渾身穿白，頭頂一個紅絨球，銀裝素裹一點紅，美極了」「臺上沒有水，靠演員演出水來，這和齊白石畫蝦不畫水，反而水意流動是一個道理。」對毛澤東的這些審美見解，梅蘭芳十分驚訝，一時無言以對。天下「梅迷」（解放前甚至有名人組成「梅黨」捧梅）知多少，而真正是「梅」的知音又有幾人。回到家裡，梅蘭芳無限感慨地說：「毛主席看戲可真仔細！這麼多年，從未有人說白娘子的扮相。的確，我是費了很多時間的研究，才改成現在這個樣子的。」

13毛澤東不但對劇情、唱詞很注意，對服裝道具也看得很仔細。一次，他看完譚富英演的《失街亭・空城計・斬馬謖》，問起他在扮演諸葛亮時胸前佩戴朝珠的來歷。譚富英向毛澤東介紹，他的祖父譚鑫培進宮演戲，扮演諸葛亮，由於天氣炎熱，額頭沁出了汗珠。慈禧把一串檀香木佛珠賞賜給了他，說炎熱季節聞到檀香木香氣，能消暑辟邪。從此譚鑫培每飾演諸葛亮必戴朝珠。別的藝人也紛紛仿效，朝珠便成了扮演諸葛亮的必有飾物。毛澤東聽後點了點頭說：「朝珠是清代的叫法，明朝稱佛珠。明朝皇帝信佛，拜佛時多把佛珠垂掛胸前。到了清朝，皇帝常把佛珠賞給有功之臣。因為是皇帝所賜，獲賞的大臣都把佛珠佩在胸前，所以又稱為朝珠。」毛澤東講完後，又以商討的口吻說：「諸葛亮是三國時的大丞相，當時佛教還沒有傳入中國，他怎麼能戴佛珠呢？當年令祖演戲佩戴，是表示對慈禧的感念，並不是劇中人物諸葛亮應該佩戴。前人事出有因，情有可原，後人也如法炮製，是不是於理不通？毛澤東的一席話，使譚富英佩服得五體投地，此後演諸葛亮他便不再佩戴佛珠了。

14 毛澤東特別喜歡京劇，但他並不排斥和輕視地方劇種。在他的遺物中有種類繁多的地方戲唱腔資料，包括湘劇、晉劇、越劇、崑曲、豫劇、秦腔等等，甚至還有廣東潮劇、江西採茶戲、閩南高甲戲等很小的劇種。這反映了毛澤東偏於京劇、不廢百家的戲劇審美觀。毛澤東對地方戲的喜愛和重視促進了許多劇種的發展，甚至挽救了一些劇種。崑曲是很古老的劇種，解放前已瀕臨滅絕。上世紀五十年代初，崑曲團排演了《十五貫》進京演出，毛澤東和周恩來看後大加讚揚，從而引發了「滿城皆說《十五貫》」的盛況。由此，崑曲的命運發生轉機。

15 一次看中國京劇二團演出的《三打祝家莊》，當晁蓋、宋江並列出場時，各自身後都擎有「梁山泊主晁」、「梁山泊主宋」的纛旗，毛搖搖頭說：「不對，這時候梁山泊主是晁蓋，宋江當頭頭是後來的事情。天無二日，國無二主嘛！」

16 毛澤東希望地方戲保持自己的特色，越有濃郁的鄉土風味他越喜歡。一次在湖北視察工作，他主動提出要看已經流傳不廣的原始黃梅戲。他看了當時被一些人認為有黃色之嫌的傳統戲《張二女推車》，認為這種土裡土氣的戲讓人看了有親切感，體現了勞動人民的本色，而不是黃色。一九六九年秋，毛澤東在杭州看了經過改革的革命越劇《紅燈記》，不甚感興趣，說：「我不贊成把越劇改得不像越劇。各地方劇種應有自己的特點，不然要那麼多地方戲幹什麼，一個劇種就夠了嘛。」

17京劇《空城計》中諸葛亮在城頭唱道：「左右琴童人兩個，我是又無埋伏又無兵。」毛澤東說：「兵」和「埋伏」是一個意思，埋伏就是兵，兵就是埋伏，應該是「內無埋伏外無救兵」才對。

18看《三岔口》，毛澤東說：「燈光明亮，能表現出一團漆黑；臺上沒有水，演員能演出『水』來，外國戲能做到嗎？還是中國人聰明啊！」他還說：「京劇的寫意性、虛擬性、綜合性的藝術技巧，是自己的特長，外國戲是比不了的。」

19一九四九年，毛澤東在觀看高派李和曾演唱的《坐樓殺惜》、《失空斬》後，大加讚賞，對周恩來說：「他這是高派。高派唱腔的最大特點就是高亢激昂、熱情奔放。看了這齣戲，給人一種剛強奮力的感覺。」還對警衛員介紹：「這就叫高派。戲劇界有流派。他這種唱腔是屬於高慶奎這一派。我是很喜歡聽高派戲的，越聽越愛聽。」幾年後，毛澤東在觀看了中國戲劇學校學員演唱的《逍遙津》後，當得知不是李和曾所教時，說：「《逍遙津》是高派的戲，要讓李和曾教這齣戲。」還說：「解放以後的演員應當高歌黃鐘大呂，不要陰沉沉的。高派的唱法是好的。所有的流派，包括高派，都是好的。都要繼承，又要發展。」

20《張二女推車》又名《過界嶺》，故事源於湖北黃梅和安徽宿松交界之處農村青年男女愛情故事。兩位以數字排行為名字的青年自由戀愛，受封建勢力壓迫不得不背井離鄉追求自由。于老四和張二女一個橫著一根背帶在肩，一個把一柄紙傘輪得風車般地飛轉，形同今日看東北的「二人轉」。當有人把戲劇情節和一些幹部對這戲的不好看法向毛澤東作簡要介紹後，本來滿面笑容的毛澤東頓時一臉嚴肅，雙眉緊鎖地說：「不能把人民喜聞樂見的、土裡土氣的東西斥之為低級趣味。」「到底是什麼色，看了才知道，我們這些人是『紅色』的嘛！」毛澤東又興致勃勃地談起了黃梅戲，風趣橫生地說：「于老四、張二女現在該行時了吧，這一對情人，以數位排行，留姓不留名，可見是一對勞動者了，要不張二女怎麼會推車呢？」

21毛澤東曾不解地問道：「黃梅戲以黃梅縣地名冠以戲名，又是怎麼跑到安徽去了？」有人解釋：「是無情的大水沖去的。黃梅縣地理位置是前踞長江後靠龍感湖，解放前十年九災，洪水一來，災民順江漂流。很多會唱戲的黃梅人流落到安慶等地賣唱乞討，不但教會了安徽人，有的人水災後還在當地落戶生根了。」毛澤東聽後，喟然一聲長歎：「哦，是這樣災難傳戲。嚴鳳英演《天仙配》的娘家在黃梅，我總想看看你們老家的黃梅戲，『原始』的黃梅戲，知其源嘛！也可以和安徽的黃梅戲比較一下，有比較才有鑑別……。」

22一次看湘劇《生死牌》，當三個女子力爭死牌時，毛澤東高興的對馬彥祥說：「捨己從人，是中國人民的傳統美德，也是共產主義思想嘛！不必說是我說的，你可以寫文章。」

23一次，京劇演員趙榮琛把新排的《苗青娘》的梗概說給他聽，毛很高興，說：「這是大義滅親嘛，這戲很有意義。」還讓作者把唱詞寫出來，以便對著唱詞欣賞。為了讓主席方便看，作者將唱詞寫成核桃大小的字，毛澤東一看，用濃厚的湖南腔說：「你的字寫得很好嘛，詞也編的很好，看來你是讀過書的。一些老戲我熟，不用看唱詞，新戲就不行了，看不到唱詞，聽不明白唱得什麼，就沒意思了。」

24毛澤東說，《轅門斬子》中楊延昭穿白袍不穿紫袍，不符合當時的歷史情況，像楊延昭這樣的官，在家時也穿紫羅蘭衣服，而且他穿白袍同戲裡唱的內容也對不起來。因為八千歲向楊延昭講清時唱到：「那時節不是我將你保，焉有你今日玉帶袍？」楊延昭唱：「那一陣我楊家得到關照，論功勞才掙下這玉帶紫袍。」後有歷史學者專門查了查史料，認為楊延昭是宋朝的一二品官員，應該穿紫袍。

25一次，毛澤東看譚富英與裘盛戎合演的《捉放宿店》。陳宮有一段流水板的唱腔：「休流淚來免悲傷，忠孝二字掛心旁，同心協力把業創，凌煙閣上美名揚。」戲後，毛澤東問譚、裘兩位知不知道凌煙閣的典故，兩人都答不上來。毛澤東告訴他們：「凌煙閣建於唐太宗時期，是紀念開國功臣的地方。問題是漢朝的陳宮怎麼唱出幾百年後才有的凌煙閣呢？」兩人一時語塞。毛澤東建議他們只要修改唱詞的末一句，問題就解決了。此後，譚、裘兩人按毛澤東的意見進行了修改，把最後一句改為「匡扶漢室美名揚」。

26一九五〇年七月，毛澤東在中南海第一次觀看越劇《梁山伯與祝英臺》。據參加演出的范瑞娟回憶：「我演《梁祝》上場時，後臺有人告訴我，說她看見毛主席坐在第五排。我仍然沉著出場。那時演梁山伯與祝英臺，計算約定日期是用『一七』、『二八』、『三九』一天一天推算的。我拿起一把算盤，先唱『思念賢弟』一段唱詞，接著拉琴，然後計算日期。毛主席在臺下看了哈哈大笑，說：『看你傻乎乎的。等你把日子算出來，祝英臺已經嫁出去了！』這是事後坐在毛主席後一排看戲的一位老同志告訴我的。」次年的國慶日，毛澤東再次看了越劇《梁山伯與祝英臺》和《寶蓮燈》。一九五二年又觀看了越劇《白蛇傳》。毛澤東在國家大事繁忙的建國之初，連續四次觀看越劇這樣的地方戲劇的情況是少有的。

27 毛澤東是深知京劇藝術的，他曾說：「京劇的寫意性、虛擬性、綜合性、藝術技巧，是自己的特長，外國戲是比不了的。我們要借鑑和吸收外國的好東西，但首先要愛護自己的好東西。中國戲曲總會有一天闖入世界藝術之林，成為毫無愧色的世界性戲劇文化。」但他對京戲人物上下場時鑼鼓點子時間太長很有意見，說上場就那幾個動作，按按帽子，捋捋鬍鬚，擺擺水袖，用那麼長時間。下場呢，連抬轎子的轎夫都下場了，他才一步一擺地慢慢走下去。而且騎馬也是那個臺步，走路也是那個臺步。

28 看高派老生李和曾演的《李陵碑》，散戲後毛澤東接見演員時風趣地說：「楊老令公八個兒子死了四個，發發牢騷是可以的，但總的說來，他還是忠心為國，所以不宜唱得太悲，你現在唱得那段二黃有悲有憤，這是對的。」又一次看李和曾的《李陵碑》，毛用商量的口氣對李說：「你的這齣戲詞中，有一句『方良臣與潘洪又生機巧』，我上次聽後就查了史料，結果歷史上宋朝沒有方良臣這個人。是不是把這句戲詞改為『魍魎臣，賊潘洪，又生機巧』比較合適些？」

29 《蘇三起解》有唱詞：「蘇三離開洪洞縣，將身來到大街前。未曾開言我心好慘，過往的君子聽我言。哪一位去南京轉，與我的三郎把信傳。」毛澤東說：「意思不通，蘇三既然離開了洪洞縣，怎麼還在大街前？應該是『蘇三離開洪洞監，將身來在大街前』，或是『蘇三要離洪洞縣，將身來在大街前』才通。」

30 毛澤東就愛聽老生戲，尤其是言馬譚高四大老生的戲，百聽不厭，如言菊朋的《臥龍弔孝》，馬連良的《借東風》，譚富英的《失街亭》、《空城計》。《斬馬謖》，高慶奎的《逍遙津》，他都能一字不落地背出來。《海瑞罷官》上演後，毛澤東把飾演海瑞的馬連良請到中南海，說：「馬先生，你是馬派的創始人，『馬首是瞻』啊！」

31 一九五三年三月，梅蘭芳參加第三次赴朝慰問團演出結束後回京，在懷仁堂的一次招待晚會上演出崑曲《遊園驚夢》。毛澤東為了看好這場戲，提前三天派秘書鍾靈到梅家去借閱湯顯祖的原著《牡丹亭》。鍾靈說明來意後，梅蘭芳說：「《牡丹亭》傳奇故事經過幾百年藝人和崑曲愛好者的修改剪裁，與湯顯祖的原著已有很大的不同。我用的流行的《遏雲閣曲譜》，沒有單本。」鍾靈說：「請您把《遏雲閣曲譜》交我帶回，等您唱過了送回。」過了幾天，在懷仁堂的宴會上，毛澤東對梅蘭芳說：「你扮演的杜麗娘深刻有詩意。」只有認真閱讀了有關資料和認真觀賞演出的顧曲行家，才能對梅蘭芳塑造的「這一個」藝術形象作出如此精當的評價。

32 一九五六年四月十七日，浙江昆蘇劇團在中南海懷仁堂演出崑劇《十五貫》，毛澤東興致盎然地觀看了演出。當他看到臺上那個官僚主義者周忱誇獎草菅人命的過於執是「國家良臣」，誣衊況鐘搞調查研究是「節外生枝」，自詡「一生唯謹慎，從來不逾常規」時，毛澤東笑指周忱說：「他不逾常規常矩！」他在當天的一次會議插話中說，《十五貫》應該到處演，戲裡邊那些形象我們這裡也是很多的。過於執，在中國可以找出不少。四月二十五日，毛澤東在中直禮堂再度觀看了《十五貫》，並指出：《十五貫》是個好戲，全國各劇種有條件的都要演《十五貫》；這個戲全國都要看，特別是公安部門要看。

33 一次毛澤東到上海，想聽言派的京戲，當時言菊朋已經去世，言少朋也不在上海，柯慶施只得找了一位言派票友唱《臥龍弔孝》，這個票友身材很胖，扮相與諸葛亮也相去甚遠，唱的也一般，但毛澤東一直堅持看完才走。

34 毛澤東看戲後寫信的只有兩次：一次是上世紀四十年代初在延安看了平劇（即京劇）《逼上梁山》，給延安平劇院寫了一封信；再一次就一九五九年四月，毛澤東看過豫劇《破洪州》後給周總理寫了封信，足以證明毛主席對這出戲的重視和肯定。

總理：

我在鄭州看過一次戲，穆桂英掛帥，叫做《破洪州》，頗好，是一個改造過的戲，主角常香玉扮穆桂英。我看可以調這個班子來京為人大代表演一次。如你同意，請處理。《破洪州》劇本仍有缺點，待後可商量修改。

毛澤東

四月二十四日

35在毛澤東眾多的戲曲唱片中，最喜愛的其中之一是京劇《穆桂英掛帥》欣賞這出以女英雄為主角、情節為敵我交戰的亦文亦武的劇碼，是著眼於緊張的國際局勢。一九五八年八月十七日，他在北戴河的一次會議上說：「全民皆兵，有壯氣壯膽的作用，我贊成唱點穆桂英！」

36一九五九年四月，毛澤東在杭州南屏游泳池問：周瑜是怎麼死的？有人說是被諸葛亮氣死的。毛澤東說：「不對，他是被孫權氣死的。孫策死後，他的老婆大喬年紀很輕，住在後宮很寂寞，因此經常請小喬去陪她，有時候周瑜也陪小喬去後宮看大喬，去得次數多了，留在後宮的時間又長，孫權因此對他很有意見，但又不能當面講，就處處刁難他，給他臉色看，再加上軍事上的一再失利，孫權對他的看法更大，臉色更難看。周瑜是個十分高傲、器量又小的人，那裡受得了這樣的屈辱，憂鬱成疾，不久就病死了。」

37上世紀六十年代，毛澤東看了晉劇《打金枝》後很喜歡，曾幾次同中央領導談論這個戲，說郭子儀的兒子與皇帝的女兒結婚後鬧矛盾，兩人都各自批評自己的孩子，矛盾很快解決了，這很好啊。後來《打金枝》拍成電影在全國放映，很受歡迎，也促進了晉劇的發展。

38毛澤東拿《封神演義》的摺子劇情問別人：「知道為什麼殷紂王為什麼會被周武王打敗嗎？」有人回答：「是紂王寵信妲己，亂了朝政。」主席說：「不對！紂王失敗的主要原因是在軍事上採取分兵把守、消極防禦的辦法，而周武王用的是集中優勢兵力、各個擊破的辦法、所以殷紂王敗了，周武王勝了。」他又說：「看來蔣介石沒看過《封神演義》，要麼看了沒有真正看懂。他搞得就是分兵把守的辦法，我們用的就是集中優勢兵力的辦法，所以被我們打敗了。」

39看關公戲，毛澤東問身邊的工作人員：「知道關羽姓什麼嗎？關羽原來不姓關，也不叫羽。因為關羽生性仗義，在家鄉殺了人，被官兵追捕，逃到潼關時要登記姓名，簽字畫押，為了安全，他便指關為姓，以羽為名，比喻自己像鳥一樣飛出潼關。所以後來就叫關羽。」

40一九六二年夏天，毛澤東在北戴河看了裴豔玲主演的河北梆子《寶蓮燈》，戲演完後他問裴還會演什麼？裴說會演《八大錘》和《夜奔》。毛澤東對《夜奔》一劇非常熟悉，看過北方崑劇院侯永奎演出的《夜奔》七八次之多，毛問裴學的是什麼路子？裴回答說是「學得京崑。」，毛澤東很內行的說：「應該學學北崑的。」並說：「明天看你的《八大錘》，明年去看你的《夜奔》！」

41在電視劇《西遊記》中飾演「觀世音」的著名的湘劇表演藝術家左大玢，一九五六年去北京彙報演出，第一次見到毛澤東時才十三歲。此後，毛澤東每次來湖南，左大玢都被派去演出，漸漸地與毛澤東就熟悉起來。文革期間，毛澤東前往長沙視察，想看湘劇，並在省裡送來的節目單上圈點了電影《園丁之歌》。電影中左大玢扮演的俞英一出場，毛澤東一眼就認出來了：「這不是那個娃娃左大玢嘛。」看完電影後，毛澤東鼓起掌來，旁邊陪同的人悄悄地對毛澤東說：「主席，這是大毒草，全國都在批判。」毛澤東惱怒地說：「什麼大毒草，毒在哪裡？我看很好！」說著他又站起身，再次鼓掌，在場的人也跟著鼓起掌來。就這樣，《園丁之歌》由毒草變成了香花，左大玢也隨之避免了一次政治厄運。

42 一九六四年十月十三日晚，毛澤東觀看了歌劇《江姐》。毛澤東看戲很能入戲，他神情專注，臉部表情隨著劇情的發展而變化。觀摩期間，毛澤東說了一句充滿感情的話：「江姐那麼好的一位同志，為什麼讓她死了呢？」周總理聽了，會意地笑了笑，沒有吱聲。坐在一旁的江青卻把這句話記在了心裡。十月十四日，毛澤東接見空政文工團有關同志，又說：「看了你們的歌劇，劇本改得不錯嘛。是否不要『江姐』死，要把沈養齋抓住。」至於如何抓沈養齋，毛澤東說：「就讓雙槍老太婆把沈養齋包圍住，不要讓他跑掉了，要抓住嘛。」

43 毛澤東看過越劇和婺劇的《雙下山》、《呂洞賓戲牡丹》後說，這兩個劇種都不錯，應好好提高和發揚。婺劇本來是金華地區的小劇種，沒有什麼影響，此後進京參加了全國地方戲匯演，還得了獎，名聲為之大振。

44 對周信芳的《打嚴嵩》一劇，毛澤東的評介是：「嚴嵩該打，打得很巧，難得正劇演出喜劇效果來了。」

45 一九五七年夏天，毛澤東偕江青觀看改良京劇《三座山》，江青沒看完就便以身體不適提前退場，毛澤東堅持看完，在聽取意見時，有人說此劇非驢非馬，毛澤東說：「非驢非馬，是個騾子不是也很好嗎！」

46 毛澤東喜歡聽浙江京劇團宋保羅的高派戲，一九五八年到一九六三年宋保羅曾先後為毛澤東演唱過四十次。毛澤東說對宋保羅說：「高派唱腔的最大特點是高亢激昂，熱情奔放。我也喜歡聽金少山的戲，他唱的聲洪嗓大，很有氣派。我也喜歡聽言菊朋的唱片，很有韻味。但也有幾張不好聽，陰沉沉的。你在《出師表》的諸葛亮唱段和《碰碑》中楊老令公的唱腔就很好聽，聲情並茂，恰到好處。」

47 一次在火車上，毛澤東聽京劇名家筱愛茹《轅門斬子》和《二進宮》的老生戲，問身邊的工作人員知道筱愛茹嗎？有人回答，說筱是濟南戲校的老師，很有名氣，也很愛國，抗戰之後堅持不上臺唱戲，但她有抽鴉片的壞習慣，後來聽說病死在山東滕縣了。毛澤東聽後，感到十分惋惜。

48 一九六〇年三月十八日晚，毛澤東在杭州飯店小禮堂觀看了婺劇摺子戲《牡丹對課》。婺劇表演藝術家鄭蘭香飾演戲中的白牡丹，張荷飾演呂洞賓。在整個演出過程中，毛澤東都非常高興，經常帶頭鼓掌，看到精彩風趣的場面及對話時，更是開懷大笑。據鄭蘭香回憶：演出結束後，一位領導同志把我帶到主席旁邊，向主席介紹說，主席，這就是扮演白牡丹的鄭蘭香。主席很慈祥地過來，拉著我的手就講，小牡丹，今天你勝利了，我得好好祝賀你啊。然後他又對扮演呂洞賓的張荷說，你今天吃了一個大敗仗。主席還非常高興地說，我看過全國好多劇團的《呂洞賓三戲白牡丹》，七戲八戲都不止了，大多是情調低下。你們這個戲改得好，有新意。他說，你們這個戲是神仙鬥不過凡人，老的不如小的，老想占便宜的人占不到便宜。他還說，這個戲應該推薦給更多的人看。這個戲雖然只有三十分鐘，但是意義很不錯。人定勝天。主席把這個戲的主題明確地概括出來。

49 一九六一年十月十日晚，毛澤東、董必武等黨和國家領導人到中南海懷仁堂觀看紹劇《孫悟空三打白骨精》。隨後，郭沫若也三次觀看了《孫悟空三打白骨精》，並寫了七律《看〈孫悟空三打白骨精〉》，提出了「千刀萬剮唐僧肉」，表達了對唐僧的憎恨。毛澤東看到後，寫了一首《七律‧和郭沫若同志》：「一從大地起風雷，便有精生白骨堆。僧是愚氓猶可訓，妖為鬼蜮必成災。金猴奮起千鈞棒，玉宇澄清萬裡埃。今日歡呼孫大聖，只緣妖霧又重來。」郭沫若看到毛澤東的和詩，當即依韻和詩一首《再贊〈孫悟空三打白骨精〉》。毛澤東看後寫道：「和詩好，不要千刀萬剮唐僧肉了，對中間派採取了統一戰線政策，這就好了。」

50 一九六九年仲夏的一天，毛澤東在西子湖畔的汪莊庭院散步，提出要聽他曾多次欣賞的越劇《梁山伯與祝英臺》。聽完錄音後，有人對他說：「主席，越劇音調軟綿綿的不好聽。」毛澤東糾正說：「越劇具有典型的南腔特色。曲調比較柔婉、細膩，擅長抒情。」然後又說：「任何事物，都要一分為二。我看越劇還可以，不要全盤否定。」當年秋天，他在杭州觀看文藝演出時詢問了浙江文藝界的情況。演員們反映，現在的越劇，改得京不京，越不越，歌劇又不像歌劇。毛澤東當即聽了老越劇《紅樓夢》片斷，表示曲調好聽。隨後又聽了越劇《梁山伯與祝英臺》後說：「這個戲的音樂基調是好的，只是個別太低沉的地方才需要改一改。」在聽了「改革越劇」《紅燈照》唱段後指出：「各個地方劇種就要有自己的特色，不然，要那麼多的地方戲幹什麼？一個劇種就夠了嘛，我不贊成把越劇改成不像越劇。」一個器樂演奏員問毛澤東：「聽說越劇要砸爛，這到底對不對呀？」毛澤東聽了皺皺眉頭，嚴肅地指出：「越劇不能砸爛，好的還是要用。」

51 一九七一年九月三日，毛澤東南巡到杭州。第二天就通過電視螢幕觀看浙江紹劇團在杭州人民大會堂演出的《智取威虎山》。幕間，著名紹劇演員陳鶴皋演唱了毛澤東詩詞《七律和郭沫若同志》。他觀看後說：紹劇移植樣板戲不錯嘛，武功也很好。還說：陳鶴皋的清唱很有勁，嗓音洪亮，很有氣魄。他指出：紹劇要改革，要創新。但改革以後還要像紹劇，不能「四不像」。

52 一九七一年九月八日，毛澤東在杭州住地最後一次通過電視轉播觀看了男女合演越劇《半籃花生》。他說：「這個戲有戲，一家人都很可愛。說明農民能夠學哲學，也學得好。」又說：「越劇味道出來了，越劇風格出來了。」可見，毛澤東對地方戲劇的改革在內容上肯定，在形式上則明顯保留。他希望地方戲在內容上出新的同時，在形式上又能保持地方戲劇藝術的本來特徵。

53 毛澤東晚年看《白蛇傳》，當看到白娘子被壓在雷峰塔下的那一刻，泣不成聲，突然憤怒地拍「案」而起，他的大手拍在沙發扶手上，一下子立起身：「不革命行嗎？不造反行嗎？」。毛澤東體胖，為了舒服，看戲要鬆下腰帶，這一躍起，褲子掉了也不自知。演出結束後，他是用兩隻手同「青蛇」握手，用一隻手同「許仙」和「白蛇」握手，而始終沒有理睬倒楣的「法海」。

54 京劇演員劉長瑜一次陪同毛澤東觀看革命現代京劇，劉長瑜謹慎地談著《紅燈記》劇情，而毛澤東卻大談清末歷史上「紅燈照」故事。僅此，就可以看出一代偉人對中國歷史有著濃厚的「紅色記憶」。

55 據京劇《沙家浜》郭建光的扮演著、我國京劇界泰斗級的人物譚派藝術的第五代傳人譚元壽回憶，建國後，毛澤東很迷譚元壽的父親譚富英的戲，「我記得一九五〇年，父親等人在朝陽門內陸軍醫院禮堂合演《武家坡》。毛主席得到消息後特地趕來觀看。我當時在後臺伺候父親，聽說毛主席來了，扒開臺簾一看，正趕上毛主席把煙掏出來，給了我祖父譚小培一支，他自己拿一支，然後拿上火柴，給我祖父點煙。當時周圍人都特別吃驚，說從沒見毛主席這樣主動給人點煙。父親唱完戲後，毛主席還說『我在延安就聽到你的聲音了，現在到北京親自看到你的戲，確實唱得非常精彩』。」一九六二年，譚富英祖孫三代同時來到中南海給毛主席演唱。「我們唱完後，毛主席很風趣，管我父親叫譚先生，管我叫小譚，管我兒子孝曾叫小小譚。那天特別榮幸，毛主席還請我們爺仨吃了飯……」說到這裡，譚元壽臉上露出笑容。後來毛澤東親自為現代京劇樣板戲《沙家浜》定名，並提出修改意見，而譚元壽就是其中男一號郭建光的獨一無二的扮演著。

56 毛澤東看過京劇《蘆蕩火種》後說，那時革命已經呈燎原之勢了，不是火種了。因此建議改名《沙家浜》。劇名最後由毛澤東一錘定音，他幽默地說：「蘆蕩裡都是水，革命火種怎麼能燎原呢？再說，那時抗日革命形勢已經不是火種而是火焰了嘛……戲是好的，劇名可叫《沙家浜》，故事都發生在這裡。」於是劇名定為《沙家浜》。

57 原中國法學會會長王仲方回憶，有一次坐在一排排木頭釘的長條凳上看京劇《打漁殺家》，大家擠在一起，當看到教師爺與肖恩對打，教師爺欺軟怕硬、前倨後恭，醜態百出，惹得全場大笑，他也笑得前仰後合，不禁扶著前排人的肩上，那人回過頭來笑著對他說：「你看這教師爺像不像蔣介石！」王仲方這才發覺他是毛澤東，當時覺得很隨便，沒有什麼特別的感覺。

58 王光美回憶，她曾陪同毛澤東在中南海看包公戲，毛說「沒有包公這個人，海瑞還是有的，是海南人，為民請命的精神很好。」當時，陪著毛澤東看戲的胡喬木立即要吳晗寫一齣《海瑞罷官》。此前在一九五九年三月的八屆七中全會上，毛澤東也講過海瑞與包公的故事，說：「海瑞寫給皇帝的那封信，那麼尖銳，非常不客氣。海瑞比包文正不知道要高明多少？我們的同志哪有海瑞那麼勇敢。我把《明史・海瑞傳》送給彭德懷看了。」三個月後，彭德懷果然給他寫了一封信，但緊接著也有了廬山會議上的「彭德懷反黨集團」。

59 有一回看戲，演的是唐僧取經的內容。毛澤東突然對身邊的一個民主人士說：「唐僧西天取經誰最堅定？唐僧。誰最動搖？豬八戒。」接著他指著坐在他左邊只隔一個座位的張國燾，說：「他就是長征路上的豬八戒。」張國燾聞言大怒，哐啷一下站起來，向劇場外走去，罵道：「無恥。」毛澤東面不改色。

60 一九四三年，據《水滸傳》和明傳奇《寶劍記》有關林沖上梁山事而編排的《逼上梁山》上演了。毛澤東在半月裡連看了兩遍，他把這個劇視為「是舊劇革命的新時代的開端」。毛澤東還說：「《水滸》中有很多段落都是很好的戲劇題材，如三打祝家莊就是一個。你們把《逼上梁山》『逼』完了，可以接著編個《三打祝家莊》。」一九四五年二月，《三打祝家莊》公演了。毛澤東看了這出戲，很高興地說：「《三打祝家莊》的演出，證明瞭平劇可以很好地為新民主主義政治服務，即為人民服務，特別是第三幕，對我們抗日戰爭中收復敵占區的鬥爭，是有作用的。」

61 毛澤東還觀看了程硯秋演的《荒山淚》。它是程硯秋代表作。他目不轉睛，全神貫注，觀後說：「程硯秋演出很成功，內容和唱腔都很好。」第二天，他仍在縈念，當警衛員不以為然說和延安平戲（京劇）差不多時，就解釋說：「你是不懂人家的藝術，還是程先生演得好、唱得好多了。」毛澤東讚揚程硯秋，當然還在於他和梅蘭芳一樣具有崇高的民族氣節。他與警衛員們介紹程硯秋：「他也是在抗日戰爭中隱居農村，不給敵人演出，不管敵人用什麼手段威逼利誘，他始終沒有登臺演出。像這樣有名望的藝人，我們不僅是看他的藝術表演，更重要的是尊敬他的民族氣節和正義感，號召人民向他學習。」

62 一九六四年京劇界掀起演現代戲風潮時，江青說：「我們要革命派，不要流派」。一次，毛澤東在中南海問李世濟：「你唱程（硯秋）派好多年了吧？」李趕忙答：「主席，我要做革命派，不要流派啦！」毛澤東當即嚴肅地說：「革命派要做！流派也要有。程派要有，梅

（蘭芳）派也要有，楊（寶森）派、譚（富英）派、余（叔岩）派、言（菊明）派……都要有！」稍停，他又加重了語氣說：「都是要有的！」

24 三個人眼中的江青

就在所謂的「粉碎四人幫」三十周年之際，國內媒體有一篇江青的貼身護士馬曉先回憶江青被抓時真實情況的訪談錄，題目是「江青不是那種潑婦似的人」，首次更正了三十年來的廣為傳播的一個歷史真相：即江青在一九七六年十月六日被抓時，表現得十分冷靜，根本不像民間傳聞的那樣潑婦似的謾罵反抗。馬曉先回憶，那天下午四點多，警衛局局長宣佈對江青隔離審查，江青好像是有思想準備的，所以一點也沒驚慌，很快就鎮定下來。然後覺得有點突然，她對來宣佈的人說：「能不能再念一遍？」又念了一遍後，有人說江青趴在辦公桌上給華國鋒寫了一封短信，信的內容說「國鋒同志：來人稱，他們奉你之命，宣佈對我隔離審查。不知是否為中央決定，隨信將我這裡文件櫃上的鑰匙轉交於你。江青，十月六日。」接著又在一隻印有紅框的大信封上寫上「華國鋒同志親啟」幾個字，下腳還注明「江青托」。馬曉先證實：她當時確實是在寫東西，但寫什麼不知道，寫完後還在信封兩端貼了密封簽，又用釘書機訂上。江青平素有尿急尿頻的毛病，就提出來要上衛生間。這期間，馬曉先已經把她要帶的日常東西準備好了。後來，馬曉先跟江青一起，在隔離審查地度過了八個月沒有電話、沒有書報的日子。八個月馬曉先沒見到江青哭過，應該說她還是一個堅強的人，表現得很沉默，就是自己寫些東西，然後慢慢地學著做點日常的事情。

大歷史誰都知道，但細節就只有當事人和目擊者才清楚的，馬曉先恰恰是知道一些細節的人。就像現在坊間的一些書刊，每到江青被抓這一段經歷，就寫得繪聲繪色，隨意演繹，說她嚎啕大哭，說她是假頭髮（民間傳為三假，即假頭髮，假乳房、假屁股），還說她吐唾沫，說她反抗等等。馬曉先說，那些都是瞎說，她不是那種潑婦似的人。客觀地說，她心裡還是有主席的，雖然不會給主席織個毛衣什麼的，但從家庭的角度看，她和主席的關係，她和女兒的關係，和普通人沒什麼兩樣。有時候，江青還會長時間看著書上毛澤東的畫像，默默地流淚。但馬曉先也指出，江青的權力欲比較大，比如有很多信寫著「江青政治局委員收」，她就很高興地拆看，如果寫「毛澤東夫人收」，她就不太高興，這些小事情能看出她的想法。

毛澤東說過自己一生辦過兩件事，一是打倒了國民黨，二是發動了文化大革命。作為毛澤東的妻子江青來說，對第一件事，她的功勞與作用遠遠沒有自己在《紅都女皇》中所吹噓的那樣大；但在第二件事上，她的確是起到了推波助瀾、火上加油的作用。江青個人能夠傳下來的，除去「四人幫」這個反革命的政治頭銜外，還應該有她一手培植的「八個樣板戲」，儘管說「八億人民八部戲」，太荒蕪凋零了些，但眾口傳唱、深入人心、至今不衰，卻是不爭的事實。對此，創作樣板戲的親歷人汪曾祺也有著自己的真實回憶。

汪曾祺在《「樣板戲」談往》中說，樣板戲的經驗一個是重視品質，江青總結了五十年代演出失敗的教訓，以為是品質不夠，不能跟老戲抗衡，這是對的。她提出「十年磨一戲」，戲總是要磨的，「蘿蔔快了不洗泥」，搞不出好戲，公平的說：「磨戲」思想有其正確的一面。從劇本來說，江青的「指示」，有些是有道理的，比如在今天耳熟能詳、不少人都能哼幾句的《沙家浜》「智鬥」一場，原來只有阿慶嫂和刁德一兩個人的戲，胡傳奎一邊呆著去了，江青提出要把胡傳奎拉到矛盾裡來，展開三個人的心理活動。實踐證明這樣的改動很成功。一個是唱腔、音樂，有創新、有突破當年試唱以後，要立即講錄音送交江青，有她來逐段審定。另外，于會泳把曲藝、地方戲的音樂語言揉入京劇裡，是成功的。例如《沙家浜》裡他寫的「人一走，茶就涼」，《紅燈記》裡別人寫的「窮人的孩子早當家」，都符合這個創作思路。幾十年過去了，這些話流傳至今，並成為經典的俗語，已經證明瞭它們的生命力。上世紀七十年代初，也就是樣板戲正走紅的時候，汪曾祺曾預言，「《智鬥》肯定會傳下去。」結果證明此言不虛。不言而喻，這種流傳也包含有江青的成績。

據汪曾祺回憶，江青對劇組的文人包括汪曾祺本人，還是相當客氣的，文革期間，曾出版過一套線裝版的《毛澤東選集》，相當珍貴稀少，江青卻親自簽名送給汪曾祺一套。文革過後，汪怕受牽連，把這一珍本給偷偷燒掉了。汪曾祺還得意地說過，自己是唯一一個敢在江青面前抽煙和翹二郎腿的人。但對高官大員，江青反倒頤指氣使，不可一世，整個一個「女皇」派頭。晚年汪曾祺還有一段回憶，說當時場面上的那些高級首長見了江青，一個個點頭哈腰、奴顏卑膝地跟孫子似的，文革過後，好像一個個又都成了大義凜然、敢於反對江青的英雄。

再一個談江青的，就是馬海德夫人的蘇菲，她是當年延安的第一大美女。蘇菲原名周素珍，浙江定海人。十五歲那年，她與江青、趙丹在上海同臺演出《大雷雨》，江青扮演女主角卡塞琳娜，趙丹飾演卡塞琳娜的丈夫奇虹，蘇菲扮演的是卡塞琳娜的侍女。那一年，蘇菲還出演了電影《海葬》。

在蘇菲的記憶中，當年的藍蘋常常穿著一件陰丹士林布旗袍，雖然旗袍稍稍有一點鬆，不是那麼掐腰，但旗袍上鑲著的白色細滾邊，藍白色相配在一起，也顯得她樸素大方。三十年代陰丹士林布很流行，學生的校服、旗袍、裙子等很多衣服都是陰丹士林布做的。

蘇菲說藍蘋特別喜歡藍色，她的頭髮烏黑濃密，她也不燙頭髮。但三十年代的大上海，燙頭髮很時髦，當時流行小捲，滿頭都是捲兒才時尚。而藍蘋一頭烏黑的短髮，只是彎彎地往裡窩一點，和舊明星不一樣，一看就知道是個新女性，那種神態讓人感覺很特別。她的眉毛彎彎的，眼睛大而有神，皮膚很白，嘴角有兩個小酒窩，抿緊嘴唇的時候，別有一番動人之處，看起來還是蠻漂亮的。在三十年代明星雲集的大上海，藍蘋的裝束的確別具一格，引人注目。

一九三九年十月，十九歲的蘇菲來到延安魯藝。第二天，比她早來延安兩年的藍蘋就來看她了，此時她已經改名叫「江青」了。老朋友此時相見，很是意外，那種興奮勁兒難以形容，她們之間有著說不完的開心話。由於蘇菲的到來，延安城裡到處傳說著，江青的妹妹來了，一時間蘇菲也成了引人注意的人物，很多人紛紛打聽，哪一個是江青的妹妹啊？動靜為什麼這麼大？因為此時的江青，已經搬到棗園的窯洞裡與毛澤東同居了。

文革期間，在「延安整風」中曾定性為「特嫌」的馬海德以及蘇菲也受到衝擊，被抄家關押。但在蘇菲厚厚的回憶錄中，除去上面美好的印象之外，沒有說過江青一個不字。這也許正是「忠臣去國，不言其潔；君子交絕，不出惡聲。」的中國人傳統。無獨有偶，近讀香港明報出版社出版的章詒和的新著《伶人往事》，內中有當年的四大名旦程硯秋於一九五七年一月十八日作為全國人大代表團訪問莫斯科時與江青見面的場景，江青對程硯秋說：「你的表演有三絕，一唱二作三水袖！」接著，又講了許多戲劇界的故事。事後，程硯秋很興奮，說：「江青是一個知音！」章詒和在書中不禁感歎，當年江青的水準，起碼要比現在的中宣部那些部長、局長的都高。

以上這些親歷者對江青的回憶說明瞭什麼？說明以前我們天天講歷史唯物主義和辯證唯物主義，對歷史人物的評價卻是一點也不唯物客觀，完全是按照傳統的涇渭分明、非忠即奸的戲曲舞臺模式來看人的。是好人就清白無暇，比西施還美，比聖人還純；是壞人就頭頂長瘡，腳底流膿，一點人模樣都沒有了。再加上中國人的「起哄架秧子」、「牆倒眾人推」的劣根性，對歷史人物的評價缺乏客觀公正的標準，往往以成敗來論英雄與狗熊，不知道人都是兩面性的的，即便是一個壞人，也有著從量變到質變的漸進過程，不然的話，「親密戰友」一夜之間怎麼可以變成大奸大慝，第一夫人轉眼之間就成了「則天呂后」，太不符合辯證法了。林彪一死，不但成了想謀害毛澤東「林賊」，連仗都不會打了，成了一個畏陣脫逃的怕死鬼，不知道這樣的人是怎樣當上大元帥的？江青一倒楣，也成了橫不講理的「潑婦」、心狠手辣的「呂后」，更不知道這樣的蛇蠍女人怎麼可能與「人民的大救星」同床相伴幾十年的？還有一個未得到官方證實（當然也不能指望官方來證實）的傳聞，江青自殺之前的留下一封遺書，上面寫著：「毛主席，您的學生跟隨您去了！」由此可見，這兩人之間，除去政治盟友的關係之外，起碼的人間夫妻情誼，還是有的。

可以說，馬曉先的這篇訪談錄和汪曾祺、蘇菲早年的個人回憶，不僅部分還原了江青的性格與為人，更重要的是，給了我們今天該怎樣看待和評介歷史人物的另一種思維。

25 王首道為前妻流淚

一九三七年三月西路軍慘敗後，兩萬一千多名紅軍將士的戰死者七千多人，被俘九千多人。被俘後慘遭殺害者五千六百多人，回到家鄉者二千多人，經營救回到延安者四千多人，流落西北各地者二千多人。據《伍修權傳》記述，為了適應當時嚴酷的戰爭環境，黨組織對失散人員的收留作出了嚴格的規定，失散的紅軍將士一年內回來收留，兩年之內回來審查，三年之內回來不收留。原西路軍婦女抗日先鋒團團長王泉媛（一九一三～二〇〇九），就是第三年回來後，被拒絕接受的。

王泉媛本是從江西參加中央紅軍並一起長征過來的老同志，在中央蘇區與湘贛省委書記和中央局秘書長王首道結婚，長征途中被調往紅四方面軍，後由隨軍西征，在河西作戰被俘。按照當時馬步芳的土匪規矩，抓到的女紅軍都要被侮辱，並把她們依照級別分給自己的手下做小妾，團長分配給團長，營長分配給營長，王泉媛則被分配給當時國民黨的團長馬進昌。出於對革命的信仰和對王首道的忠貞的愛，王泉媛以死抗爭。在一個偶然的機會，她認識了當時國民黨師長馬步青的太太，便拜其為乾娘而逃過了做小妾的命運，並利用機會於一九三九年三月和另外一名女紅軍逃離了慘無人道的馬家軍。其時，國共合作開始，八路軍在蘭州設立了一個辦事機構，專門用來解決那些曾經被國民黨俘虜的西路軍戰士問題。王泉媛經四處打聽終於找到了組織，但她做夢也沒有想到，三年內不屈的鬥爭和堅強的支撐，並沒有得到應有的撫慰，八路軍辦事處的工作人員對她說：「上級有指示，離開組織一年後回來的，可以直接接收；二年後再回來的，需要經過調查再決定是否接受；三年後回來的一律不收，再說你是馬步青的乾女兒，馬進昌的小老婆……」

王泉媛拿不出證明自己清白的證據，連她想回到延安去與王首道團聚的請求，經中央研究後，也遭到拒絕，中央的答覆是不必回到延安，讓她自己回江西老家去。這意味著王泉媛的革命經歷以及個人婚姻，從此一筆勾銷。為此，蘭州八路軍辦事處的伍修權十分為難，但也只能執行中央的決定。在一番解釋後，八路軍辦事處給了她五塊大洋，叫她自謀出路。王泉媛捏著那五塊大洋的，感受到了這輩子從來沒有過的痛苦。敵人打她，她沒有哭；敵人侮辱她，她沒有放棄；但當歷經艱難逃回來卻被自己人拒之門外的時候，淚水嘩嘩地流了下來，她痛不欲生地說：「你們可以不要我，但我生是共產黨的人，死是共產黨的鬼啊。」後來才知道，有傳言說她被俘後變節，其實都是敵人故意散佈的謠言，正是因為她身為婦女團團長，才要有意去詆毀她的清白。

這樣一個用雙腳走完了不止兩萬五千里路的女紅軍團長，不僅最終沒能回到陝北，命運也從此發生逆轉，跌入低谷。她不得不又沿著當年長征的路，靠乞討回到了家鄉。一九四二年七月，當王泉媛衣衫襤褸、腿腳潰爛地回到老家時，家裡人都不敢相認，在她準確地說出以前家裡的情況後，母親才相信這就是自己的女兒。此後很長一段時間，當地人都不知道她居然是遠近聞名的紅軍女團長。王泉媛回鄉後不但成了一個普通的農婦，歷次運動中都還被作為「叛徒」、「逃兵」挨整批鬥。到後來落實政策時，伍修權曾出面證明，說明她是根據中央指示服從組織決定，才離隊回家的，不是自行脫離革命隊伍，也沒有變節投降，她的離隊是經過一手操辦的，是用五塊銀元打發她走人的。

據王老的秘書于霰夫所著《瀏陽驕子——王首道》一書記載，上世紀八十年代初，王泉媛的養女來到北京找到王首道（一九〇六〜一九九六），說到病中的養母總是念叨王首道：「她說，只要看到你好，她就沒有什麼別的什麼不放心的了。」王首道聽了，心裡一陣陣酸楚。當著姑娘的面，他講述了與王泉媛分離的過程：「這是戰爭留給人們的遺憾！我同你媽媽是戰友，是二萬五千里長征路上的戰友，生死與共啊，是從水與火的煎熬中拚過來的。但在到達陝北之後，她又去了西路軍，隊伍剛到新疆就被打散了，他們是被包圍的，被打了伏擊。全軍將士所剩無幾，回到延安的只有幾個人，還殘缺不全。當時我在中央辦公廳工作，外面傳來的消息說，沒回來的都死了，或被國民黨軍隊捉去殺了。你媽媽沒有任何資訊，都說她死了。但後來，你媽媽和幾個同志突然回來了。快兩年時光了，真像從天上掉下來似地，大家驚喜萬分。這時候，我因為工作需要，在那個環境下，由任弼時同志做主，同易紀均同志結了婚，紀均同志也有心愛的人，是被國民黨槍殺的，是革命烈士，死的時候非常英勇，他是一位熱血知識分子。紀均的名字就是為了紀念她失去的人而改的。我和紀均都是失去親人的人，我們結合了，但是你媽媽回來了。」

王首道說：「我有過思想鬥爭，但身為中央重要部門的負責人，不能有別的作為，也不可能有別的考慮。就這樣，你媽媽又離開了，說是去了前線，一去就沒有了任何消息，以後連年戰爭，全國解放後我曾打聽過，但沒有任何人知道。你媽媽是為了開闢更廣闊的內地抗日根據地，才主動報名參加了西征。我不可能阻攔她，她很英勇，是一個堅強女性。」

當王首道聽說王泉媛離開革命隊伍後的痛苦遭遇後，眼淚再也止不住了，這位堅強的老人，從血與火衝殺出來的經歷過征程萬里的老人，終於哭了。他不住地擦拭著怎麼止不住的淚水，拿出四百元錢，讓姑娘拿回去給她母親，他深深理解前妻離開組織後的困苦磨難。這也是王首道第一次親手把錢交到他要送的人手裡，在以往，凡是類似資助性質的事情，他都是交給秘書去辦理。當時他是國務院副總理級的待遇，月工資也只是四百八十元。

王首道的前兩任妻子都是「鐵女人」，第一位妻子王紹坤為掩護丈夫在受盡酷刑後被殺害，人頭被掛在瀏陽城牆上；第二位妻子王泉媛在隊伍被打散後又被組織拒之門外，從此過上了孤苦伶仃、災禍不斷的後半生。可想而知，王首道的情感世界裡所承載的，該是怎樣一顆滴血的心！

26 鄧小平參加遵義會議史實考

一

一九三五年一月十五日至十七日，長征途上的中共中央在遵義召開了政治局擴大會議。這次會議在中共歷史上的重要性是人皆共知的，那就是後來中共宣傳機器一再突出和頌揚的，在軍事上結束了「左」傾路線的領導，確立了毛澤東在黨內的領導地位，在「遵義會議」之後，中國的革命事業才由被動轉向主動，才從彷徨走向勝利，成為中國共產黨歷史上一個生死攸關的轉捩點。也正如「第二代」領導人的鄧小平多次所講，在我們黨的歷史上，直到「遵義會議」，才真正形成了一個領導核心。這個領導核心，是中國共產黨第一代領導核心。在此之前，沒有形成過真正的領導核心。所以，作為中共高層個人，能否參加「遵義會議」，不僅是當年黨內權力的一種象徵，也決定了個人今後所處的歷史地位。這與在建黨早期，早一年加入和晚一年加入你的身分地位就不一樣的道理相似。

但是，自詡為中共第二代的鄧小平本人參加過遵義會議嗎？這是中共黨內人言言殊的一個最大爭議，也是引人矚目的一段歷史懸案。按照鄧小平女兒鄧榕所著《我的父親鄧小平》（據圈裡人證實，這本書也是旁人捉刀所為，代筆者為《女大學生宿舍》的編劇）一書所說，她在列舉了中共黨史通常所十九個參會名單之後，言之鑿鑿地寫上了第二十個名單：中央秘書長鄧小平。然而，鄧小平真的參加了這次具有歷史意義的了嗎？如果能夠直面歷史、尊重歷史，讓事實說話，而不讓權力說話的話，鄧小平本人在當時是沒有資格、也根本沒有參加過「遵義會議」的。然而，鄧小平用他那十分弔詭而又強勢的「不爭論」的慣用語，赫然將自己列入參加「遵義會議」的名單之中，而且不容忍別人去「爭論」，去探究。今年，在中共如火如荼、鋪天蓋地般的紀念自己誕生九十周年的宣傳上，也沿襲套用了鄧小平是遵義會議參加者的這一說法。

二

一九二九年，鄧小平在李明瑞、韋拔群的右江紅七軍起義失敗後，私自離隊去了上海。所以，一九四五年七大召開之前，中央曾召集原紅七軍的幹部開過一個座談會，會後由原紅七軍的參謀、曾任裝甲兵政治委員莫文驊執筆寫成《紅七軍簡史》一文，送交中央參考。文中根據同志們的看法，忠實地寫下這樣一段話：「鄧斌（按：即鄧小平）、鄧崗、陳豪人等領導人未能與士兵同甘苦，共生死，中途脫隊，實不應該。」史實是，一九三一年春夏之交，隨著顧順章與向忠發相繼叛變後，在上海的鄧小平隨中央局到了江西蘇區，擔任過尋烏縣委書記，後因「羅明路線」隨毛澤覃、古柏、謝唯俊而被解職，到樂安縣南村區委當巡視員，半月後又調任紅軍總政治部主編《紅星》報，這以後從未擔任過任何軍職，甚至師職級別都沒達到。對於鄧小平私自離隊去上海一事，直到二〇〇〇年去世，莫文驊也未見改口。還有一個頗為奇特怪異的現象，當年參加遵義會議的人員到底都有誰？在毛澤東、周恩來這兩個最有權威的人活著的時候，都沒有引發爭議，卻在主要參會人一個個故去後，才由鄧小平、楊尚昆少數幾個人把這段歷史搞清楚了，這本身就夠弔詭的。所以，也有人對此不服氣，前些年，博古的家人自費出版了一本《博古畫傳》，不但公開挑明遵義會議前博古是黨的總書記，還特地注明一句：關於鄧小平是否參加了「遵義會議」有不同的說法，給打了一個問號。

鄧小平之所以沒有參會，因為遵義會議在黨的歷史地位上有著獨特的重要性，所以，參會人員的資格是一個關鍵。照官方史家的說法：遵義會議前，受左傾路線排擠打擊的鄧小平擔任《紅星報》主編，這正是他一生三起三落中的第一次挫折，鄧本人是以什麼身分列席呢？一是根據他自己的說法，他擔任紅軍機關報《紅星報》的主編；二是中央委員會秘書長；還有一說是紅軍總政治部秘書長一職。但這後兩種說法均為憑空臆想。當時黨內是留蘇的二十八個半布爾什維克當權，他們目空一切，對一個離隊逃到上海的鄧小平十分冷落，半年不見他一面，也不聽他彙報一次。連鄧小平自己都說過：「我除了按時從中央領取生活費外，就是和幾個老友偶爾相聚，發發牢騷。」在這種情況下，這批人怎麼會讓他做「中央秘書長」呢？一個被解職的尋烏縣委書記不可能會一步登天，提拔到什麼「中央委員會秘書長」或「紅軍總政治部秘書長」職務上的。還有，遵義會議是中央政治局會議，曾擴大到軍團一級，甚至連五、八、九軍團長都沒有資格進入。所以，連自己身分都搞不清楚的鄧小平，是否列席會議的資格，十分可疑。因為在革命戰爭的生死年代，反水、逃跑、離隊、叛變的天天發生，無日無之。所以，對決定黨和軍隊命運前途的中央政治局擴大會議這樣極其重大的會議，誰敢讓長征前只是一個非軍事縣級幹部的人進入核心軍事會場？這一點，恐怕在蘇維埃共和國國家政治保衛局長鄧發那裡，也是通不過的！

三

毛澤東在一九六四年十一月曾親自為「遵義會議紀念館」書寫過館名，紀念館則早於一九五五年就公開對外開放了。據有心人查閱了一些館藏文件檔案，發現在一九五八年之前，所列的遵義會議參加者名單，只有原先的十九人，根本沒有鄧小平的這個名字。直到一九五八年十一月，正忙於為毛澤東的大躍進搖唇鼓舌的鄧小平，來到貴州「遵義會議紀念館」參觀時，才說出了他也是這次會議的參加者。有關鄧小平出席遵義會議的資料，最早見諸報刊的，是一九五八年十一月十三日的《貴州日報》，在第三版以頭條地位刊載了署名蕭明的通訊：《鄧小平同志在遵義》。

文章一開頭就寫道：本月三日（即一九五八年十一月三日），遵義會議紀念館裡非比尋常。遵義會議紀念館裡的工作人員，很久以來就盼望著能接待一次參加過遵義會議的客人。今天這個願望實現了，鄧小平、李井泉、楊尚昆等同志來參觀紀念館。遵義會議的參加者鄧小平和楊尚昆同志，對這座闊別二十多年，有偉大歷史意義的樓房，記憶猶新。一走進紀念館的大門，楊尚昆同志興奮地說：「就是這裡，這個地點找對了。」走進陳列室，楊尚昆同志告訴紀念館的負責人孔（憲）全同志：「這裡是當時的作戰室。」穿過陳列室，踏上窄樓梯，走進開會的房間，鄧小平同志看到房間依舊是當年的擺設樣子，使他立刻想到了當年開會時的情景，他肯定地說：「會議就在這裡開的，」他指著靠裡邊的一角說：「我就坐在那裡。」在狹窄的職走廊上，鄧小平同志說：「這個地方原來好像很寬，有次就在這裡擺一張地圖，幾個人研究怎樣往四川走。」……

過後，「遵義會議紀念館」為此事曾向中央檔案館、中央組織部和中央辦公廳發出公函，請求提供鄧小平參加過遵義會議的史料與依據。不久，中央檔案館等單位正式覆函回答，他們沒有任何史料與依據，證明鄧小平也是遵義會議的參加者。所以，「遵義會議紀念館」也沒有明確注明鄧小平是「遵義會議」的參加者，以及他是依照什麼身分參加會議的。到了文革期間，這件還成了鄧小平第二次被打倒的「罪狀」之一，紅衛兵小報說他貪天之功，冒充是「遵義會議」的參加者。直到文革結束，鄧小平重新執掌大權之後，「遵義會議紀念館」才正式列上了鄧小平的名字，而且根據他當時的職務，將其注明是以《紅星報》主編身分「列席」會議的，以後國內的說法大都採用了這一說法。到後來，在黨史研究室正式發表的文章中，又進一步升級加碼，說鄧小平參加會議時已經是中央秘書長了，因此是遵義會議的正式參加者，而並非原先的「列席者」。為此，有人質疑，在一九七六年前，「遵義會議」並不存在參會人員和什麼列席會議之爭，因為那時參會人員很多還健在，怎麼到了改革開放之後，連「遵義會議」的參會人員也改革了，難道黨史的真偽也與時俱進了不成？

在國內發行數十萬冊、洋洋數十萬字的鄧小平的女兒毛毛《我的父親鄧小平》一書中，對這樣一個重大的會議的回憶文章，也是寥寥幾句、一筆帶過，顯然也是底氣不足，無證可查的，只是說：「父親沒有在會上發言，但他毫無疑問地是毛澤東的堅定支持者。」

四

毛毛在書中說，遵義會上，毛澤東開始有了發言權後，「在他的影響下，中央任命了鄧小平為中央秘書長。」這句話說得何其簡單，一帶而過。

著有《長征——前所未聞的故事》的美國記者哈里森•埃文斯•索爾茲伯里於一九八四年三月來到中國訪問時，曾先後六次採訪已故的中共黨史權威胡華。這位美國作家曾刨根問底、反覆詢問提出鄧小平為中央秘書長的問題，究竟是什麼時候任的中央秘書長。經過詢問鄧穎超，鄧穎超說她在中央蘇區時期當過中央秘書長，黎平會議後，鄧大姐因患肺病，就由鄧小平接任中央秘書長職位，因此也證實鄧小平是以中央秘書長的身分參加遵義會議的。楊尚昆也證實，會議上周恩來做記錄，鄧小平也在做記錄。由於當時經常打仗，中央秘書長事情不多，所以後來又由劉英（張聞天夫人）接任，一直到一九三七年十二月會議，再由王首道接任此職。

二〇〇五年，中共黨史出版社出版一本專著《中共中央機關歷史演變考實》一書，在「中央紅軍長征初期的中央機關主要成員」一節中，根本找不到鄧小平的名字，而中共中央秘書長是缺位的，只有中共中央秘書劉少文。足見鄧穎超在這件事情上也是作偽的。這部書在列舉遵義會議參加者的名單之後，又特意加上「以及李德、鄧小平、伍修權」。李德是批判的物件，伍修權是他的翻譯，可以說是「以及」，但把鄧小平另外給「以及」了，其中的用意之深是不言自明的。

由此可見，鄧穎超是根據政治需要才站出來說話的，因為並沒有中央組織部門文字決定之類的東西留存。而根據鄧小平本人的回憶，這是他第二次擔任這個職務，因為在遵義會議前不久召開的黎平會議期間，他已經被任命為中央委員會秘書長了。但按照張聞天夫人劉英的說法，鄧小平所擔任的，應該是「中央直屬隊」的秘書長。不過，即便是中央秘書長也不見得必然有資格參加，如李維漢身為中組部長、中央黨務委員會書記，紅章縱隊司令兼政委，尚且沒有被「擴大」進會議，更何況一個「整天沒有事情幹」（鄧小平自語）的秘書長呢？但鄧穎超此言一出，起到了一言九鼎的作用，讓此後許多與遵義會議有關的文章、陳列說明以及解說詞，都統一更改了口徑，把鄧小平列為遵義會議的正式參加者了，並且還位居於當時參會的劉伯承等紅軍領導人之前。

五

對於中共來說，權勢大於史實，黨史是可以任意增改與刪削的。文革期間，紅衛兵小將們不滿「八一」為建軍節，提議將「九九」、也就是毛澤東一九二七年發動秋收起義的日子定為建軍節。周恩來為此語重心長地解釋說：「讓我告訴你們吧，之所以把八一定為建軍節，是因為南昌起義是我們敬愛的林副主席發動和領導的。」之後這樣的鬧劇才告結束。後來，居然還出現了毛澤東與林彪在井岡山會師的巨幅宣傳畫。而在頌揚改革開放三十年的宣傳片中，鄧小平、江澤民、胡錦濤這所謂「三代領導人」個個都是居功厥偉，竟能整整隔去了胡耀邦、趙紫陽開創改革局面的十年歷史。當時，黨內也有人把對鄧小平的身分之爭告訴過當年李德的翻譯、同樣也是「遵義會議」的參會者的伍修權，而當時作為副總長的伍本人卻懂得茲事體大，非同小可，所以態度曖昧，讓人不要再去查考此事了，免得給自己帶了不必要的「麻煩」。這也讓國內不少的黨史專家把這個話題當作政治雷區，不是有意繞開，就是避而不談。

鄧小平把自己列入「遵義會議」的正式參會者，並讓中共黨史予以認可而載入史冊，還得益於一個有力的推手，那就是上世紀八十年代頻繁來中國進行訪問索爾茲伯里。當時，鄧以改革家的面目出現在全世界，聲望與權力達到了極致，如日中天，如索爾茲伯里所講：「鄧小平強有力的步伐曾使我渾身震動。」他於一九八四年為了寫作反映中國紅軍長征的書《長征——前所未聞的故事》，不顧年邁有病，專程來到中國。沿著當年紅軍長征的路線進行實地採訪。並訪問了胡耀邦、李先念、楊尚昆、蕭克、姬鵬飛、蕭華、楊成武、余秋里等老一輩革命家，而這些人幾乎全部是鄧小平政治上的堅定支持者。一九八五年，索爾茲伯里在美國出版他的長征新著，書中沿用鄧本人的自我陳說和楊尚昆的記憶，記述鄧小平是作為《紅星報》主編去參加「遵義會議」的。一九八六年，國內先是出版這部書譯本的內部版《長征新記》，在看到黨內無人對這一說法的說法表示異議和挑戰時，緊接著就公開發行《長征——前所未聞的故事》，一時洛陽紙貴，成為坊間暢銷書，而書中對鄧是「遵義會議」參會者的表述，也就自然而然地成為唯一的信史。

有意思的是，作為《遵義政治局擴大會議傳達提綱》、也就是「遵義會議」原始文件記錄者的陳雲，應該是最具權威的知情者，卻對此事自始自終，不發一言。儘管在八十年代，鄧小平可以私下裡對別人講：「共產黨只能有一個婆婆，那就是我！」來蔑視和挑戰陳雲的政治權威，但在黨內重大歷史問題上，他對陳雲不得不有所忌憚。如改革開放後，張聞天的冤案得以平反，鄧小平代表黨中央致悼詞，正式宣佈張聞天在遵義會議上「被選為黨中央總書記」，恢復了他有著十年總書記職務的經歷。爾後，陳雲的輕輕一句張聞天只是「負總責」，結果又是一錘定音，全黨又重新默認了陳雲定下的調子，誰也不敢再提張聞天的「總書記」的歷史地位了。為什麼，就是因為陳雲在黨內地位歷來很高，許多歷史問題，只能由他來定調子、做結論。

六

一九八五年，在紀念遵義會議五十周年時，作為當年共產國際派來的軍事顧問、「三人團」之一李德的翻譯伍修權曾親臨舊址，在會場上回憶當時的情形，當年的位置是怎樣排的，博古、周恩來和毛澤東、洛甫、王稼祥等人坐在哪裡，他一一指出來了。為還原歷史現場，他還特地拉過一張椅子，坐在靠門口處，說他和李德當時就坐在這裡，還說參加會議的幾位紅軍領導人，都沒有固定的位置，哪裡有空就坐在哪裡，所以每天的位置都不一樣，不過大家都是坐在靠外的一圈，中間會議桌周圍都是政治局委員和候補委員。王稼祥因為是帶著傷病出席會議，還在他邊上放了一張可以躺著的籐椅。這時，「遵義會議紀念館」的工作人員詢問道，能否指出開會時鄧小平坐的位置？伍修權看了看會場，思索一陣後，推說自己記不清楚了，沒有給對方一個滿意的回答。出了紀念館，他悄悄對自己的陪同說：「老實說，別人坐在哪裡，我大體有個印象，鄧小平坐在哪裡？我是一點印象也沒有。」事後，伍修權還專門為此事去徵詢過當年在遵義會議時、與鄧小平同住在一起的李一氓，據李一氓回憶，當時的「黨中央秘書長」，與現在的概念不一樣，主要是為中央領導人管管收發，鄧小平可能為收發文件去過會議現場，也可能坐下來旁聽，但是否正式參加會議，他就不知道了。李一氓還說過，長征期間，不可能發行過《紅星報》。況且當年《紅星報》主編是陸定一，紅軍長征路上的宣傳標語，均出自他手。

綜上所述，真如鄧小平所講，「遵義會議」形成了中共的「第一代領導核心」，你既然廁身其中，參加了會議，也算是第一代的領導人了，為何後來要如此謙恭地自降身價，把自己稱為「第二代」呢？一九五六年八大期間，就有「毛劉周朱陳林鄧」七大領袖之稱，鄧已經是第一代了，難道說越活越輩分越小，反過來倒要低人家一等？現在看來，還是自己心裡沒底氣，怕「遵義會議」這個歷史的巨大光環太亮，會灼傷了自己。還有，作為鄧小平本人，也從未以正式一把手名義承祧過中共的領袖大統，連這「第二代」的稱呼，細究起來都有些牽強呢。其實，鄧小平對自己在長征途上的角色，倒有一句較為公允平實、符合歷史現狀的說法：「長征的時候，就是跟著他們走！」

跟著「他們」走，「他們」又是誰？自然是跟著鄧小平心目中的「第一代」、能在「遵義會議」上決定大政方針的領導人走了！

27 李達為什麼死得這樣慘

去年參觀過烏鎮，除了看到茅盾紀念堂外，還看到了一大代表李達夫人王會悟的舊宅和她本人一座塑像。中共建黨的會議後來是在嘉興南湖一條紅船完成的，如果沒有這條船，黨還會有的，但興許就不會是今年紅紅火火、普天同慶的七一了（實則七・二十三日），也許就會改成八一、九一，都很難說。王會悟的塑像眉清目秀，想想此年，她剛剛二十三歲，正是風華正茂、年輕漂亮的好時光。此時，她的丈夫、上海代表李達也很牛，在黨內的地位比毛澤東還要高，一大上當選為中央局宣傳主任。李達於一九三七年五月在上海出版《社會學大綱》，被毛澤東譽為是「中國人自己寫的第一本馬克思主義哲學教科書」，並號召黨的高級幹部學習此書。毛澤東曾當面稱讚李達是理論界的魯迅，給他寫信，總是很恭敬地稱呼他「鶴鳴兄」。

可惜的是，這「鶴鳴兄」書生意氣十足，有些不識時務，大革命失敗後，與黨失去聯繫，到了一九四九年，才又重新入黨，後來長期擔任武漢大學校長和中國哲學學會會長。這意味著，你承認以前的路沒走對，入了黨才又獲得了新生，以後緊跟著偉大領袖毛主席，踏踏實實地走就行了。可他執拗的很，當毛澤東需要一點「好的個人崇拜」、康生和林彪就拋出「毛澤東思想是馬列主義的頂峰」論時，李達居然表示反對，認為這是不符合馬克思主義基本原理的，還居然振振有詞地說什麼「在馬克思主義的發展史上沒有什麼頂峰，如果有頂峰，還要不要發展？」

本來，文革之前的一九六五年，李達已經搬到了北京，就任全國人大常委會專職委員。此時中共中央中南局的有些人對李達頗有微詞，認為李達「埋頭研究，不關心政治」，還常常敢對毛主席大不敬，隨即指示武漢大學整理出李達的一份材料，說李達是「反動學術權威」，並通過有關部門報到中央。因為李達是黨的創始人之一，此事關係重大，中央有關同志就此事詢問了毛澤東同志。毛澤東同志當時未置可否。四月，在杭州會議上，有人又向毛澤東談及李達的問題，當詢問可不可以對李達開展批判時，毛澤東仍舊沒有表態。接著在上海會議期間，這人「不厭其煩」，再一次詢問毛澤東是否可以對李達進行批判，並說湖北的群眾有這方面的要求。在這種情況下，毛澤東只是說了一句：「既然群眾有要求，在校內批判一下也是可以的」。所以，到了文革期間，他又被以王任重為首的中南局和湖北省委給揪了回來，扣上「三反分子」的罪名，嚴加批鬥。

當年武漢三鎮的革命群眾，不分晝夜地來到武大聲討李達，並在李達的住處附近裝上高音喇叭，以震耳欲聾、響遏行雲的聲音，組織一場又一場革命大批判浪潮。此時的李達，還是不思悔改，在家裡邊聽邊罵：「無恥！謊言！」，這一來，更招致了無產階級革命派的沖天義憤，他們把已經七十多歲，病得無法走動的李達用擔架抬到學校操場上批鬥。到了七月，也就是建黨四十五年的光輝節日，為了加大對李達「罪行」的批判力度，武漢大學舉辦了「李達罪行展覽」。這時李達胃病加重，伴有大量出血，每次發作，李達都非常痛苦，有時痛得大汗淋漓。儘管如此，對李達的批鬥卻沒有半點減緩的跡象，批鬥、遊街、罰跪直到李達臥床不起。未見稍減。此時，李達身上資產階級反動學術權威的囂張氣焰開始大減，實在撐不下去了，就給毛主席寫信，但這封信也不敢像以前那樣豪氣十足地妄稱什麼「潤之」了，而是畢恭畢敬地寫道：「主席，我有難，請救我一命。李達頓首。七月十九日。」

據查，李達受磨難的七月，離京八個月的偉大領袖毛主席正在趕往北京的途中，恰恰在武漢視察，就在李將信交給學校「文革」工作隊的前兩天，毛澤東已經離開了武漢。此信只好輾轉送往北京。當李達的信輾轉送到毛澤東手裡，已經是八月中旬，毛澤東看後，立即在信上作了批示，要求湖北省委解決李達的困難處境問題。八月二十二日，已經是奄奄一息的李達「押送」去醫院，然而為時已晚。這時的李達已經處於半昏迷狀態，已經難以輸液。八月二十四日，七十六歲的李達死亡。八月二十五日，在李達屍體即將火化時，學校宣讀了經中央同意的中共湖北省委關於「開除李達黨籍，撤銷黨內外一切職務，戴上地主分子帽子，進行監督改造的決定」，並宣佈「李達已死」。另據武漢同濟醫院院長，著名的外科專家裘法祖的《回憶錄》記述，李達送到醫院後，因其身分，沒有醫務人員敢去過問，孤零零地仍在一個角落裡，不管不問地淒慘死去。也就是說，李達是在飽嘗了無產階級專政的鐵拳頭、又得不到及時救治後死去的。

古人說：「百無一用是書生。」說起來，毛澤東對這位「鶴鳴兄」不薄，其實，你那些理論，與紅太陽相比，算得了什麼？充其量的不過是日光下的爝火而已。所以，李達反對「頂峰論」，實在是書生意氣十足的具體表現，等到知道「頓首」的時候，早就晚了。現在看看，距離李達慘死五十五年了，改革開放也三十多年了，無論何種「理論」、「代表」或「發展觀」，到今天上邊一聲令下，我們不是還得扯著喉嚨去唱紅歌、去歌唱偉大領袖毛主席嗎，億萬革命群眾，不是還得乖乖地臣服在他老人家的偉大思想紅旗之下嗎？這不是頂峰，又是什麼？起碼沒有那個敢妄稱能超越的吧，在這上面，還沒有「與時俱進」可言！

五十年代，武大的著名法學家韓培德要調往北大工作，李達愛才，反覆斡旋，堅持不放，韓大怒，說：「武大有人要置我於死地，你不放我是害我！」十年之後，李達被逼上死路時，曾仰天長歎：「我確實被韓培德說中了，先是害了他，如今輪到我自己了！」

作繭自縛，這正是許多中國知識分子的迂腐通病！

28 一個木刻藝術家的無妄之災

前些時乘車經過河南蘭考，讓人想到上世紀這裡曾經出過的兩個著名人物。一個是在這裡病逝在縣委書記任上、今天仍被作為中共黨員楷模的焦裕祿，另一個則是幾乎讓人遺忘了的中國美術史上的傑出人物、著名木刻家劉峴（一九一五～一九九〇）。作為當年的前衛藝術、中國新興木刻的先驅，劉峴有著旁人不能比擬的特殊經歷，一是他在三十年代初，曾受到過同樣也是喜愛木刻並宣導新興木刻藝術運動的魯迅先生的親炙，據《魯迅日記》記載，有三年時間，魯迅與劉峴之間來往的書信就達五十多封；另一個是在延安時期，毛澤東也喜歡他的黑白木刻，並親自給他寫過信，這也是版畫家中唯一得到過毛澤東題詞的。如果按照劉峴的資歷與貢獻，他本來是可以得到更高的榮譽與地位的，但在一九五一年突如其來的一場政治運動中，作為木刻藝術家的劉峴卻遭受無妄之災，幾乎被打成「貪污犯」，曾兩度自盡未遂，後來得虧他剛及十歲的女兒將申訴材料送達北京市委書記彭真的秘書手裡，才讓自己的沉冤得以昭雪。

一個畢生鍾愛木刻的藝術家，怎麼會與貪污行為掛上鉤呢？讀過劉峴的女兒王人殷所著的傳記《版畫先驅——劉峴》（中國水利水電出版社二〇〇九年九月出版）之後，才明白內中的原委。一九五〇年，劉峴夫婦來到北京人民藝術劇院，白手起家創建北京人民藝術工廠並任廠長，一年多時間就獲得顯著的社會效益和不俗的經濟效益，這也是新中國成立之初最早的國營藝術企業，為此，市委書記彭真還曾寫來賀信，加以鼓勵。但作為一個藝術家，劉峴是一個單純的理想主義者，他生性耿直，清高孤傲，全然不懂得官場上的人際交往那一套，對上屬的北京人民藝術劇院主要領導，他也從不趨勢附炎，主動靠近，反倒在一些問題看法上，還經常發表一些與領導意見相左的意見。對劉峴本人來說，心中毫無芥蒂，認為自己是從工作出發，有不同意見實屬正常，但不料卻觸動了也是從延安來的有著老革命資歷的院長，這位院長專斷地認為：「對我有意見，就是對黨不滿。」所以，到了一九五一年冬，便借著開展「三反運動」（反貪污、反浪費、反官僚主義）之機，以劉峴夫婦有重大貪污行為為由，把他們推上了運動的風口浪尖，讓這對夫婦蒙受了一生中的最大冤屈。

傳記記述，當年企圖把劉峴打成貪污犯的過程，與歷次政治運動的手法如出一轍，就是先定下罪名，再尋找證據，也就是今天所講的「有罪推定」。運動領導小組首先是把他妖魔化、污名化，在下面四處散佈劉峴夫婦有重大貪污問題，雖然絕大多數群眾對此困惑不解，但組織上的話又不能不信。再就是召開有三百多人參加的群眾大會，讓事先佈置好的兩個人上臺發言，檢舉揭發劉峴的貪污行為，一個質問道：「廠長肯定貪污，沒有好處，怎麼能那麼負責？每天晚上怕出火災，還親自打著手電筒巡查各個辦公室？」另一個說：「新招工人的工資很低，廠長的工資卻很高，專門剝削我們，一看他就不是好人！」於是，下面你一言他一語地趕忙表態，要與劉峴夫婦劃清界限。就是根據如此荒謬不堪、根本站不住腳的揭發誣陷，劉峴夫婦被停職檢查，不但失去了人身自由，也失去了為自己申冤辯誣的機會。再以後就是常用的「逼供信」手段，大會鬥，小會審，不分晝夜的車輪鬥，疲勞戰術，軟硬兼施，誘供假證，夜裡不許關燈，兩個人坐在床頭監視，甚至指使幾個人指著他們的鼻子破口大罵等等，讓一個中外知名的藝術家受盡了身體的折磨和人格的侮辱。劉峴外柔內剛，性情倔強，想到自己一生參加革命、到過延安和創辦人民藝術工廠的非凡經歷，到頭來卻莫名其妙地成了貪污犯，這天理何在？公道何在？為此，三十多歲的他曾兩次自殺，想以死來證明自己的清白與無辜，但都僥倖活了下來。

古語有，「棰楚之下，何求不得！」但劉峴夫婦卻寧死不承認強加給他們的貪污罪名，工作組則放出風說，問題沒進展，不認罪，我們就關你十年。有一天，劉峴的夫人趁上廁所的機會，把一份寫好的申訴材料交給自己剛上小學四年級的女兒，也就是今天的這本傳記作者，她隻身跑到北京市委，把申訴材料交給了市委書記彭真的秘書。接著，市委派來調查組，真相才終得大白，劉峴夫婦恢復人身自由。可這位院長又覺得面子上過不去，繼續深文周納，另生枝節，將當年院務會議所通過的企業經營一年內可免繳稅款算作漏稅，撤銷了劉峴的廠長職務，並將其由文藝一級降至文藝五級。這樣一來，不僅給被整人留了一個尾巴，也為自己找到了一個下臺的階梯。直到文革結束後的八十年代，劉峴的冤案才得以徹底糾正。這場對劉峴本人的無情整肅，雖然草草收場，但卻擊碎了這位藝術家心中所崇尚的正義、真誠與善良，也使他本人對社會對人生以及對生與死，都有了進一步的昇華與感悟。這幾年看過幾篇回憶劉峴的紀念文章，不知何故，對傳主的這段經歷都是閉口不談的。

在今天看來，當年劉峴的冤情之所以能夠得以廓清，還其無辜，也是通過一種人治的途徑，而並非通過所應有的法律正當途徑。這種現象同樣也說明瞭，在缺乏法律程序的有效保護下，無論你是一個赫赫大名的藝術家也好，還是寂寂無名的一介平民也罷，在「欲加之罪，何患無辭」的政治壓力下，都是難以保障自己的合法權益的。作為著名藝術家劉峴在「三反運動」中的痛苦遭際，於六十年後木刻版畫已經日漸式微的今天讀來，都是那麼發人深省，以至於讓人讀來心有戚戚焉。

29 唐納自殺時，江青在哪裡

「藍蘋出走，唐納自殺」，是當年轟動上海灘的一樁大新聞。據史料記述，一九三六年四月，在杭州六和塔下，由沈鈞儒證婚，藍蘋與唐納、趙丹與葉露茜、顧而已與杜小鵑同時舉行集體結婚儀式。而新婚後唐、藍二人之間即出現裂痕。一九三六年六月，二十二歲的藍蘋謊稱母病，離開上海到天津找前夫黃敬（即俞啟威）。還有一說，是藍蘋回到了濟南，因為這年七月，唐納在濟南第一次自殺，獲救後與藍蘋和好，二人雙雙回到了上海，藍蘋隨後加入聯華影片公司。唐納自殺時，藍蘋究竟在哪裡？近讀《姚依林百夕談》一書，其中有「黃敬與藍蘋的一段交往」，也談到了這段史實，可作為歷史的注腳來看。

一九三六年，十九歲的姚依林從北平調到新成立的中央北方局宣傳部任幹事，協助編輯黨的半公開政治經濟刊物《長城雜誌》半月刊，刊物由兩個人編，主編是陳伯達，另一個就是他。天津法租界三十二號路，有一個姚國禎的公館，那是姚依林的五叔在支撐的一個大家族，這對姚依林來說，這地方不僅是一個極好的掩護，他也利用姚府的社會關係，為黨做了不少工作。姚依林在英租界找了一所兩間房的平房獨院，地處幽靜，《長城雜誌》編輯室即設在他的住處。

姚依林和黃敬（俞啟威）很要好，當年兩人曾租房同住三個月，夜談時，黃敬曾問：「你有沒有女友？」姚回答說：「沒有。」黃敬說：「我已經有了！」於是便講了自己在山東大學讀書，到農村搞宣傳工作時的一段浪漫史，對方是山東大學圖書館職員李雲鶴。此次姚依林回到天津，和黃敬通過信，有一天，他接到了黃敬的來函，要他見信後即去國民飯店找他。早上九點，姚趕到飯店，黃敬剛剛起床，開門後邊告訴他：「我和李雲鶴一塊來了！」原來黃敬去上海參加籌備組織全國學聯，又巧遇李雲鶴，此時李雲鶴已經改名藍蘋，當了電影明星，剛剛和唐納結婚。他一見黃敬，又舊情難捨，便隨著黃敬乘船回到天津。黃敬說他先需要回北平，突然帶個女人回來，應先向市委報告一下情況，三天左右再來天津接女方，讓她暫住在天津旅館，在此期間，只好請姚依林代為照料。姚依林想了想，留下了三十二號路姚家公館的地址。沒想到黃敬走後次日，藍蘋就跑到三十二號路公館找他，說有要緊事必須見到他。此時姚依林的母親恰巧正在公館，聽說有個女人要找自己的兒子，非常詫異，還幾乎誤會。等老人找到兒子，問明情況，姚依林只好急忙趕到飯店詢問，他一進房間，藍蘋正在哭泣，向他指指地上的報紙。原來報上有一則新聞說「藍蘋出走，唐納自殺」。藍蘋焦躁地說她不能再等黃敬回來了，一定要回滬看唐納，而且當晚就走。於是，她向姚要了二十元路費，當即返滬了。黃敬三天後回來，姚把這個情況向他轉達了，還說：「你找這個麻煩幹嘛，人家又不跟你了！」黃敬苦笑了一下，說：「走了也好！」

姚依林回憶，解放後的一九五〇年，他在北京醫院住院時，恰遇藍蘋也在住院，但此時已是江青夫人了，邀他去室內打撲克，姚以「不會打」為由，沒有去。當時黃敬尚在，據聞江青仍有信給黃敬。「文革」中，江青為追索回去她的親筆信，竟逼鬥黃敬的夫人范瑾同志，致使范瑾患上精神病。

從姚依林的口述中，可以得出另一種歷史的解讀，第一，藍蘋不是自己離開上海到天津找黃敬的，而是與到上海開會的黃敬一同回到天津的；第二，藍蘋看到報紙上唐納為她自殺的消息後，向姚依林要了二十元的路費是回上海去的，如果真是這樣的話，那麼先前說藍蘋回到了濟南，唐納在濟南第一次自殺、獲救後與藍蘋和好，二人雙雙回到了上海的說法也就不存在了。

所以，對於「藍蘋出走，唐納自殺」這則史實來說，藍蘋出走，去了哪裡？唐納自殺時，她又在哪裡？儘管有不同當事人的各自解讀，到今天所留下的，仍是一個歷史謎團。

30 發生過兩起誤入司徒雷登住宅事件

一九四九年四月二十三日，「百萬雄師過大江」，人民解放軍占領南京，國民黨政權在大陸的統治宣告滅亡。據《毛澤東年譜》記載，四月二十七日四時，毛澤東就三十五軍進占南京後擅入美國駐華大使司徒雷登住宅一事，為中共中央軍委起草致粟裕並告總前委劉伯承、張際春、李達電：三十五軍到南京第二天（二十五日）擅自派兵侵入司徒雷登住宅一事，必須立即引起注意，否則可能出大亂子，其經過情形速即查明電告，以憑核辦。電文說：「三十五軍進入南京紀律嚴明，外國反應極好，但是侵入司徒住宅一事做得很不好。」

對毛澤東所說的「侵入」一事，六十多年來的解釋都是一樁「進城部隊誤入美國使館事件」。說是四月二十五日清晨，攻入南京城裡的第三十五軍一〇三師三〇七團的一營營長謝寶雲和教導員王懷晉帶著通訊員等在為部隊安排食宿的時候，誤入西康路的美國大使館。已經起床正在洗臉的司徒雷登看到兩個解放軍進來了，猛吃一驚，驟然色變，暴跳如雷地大聲用中國話叫道：「你們到美國大使館幹什麼？我就是美國大使司徒雷登。你們進入使館就是侵犯美國，必須立即退出。」謝營長憤怒斥責：「你凶什麼！我們不知道這是美國大使館，我們也沒有承認你們美國大使館。這是中國的地方，凡是中國的地方，我們中國人民解放軍都要解放。」此後，司徒雷登立即通過了口頭及書面形式向南京市軍管會提出了抗議。當天晚上，美國之音就播出了這條新聞，並稱進駐南京的中國人民解放軍搜查了美國大使館。

近讀當年三一一團的團司令部書記何振茂的自印本回憶錄《過去並不遙遠》，裡面記載著當時誤入司徒雷登住宅的事件，不只是一起，而是兩起，另一起發生的時間還要早些，是在二十四日占領南京的當天晚上，三一一團一營的教導員王孔孝、第三連連長毛順友和通訊員，在山西路為部隊尋找住宿地時，誤闖進了美國司徒雷登大使館。因為這天下雨，戰士們腳上都是泥，就踏著紅地毯上了樓，司徒雷登看到地毯上踩上了泥巴，很不高興，就用流利的中國話、以不可侵犯的口氣說：「這是美國大使館，我是司徒雷登大使。」王孔孝教導員也以勝利者的口氣回答他：「我不知道這是你住的地方，既然你是美國駐國民黨南京政府的大使，我順便告訴你，我軍在淮海戰役、渡江戰役取得了偉大勝利，你們美國援蔣反共的政策是徹底失敗了，過去你們是蔣介石的運輸大隊長，現在這裡是解放了的南京，是中國人民解放軍占領的市區，今天進來看看」。王孔孝說完後就下了樓，毛順友連長還在院子裡對使館人員訓話說：「你們美國佬，幫助蔣介石打內戰，殺害我們中國人，犯下了大罪！現在我們勝利了，你們要記住，中國人民是不可欺的！」說完後他們就離開了使館。毛順友連長回到部隊後，還很自得地對人說：「我對美國大使館人員講的那幾句話，使這些洋人無言以對，算是出了一口氣！」

書中記述，豈不料這件私闖美國大使館的事，居然成了「出了名」的錯事，事隔一天就受到了上級的追查，三十五軍軍政部派出專人到下邊調查，並寫出了調查報告，說明這兩個幹部原本並不知道是美國大使館，更沒有在大使館裡面搜查，只是在司徒雷登顯示其不可侵犯地美國大使身分時，他們才針鋒相對地予以回敬。報告呈上去之後，並未作進一步追查，而且他們事後得知，誤入美國大使館的，還另有上面所講的謝寶雲的那一起。

據當時任南京市軍管會外事處處長的黃華回憶，他一到南京就聽說有幾名解放軍戰士進入了司徒雷登的住處，引起了一些外國使節的不安。在外國人心目中，中共可能比法國大革命時的雅各賓派還要厲害，所以他們很緊張。後來他們逐漸明白了，中共領導的人民解放軍即是革命之師，又是文明之師。黃華於一九三二到一九三六年在北平燕京大學上學時認識司徒雷登，經批准，這年五月十三日，他以私人身分會晤了司徒雷登，先是詢問了解放軍進入他住宅的情況，但司徒雷登對此事表現得很平靜，只說是有幾個年輕士兵進來了，他見到了他們，問他們幹什麼。他們說看一看，態度還好。黃華回答，軍管期間，解放軍有權進入一切可疑的中外居民住宅檢查，在未同新中國建交前，原外交使節也不再享有外交特權，但作為外僑，安全自會得到保護。

可以看出，那時候的司徒雷登，之所以留在南京不走，正是願意同新中國建立新關係，所以就想努力淡化這起誤入司徒雷登住宅事件。不僅如此，據黃華回憶錄記載，當年六月，司徒雷登在獲悉羅隆基等民主人士將到北平參加新政協會議時，還提出如果新中國採取中間態度，不完全親蘇，美國可以一次借給新政府五十億美元，接近印度十五年所得的貸款。到了六月下旬，羅隆基來到北京時，得知毛澤東《論人民民主專政》一文即將發表，其中包含有「一邊倒」的方針，所以就未敢向毛澤東轉達司徒雷登的口信，只是在許多年以後將此事告訴了周恩來。兩個月後，隨著美國國務院公佈的白皮書，中美關係進一步惡化，接著就有了人所共知的那篇著名的《別了，司徒雷登》。

31「知道符家欽麼」

曾經試問過幾個讀書人：「知道符家欽麼？」得到的回答都是搖頭。其實，我也是幾年前在舊書攤上買到一本薄薄的《沈從文故事》的小冊子後，才知道符家欽這個翻譯家的。但我認為，凡是知道沈從文的讀書人，都是應該知道符家欽的。可惜的是，在「沈從文熱」漸成顯學的今天，曾翻譯過美國漢學家金介甫《沈從文傳》、《沈從文史詩》並在海峽兩岸出版多個版本的符家欽，在辭世多年之後，不僅平生事業不能彰顯，連名字都快被世人遺忘了，還有一家出版《沈從文傳》的出版社，竟把譯者符家欽的「欽」印成了「飲」字，真叫人不知說什麼才好。更讓人傷痛的是，這位生前著作等身的翻譯家，身後的遺稿卻處處碰壁、無法出版，還白白花去了家屬好幾千元的前期製版費。

手邊有兩本署名符家欽的遺著《流年絮語》和《譯林百家》，都是先後在北京潘家園的舊書地攤上遇到的，出版者注明為香港「世界華人出版社」。符家欽的這兩本書，除去敘述作者自己一生的坎坷遭遇外，還有不少涉及現當代翻譯界、文學界以及新聞界人物的故事與「今典」，可以說是兩本饒有興味、堪值一讀的好書。但這樣好的遺著，為什麼要由這樣陌生的出版社來出版印行呢？原來這樣的出版現象，也是眼下不少文化人的無奈之舉，早已暗中流行多年了：手邊有一本好書，無處出版，但又敝帚自珍，為了給逝者或生者一個交代，只好買個便宜的香港書號在內地印刷出版，每本書的印數也不多，大都為饋贈親友之用。說白了，就是一種變相的自費出書，這樣的書，北京的地攤上常常遇到，而且多是不合時宜、但又別具新意之作。

符家欽的坎坷經歷令人唏噓歎息，於是，我寫了一篇小文〈知道符家欽麼〉，刊載在二〇〇五年五月二十五日的《競報》上。沒想到是，文章發表的當天，符家欽的公子符東義先生，恰好正在四慧站等候開往河北香河的汽車，偏偏就買了一張當天的《競報》瀏覽，一眼就看到了這個熟悉又久違的名字，他形容說：「家父離我們而去已有兩年。除去子女及有數的故友，家父的名字早已被人淡忘。是誰，因為什麼，又提到了家父？我急匆匆讀起該文。讀過之後不禁悲喜交加，仰天長歎！」於是，他通過報社，打聽到我的地址，幾次與我通電話，講述他們一家幾十年的悲慘遭遇。

符家欽（一九一九～二〇〇二），四川合江人，自幼聰慧，自小學、初中、南開高中，半工半讀到重慶中央大學，畢業進入報社。新中國成立後來到北京，繼續在新聞出版系統工作。符家欽平生結交下幾位摯友，如我國新聞出版系統的先輩劉尊祺、蕭乾、馮亦代……他們的人生都有個共同特點，一生坎坷，歷盡磨難。他們或在一九五八年同被打成右派，或因歷史冤案遭受牢獄之災。符東義回憶：父親從北京的國家機關被押送到天津茶澱農場勞動的那年，他剛讀初二，甚至沒有給父親一個同家人話別的機會。工作沒有了，工資沒有了，家就像是天塌下來了。「文革」的紅色風暴，又把父親送到新疆大沙漠邊勞動，子女也被四處遣散。父親在新疆規規矩矩地幹活，日夜盼望著能有摘掉帽子早日與妻子兒女團聚的那一天。樹葉一年年綠了又黃了，父親詩中寫道：「鄉夢到三巴，熱淚滿衣衫。」等到平反歸來，則是二十年之後的事情了，符東義本人卻沒能再回到北京，只有調動到距北京較近的河北省香河縣，也算是京畿之地吧。

符家欽一九七八年復出後，任中國大百科全書出版社英文組組長。到了一九八四年，又因腰脊髓病變導致截癱，可他在輪椅上依舊以年出一書的進度與命運抗爭，先後出版過著作和譯著二十四種，約六百萬字以上。一九八七年，美國史丹佛大學出版社出版了聖約翰大學歷史系副教授金介甫的洋洋三十萬言的英文版《沈從文傳》，這位不到四十歲的漢學家，對於研究沈從文文藝思想的演進，作了開創性的工作，立論公允，縝密嚴謹。且不說其史料之豐富之翔實，考據之認真之詳盡，每個細節都有出處，每句話都有所本，僅就趣味而言，也是盎然豐沛的。一九八七年冬天，符家欽接到詩人荒蕪的信，建議他把這本書譯出來，蕭乾老師聽到消息也鼓勵由他來翻譯這部巨作，汪曾祺更是推薦符家欽，「我覺得他是一個心細如髮，一絲不苟的翻譯家，我相信這本書的譯筆不但會是忠實的，並且一定具有很強的可讀性。」一直到一九八八年五月，沈老這顆文壇巨星隕落後，躺在輪椅上符家欽才接受朋友們的建議，正式開始動手翻譯這部書，並與原作者金介甫開始通信。想不到的是，這位年輕的洋博士（他面壁十年寫這部傳記時只有三十多歲）居然學貫中西，符家欽的一切質疑問難他都能迎刃而解，要查的引文原件他無不立時複印寄來，並字斟句酌地在一萬多字譯文裡指出一百多個表達不確切之處。全稿譯完寄去後，金介甫為了不耽誤發稿，用一個多月功夫就把三十多萬字細心校訂了一遍寄回，符家欽感慨說：「我譯書四十年，像這樣著譯雙方推心置腹、切磋字句的例子，還是第一次體驗到。」在大陸，這部書稿終於在一九九〇年由北京時事出版社出版，先後還有了多個版本。

《沈從文傳》在海峽兩地出版後，獲臺灣圖書大獎。同時，符家欽也收到不少讀者來信，其中一位並非文藝界的學者信中指出，金介甫原著中有大量注釋，是珍貴的文壇掌故，單純為讀者承受力著想而割愛，十分可惜。梁啟超在《清代學術概論》中曾指出，清代學者有一種優良學風，即「言必有據，無徵不信」，金介甫的注文也吸收了這種優良傳統，他廣搜博採，僅私人晤談的作家學者就高達一百一十八人次，並認為他寫這部文學傳記，主要在於提供史實，讓事實說話，而不在乎評論短長。所以，金介甫本人對國內初版時刪去大量的注釋也是耿耿於懷的。為了讓中國讀者也能夠更深刻地瞭解沈從文這一個鄉下人是如何成長為文學大師的曲折人生，符家欽於是便將這六四六條注文補譯出來，又出版了後來的全譯本，忠實還原了原著。而前面提到的單行本《沈從文故事》，只是注釋其中的一小部分，這些掌故都是現代文學史上不可多得的珍稀史料。

歷次政治運動對中國知識分子造成的傷害與創痛太深了，這讓人想起另一個深為讀者所喜愛的董樂山先生（一九二四～一九九九），這位翻譯過《西行漫記》、《第三帝國的興亡》、《奧威爾文集》等名著的著名翻譯家和學者，比符家欽的遭遇還要令人唏噓歎息，他臨終前的最後遺言，竟是讓孩子把骨灰帶出中國，以求讓自己的靈魂獲得安寧。就是這位被汪曾祺形容為「他歲數不算太小，但是長得很年輕，單純天真就像一個大孩子」的美國學者金介甫，八十年代因為奮力挖掘沈從文這個「出土文物」而一舉成名，獲得哈佛大學博士學位。反觀我們的翻譯家生前死後的命運，卻是那樣的風雨如磐，辛酸悲涼。有言道，盛世遺賢，是社會的悲哀；那麼，符家欽遺著接連被冷落被拒絕的遭遇，又該是誰的悲哀呢？我不忍再問下去了。

32 現代民歌的搖籃
——《歌謠週刊》

幾千年來，民間歌謠作為文學載體之一是從來登不得大雅之堂的。到了上一世紀新文化運動期間，一向為聖賢文化所輕賤的民間歌謠，突然由下里巴人上升成為文化學者研究中國民間社會的熱門話題，中國的第一個民間文學刊物《歌謠》週刊也隨之應運而生，這不能不說是一個奇特的現象。

查其原考，《歌謠》週刊是一九一八年由北大國學門下屬的歌謠研究會創辦的。更有意思的是，歌謠研究會的出現，竟是源於一九一八年一月底的一天，新文化運動的推動者劉復（半農）與沈尹默的一場閒聊。據劉半農回憶，那天是下雪之後，他和尹默一起在北河沿閒走著，他提議說：「歌謠中也有很好的文章，我們何妨徵集一下呢？」沈尹默也覺得這個建議很好，第二天就將章程擬好，北大校長蔡元培看了一遍，隨即就批交文牘處印刷五千份，分寄各省官廳學校。二月一日，《北京大學日刊》第六十一號刊載《北京大學徵集全國近世歌謠簡章》，計十項二十二條，規定了歌謠徵集的辦法、範圍、要求等，並在《北京大學日刊》上開闢「歌謠選」專欄，至一九一九年五月二十二日，共登載四川、江西、黑龍江、安徽、廣東、湖北、江蘇、河北、北京、河南、陝西、山東、浙江、雲南等省市流傳的歌謠一百四十八首。中國徵集民俗歌謠的事業，就此開場了。

但據臺靜農說，魯迅先生應為徵集民間歌謠的先啟者。一九一三年，他在給教育部編纂處發表的一篇《擬播布美術意見書》中，就提到了「當立國民文術研究會，以理各地歌謠、俚諺、傳說、童話等，詳其意誼，辨其特性，又發揚而光大之，並以輔翼教育。」魯迅的啟示下，北大印出《徵集近世歌謠簡章》，並打算將來編成《歌謠彙編》與《歌謠選編》兩書，作為籌建北大二十周年的禮物。再以後，就是成立「歌謠研究會」了。

一九二〇年十二月十九日，由沈兼士、周作人主持的「歌謠研究會」在北京大學正式成立。一九二二年一月，作為中國大學最早創立的研究機構「國學門」成立，將歌謠研究會併入國學門。為了更有利的蒐集和宣傳民間歌謠、引起學界興趣，同仁們決定創辦發行《歌謠》週刊。同年十二月十七日，北京大學正式創辦了《歌謠週刊》，周作人為創刊號擬定了《發刊詞》。到一九二四年五月，徵集到的歌謠、諺語、謎語等就達一一〇〇餘首。到了一九二五年六月二十八日，《歌謠週刊》總共出版了九十七期，先後由常惠、顧頡剛、魏建功、董作賓四人負責編輯。起初，週刊是隨著《北大日刊》附送的，自一九二三年九月第二十五期起，改為單獨發行。《歌謠週刊》不僅是國學門徵集與討論歌謠的一個機關刊物，也是中國第一份民間文學刊物，發表的民間歌謠除新疆、西藏、熱河外，幾乎涵蓋了全國各地，其內容以反映婦女痛苦生活的歌謠和兒歌為多，也有不少情歌、儀式歌（喜歌、喪歌等），還有一些時政歌謠以及長工歌、勞動歌等。形式上以只說不唱的民謠和曲調自由的山歌、小調為主，多從文學、語言學、民俗學、社會學、風土人情等角度對歌謠進行探討和敘述。這本小冊子一時成為當時研究民間文學的中心，也是收集蘊藏中國各地兒歌與民歌的一個搖籃。

臺靜農還說，常惠即常維鈞是其中挑大樑的人物，提到北大歌謠研究會，則無人不知有「常惠」其人。連胡適之先生都說過：「常維鈞是歌謠會的老祖宗。」這話不特風趣，也是事實。由於《歌謠週刊》是在現代新文化運動中出現的，作為北大出版的學術刊物，獨具科學與民主的時代精神，再加上它每期銷售達千份，又以週刊的形式持續刊載全國各地寄來的歌謠以及討論文章，讓這些資料傳播很快，影響很大。一九二四年一月三十日，《歌謠》發行一年多後，歌謠研究會就迎來了一批新會員，他們中間包括傅振倫、董作賓、容庚、容肇祖這些後來都卓有建樹文化學者，連遠在法國留學的劉半農也申請加入了研究會。從會員分佈的十多個省的情況來看，一場關注蒐集、研究討論民間文化的歌謠運動，在全國逐漸形成，並成氣候。除去這本《歌謠週刊》之外，歌謠研究會還出版了一些歌謠小叢書，如顧頡剛的《吳歌甲集》、《孟姜女故事歌曲甲集》和董作賓編的《看見她》，都是作為平民文學叢書形式出版的。

筆者手中存留有四本《歌謠週刊》，為二、三、五、六集，這四本小書均為上海中華書局作為「平民文學叢書」印刷，前面是「歌謠集例言」，後面是「本集投稿者」，尚有版權頁的第五集印刷時間為一九二三年十二月，第六集是「民國十七年八月三版」，初版為一九二四年二月，四年多的時間連續三次印刷，可見這本小書在當時也是頗受大眾讀者歡迎的。

當年蒐集的都是些什麼歌謠，不妨摘錄一二看看：

《吃肉》（黑龍江）

莊稼人，盡穿老破襖。
一天三回烤，
別說吃肉，性命也難保。
街上人，盡穿綾羅緞，
別說吃肉，皮都看不見。

這是第二集裡，借用一個蝨子的口吻，來形容貧富懸殊的。

《月月花》（浙江）

正月梅花香又香，
二月藍花盆裡裝，
三月桃花紅十里，
四月薔薇靠短牆，
五月石榴紅似火，
六月荷花滿池塘，

七月梔子頭上戴，
八月丹桂滿枝黃，
九月菊花初開放，
十月芙蓉政商妝，
十一月水仙供上案，
十二月臘梅雪裡香。

這是第五集中的一首，是百花時令的一首兒歌，

《酸棗棵》（直隸三河）

酸棗，酸棗棵棵，
樹葉，樹葉多多，
金盆洗，銀盆臥，
長大了，說婆婆；
十個翁，十個婆，
十個小姑管著我；
挑芽菜，餵雞鵝，

挑泔水，餵勒勒。
井臺高，看見娘家大樹梢；
井臺矮，看見娘家大白鵝。
一年三百六十天，
不來接接我。

這是第六集中，借一個小媳婦之口，訴說自己婚姻之苦的。

一九三五年北京大學文科研究所決定恢復「歌謠研究會」，並請周作人、魏建功、羅常培、顧頡剛、胡適等人為研究會委員，次年年四月，《歌謠週刊》在胡適主持下復刊，到了一九三七年六月，隨著抗日戰爭的臨近，新一代的《歌謠週刊》也就無疾而終，成為絕響了。

33 賀龍骨灰安放儀式的背後故事

文革期間的一九六七年九月十三日，經毛澤東批准，成立賀龍專案組。一九六九年六月九日，賀龍被迫害致死。一九七三年十二月二十一日，毛澤東在同參加中央軍委會議的同志談話時，說：「我看對賀龍同志搞錯了，我要負責呢。當時我對他講了，你呢，不同，你是一個方面軍的旗幟，要保護你。總理也保護他呢。……要翻案呢，不然少了賀龍不好呢。」（見中央文獻版《毛澤東傳》）一九七四年九月二十九日，中央發佈了《關於為賀龍同志恢復名譽的通知》。一九七五年六月九日，在賀龍元帥含冤逝世六周年的日子，中央軍委等單位在八寶山舉行一個小型的非公開的「賀龍同志骨灰安放儀式」。

據後來的材料披露，賀龍家屬雖被通知參加這次儀式，但被要求對外保密，提出「不治喪，不致悼詞，不獻花圈，不報導，不宣傳」。這是六月六日王洪文主持的中央政治局會議討論決定的。賀龍的長女賀捷生在六月七日分別寫信給毛澤東和周恩來，表示對這種做法「百思而不可解」。周恩來看信後立刻給毛澤東寫信：「……今得賀捷生同志此信，特送上。如主席另有指示，當與政治局設法補救。」當天，毛澤東批覆：「照總理意見辦理。」接到毛澤東批示後，周恩來決定：重新佈置會場，安放花圈，準備悼詞，他自己親自參加這個儀式。到了六月九日下午。總參一位副參謀長來通知：「下午的骨灰安放儀式，由葉帥講話，致悼詞，總理指示：要開追悼會，要送花圈，要奏哀樂，要登報，要通知親友參加……」總之，將原來中組部和總參定的一大堆「不准」全都翻過來了。

這個「翻過來」的過程，究竟是怎樣一個過程？看到一本講述個人經歷的回憶錄自印本《是這樣走過來的》，書中有一節，專門談到他經歷參加賀龍元帥骨灰安放儀式的過程，其中的內幕細節，尤為珍貴，可以彌補正史之不足。回憶錄的作者劉振傑，河北安國人，一九二七年出生，離休前原為中央軍委辦公廳原副主任、軍委檔案館館長。

劉振傑回憶，賀龍治喪委員會領導小組的成員有中央組織部長郭玉峰、軍委辦公廳主任胡煒、國務院副秘書長吳慶彤、總政治部副主任魏伯亭。一九七五年六月二日，開始研究為賀龍元帥辦理喪事，並成立秘書組、行政組、交通組、衛生組、安全組。劉振傑負責秘書組的具體工作。六月四日下午，他同另兩個同志到賀帥夫人薛明處商量骨灰安放儀式問題。提出：一、送花圈的範圍，只能是直系親屬送，另增加廖漢生及其家屬，因為他是賀帥的外甥，時任南京軍區政委。二、守靈站位，前邊與中央首長握手告別的，只能是薛明、子女、兒媳、女婿。大女兒、大女婿將方案列印好，送領導小組每人一份。六月六日，印製好了治喪用的工作證、請柬、汽車證。這天他還到八寶山革命公墓，與公墓革委會的人一起看了現場。七日，治喪領導小組成員與各組負責人在八寶山召開現場會，彙報商量好的預案，最後確定。對家屬提出的名單、設簽到薄原則上同意；花圈兩個，親屬、兒女、孫子能放下的可同意；守靈站位，前排直系親屬，後排旁系親屬共十九人，可以同意；兒媳、女婿可以來，按照主席政策辦理；告別儀式在小禮堂舉行。同日下午，在軍委三座門第十六會議室約見薛明商量上午研究的方案。薛明表示沒什麼意見，感謝中央在政治上的關心。但提出骨灰盒要換一下，骨灰袋換成紅綢子的。還提出專案組所說的賀龍骨灰用的不是真名字，因為賀龍死後是用王玉這個假名字火化的，骨灰盒上的名字又是數字編號，懷疑骨灰是不是賀龍本人的？治喪小組表示事先進行了認真的核對，確實無誤，薛明這才放心了。

八日零點三十四分，領導小組召集緊急會議。胡煒說：「紀登奎過問治喪的事，我把過程說了，他說，朱總司令、小平、江青沒有不合適。講不講話？葉帥指示，很快寫了講話的東西，還是悼詞？不然不是開個啞巴會嗎？」散會後，以金濤為主起草了個悼詞稿子，幾個人又湊了一個講話稿子，研究定稿後，由胡煒副總長呈葉副主席，順利通過。

治喪方案呈報中央後，周總理批示：「徐寅生要來，體委多來幾個。」凌晨兩點，劉振傑將總理的指示電話傳達給體委主任莊則棟，莊說：「他叫他（指徐寅生）去就去唄。」劉振傑一聽他這口氣，對總理不尊重，很有氣。莊則棟又說：打籃球的誰誰，踢足球的誰誰，跳高的誰誰，田徑的誰誰，說了十來個名單後，問劉振傑夠不夠？劉回答說：「我只是傳達總理指示，你是體委主任，增加誰和誰去，由你決定。」

此時，張春橋也有一個批示：「用紀（忌）日這天是迷信，不要在禮堂裡，在院子裡。」

治喪小組認為，六月九日，是賀帥被迫害致死的日子，這天舉行骨灰安葬一是有紀念意義。另外參加告別的同志有許多老同志，年高體弱，怕日曬雨淋，容易感冒，所以還是向中央建議，仍以原方案為宜。原方案是因主席、總理身體不好，不去八寶山向骨灰告別，由王洪文主持，念悼詞，葉帥覆蓋黨旗。到了六月九日下午四點舉行儀式的前十分鐘，總理突然來了，先到第一休息室看望薛明。既然總理來了，立即改變了程序，改由葉劍英主持，總理致悼詞，沒有王洪文什麼事了。總理坐在沙發上，因為來得急，沒帶花鏡，從新華社記者那裡借來一副眼鏡。總理一來，儘管氣氛是沉悶的，情緒是悲痛的，但大家內心很高興，對跟隨賀老總南征北戰的老部下、老戰友，對家屬親友都是安慰，對亡靈也會是最好的安慰。太好了，總理真偉大。

送靈的排列是，女兒賀曉明捧遺像，兒子小龍捧骨灰盒，女兒黎明、捷生捧花圈，後面緊跟著薛明和親屬。賀捷生是賀龍與前妻蹇先任在一九三四年長征路上所生的女兒，是賀家的長女，但在喪事安排上沒有把她擺在長女的位置上，到下午五點，骨灰安放儀式結束。

晚上，根據廖漢生的建議，起草了致湖南桑植縣委的信，經葉劍英批准後發了出去。又根據簽到簿核對了來八寶山弔唁的名單。

賀捷生曾為要求骨灰安放儀式見報的事情，給中央寫了兩封信。總理召集政治局開會研究後，將不予見報的意見報告了毛澤東，主席同意不見報。六月十七日在在三座門第四會議室，由胡煒、郭玉峰、吳慶彤等找賀捷生談話，說：你寫了兩封信，主席、總理都看過了，同意政治局的意見，總理讓我們把主席的批示傳達一下。為什麼不見報？為賀龍同志平反昭雪的中央二十五號文件已經發至全黨、全軍、全國人民，有牽連的人都解決了，而且解決的很快。不要光靠登報，要看黨組織，聽主席、聽中央的。你是通情達理的，也不要干擾主席、總理了，總理親自去了嘛。中央發的二十五號文件澄清了事實真相，是林彪反革命集團陷害。舉行儀式是應該的，再登報，會引起些什麼問題，敵人會造謠污蔑。為大局想想，骨灰安放儀式很隆重，希望捷生同志理解，弟弟妹妹不理解，去做工作，從組織上、思想上接受、服從。希望化悲痛為力量，做好工作，黨員按中央指示辦事。

賀捷生回答：向中央首長表態，爸爸得到昭雪很感動，六月九號那天受到的教育很深，總理去了，很隆重的，我要好好工作。我是在歷史博物館做黨史工作的，爸爸能不能出現？南昌起義是光榮的一頁，也想過登報後敵人造謠。將來寫黨史怎麼辦？也就是這個心情，供中央將來考慮。服從中央、主席、總理、政治局的決定，就是以後怎麼辦？

郭玉峰：將來中央會正確的處理。

賀捷生：洪湖地區還有很多同志沒有落實政策，高的解決了，低的沒有解決。

吳慶彤：如果你知道哪個人為賀龍受牽連沒解決的，你提出來。

賀捷生：洪湖地區鬥爭激烈，光有二十五號文件不行。在我們的館鬥爭也很激烈，我不是因為父親是賀龍，在展覽上爭個版面、地盤。確實南昌起義是不容易走過來的，不是那個意思，我當然相信主席。向首長提一個要求，希望把總理的講話稿給我一份，作為我學習。

吳慶彤：可以，複印一下，原稿存檔。

賀捷生：有些地方沒有傳達二十五號文件。有人說，不登報是賀龍有錯誤，陳老總開追悼會毛主席都去了。

在與賀捷生談完話後，上午十點又找到薛明、賀鵬飛談話。

郭玉峰：原來不是要說給桑植縣委寫封信嗎？我們寫了，呈給了葉副主席、總理。總理考慮好不好？說不再多發文件了，並不影響地方知道。

薛　明：那很好了，我一直認為黨中央、毛主席對賀總很關心，骨灰安放儀式很隆重。去年平反了，今年又舉行了儀式，特別是總理帶病出席了儀式。感謝主席、中央，在座的同志工作認真，借此機會致謝。不再給桑植發通知，完全擁護總理指示，總理想得周到，完全擁護，沒有意見。漢生告訴我給桑植發封信，那時候我才知道。本來我自己沒有這個問題，這很好，考慮周到，照此辦理。剩下來的問題，我自己和孩子的問題，中央很關心。「九・一三」後，如何嚴格要求自己，如何教育自己，一定遵照總理和其他負責同志指示去辦。當然很不容易，如何繼承賀總遺志，跟主席、跟中央，要革命要幹，繼續革命，我和孩子們一定有這決心。

郭玉峰：有什麼需要解決的問題？

薛　明：我越來越好，解決了房子問題，也修了。安排了死人，又安排了活人，我是心安理得。我沒做什麼工作，組織上照顧又照顧，以後以實際行動回答中央、毛主席。很多老同志說好，好，沒說的了，都滿意。親屬也是老同志了，他們是二十九年、三十三年、三十五年的老革命。

郭玉峰：捷生寫了信。

薛　明：第一封信我不知道，第二封信我反對，我說寫信是不對的。鄧大姐說，你管不了別管了，組織上去管，組織上做工作比我們有力量。

在辦完骨灰安葬儀式後的一個禮拜的晚上，薛明請外地親友和部分領導小組成員在家裡吃飯，共擺了三桌，主食是炒麵。這樣的場合是沉悶的，儘管捷生和弟妹們親自為大家斟酒，誰也喝不進去多少，只有薛明在主動引導大家說笑，來活躍氣氛。

看過上面這段回憶文字，可以瞭解，由於當時的形勢和條件，一九七五年的這次給賀龍平反並不夠徹底。如明明是迫害致死，文件上卻說是「病故」；想給桑植老家寫封告知信，竟也不被允許。直到粉碎「四人幫」後，習仲勳來探望賀龍的家屬時，薛明又一次提出了這個問題。她說，毛主席一九七三年就講過賀龍要徹底平反，但上次的平反不徹底。習仲勳把她的意見反映了上去，中央很重視。於是，一九八二年十月六日再次下文件，為賀龍作了徹底的平反，恢復了他在中共革命史上的應有地位。

34 「一路走來，始終如一」的吳大猷

知道臺灣前中央研究院院長吳大猷這個名字，是二十年前讀過他的一本薄薄的自傳《回憶》。五十年代，胡適之先生向蔣介石引薦物理學家吳大猷回臺灣工作時，曾這樣形容過他：「五四後中國發展需要『德先生』（Democracy）與『賽先生』（Science），我本人可以致力於哲學思想的更新，為中國鋪下德先生的路，但如果臺灣要賽先生，就必須由另一個人來做，那就是吳大猷。」後來，吳大猷因此回到臺灣，也確實為臺灣日後的科技產業發展奠定了最豐厚的基礎。很多人都知道吳先生當年向蔣介石爭取開放學生出國留學，為臺灣培植相當多國際人才，其實他更大的貢獻是在相當重視國防等應用科技發展的當年，堅持向臺灣當局爭取發展基礎科學教育，可以說，臺灣在二十世紀七八十年代有如此充沛的科技產業人才資產，使經濟迅速起飛，以至躋身於亞洲「四條小龍」之列，就是他當年爭取的成果。

吳大猷（一九〇七～二〇〇〇年），廣東高要人，一九二一年進入南開中學，一九二五年進入南開大學礦科，一九二六年南開礦科停辦，改入物理系；一九二九年入南開大學任教；一九三一年獲中基會資助，前往密西根大學攻讀博士；一九三三年獲博士學位，這是中國歷史上最早獲得美國理論物理博士的三人之一。一九三四年回到北大任教，一九三八年轉任西南聯大教授，一九四一

年在聯大開高等物理課程，聽課學生有楊振寧等人。一九四五年獲選為西南聯合大學第八屆校務會議代表，此時李政道由浙大轉來，接受吳大猷的指導。一九四七年獲選為加拿大皇家學會會員，一九四八年被選為中央研究院院士。其研究工作多在原子分子結構及光譜、核子散射、大氣物理、電離體及氣體方程式、統計物理、相對論等方面，為國際知名之物理學家。一九五六年應胡適之邀回臺，在臺大和清大聯合主辦的研究生班講授古典力學和量子力學，兼及流體力學和核子間的交互作用問題。一九八三年十一月，出任臺灣當局中央研究院院長。其間，工作成果斐然著有研究論文百餘篇，專著《多原分子振動光譜及結構》、《量子力學散射論》、《氣體及電離體方程式》、《狹義及廣義相對論》、《近代物理學的基》、《古典動力學》（英文中文）等十二冊。一九九一年一月卸任中央研究院院長，二〇〇〇年三月四日病逝於臺大醫院。

其實，胡適不僅舉薦過吳大猷，在此之前，還保護過吳大猷呢。據《胡適之年譜長編》記載，一九四九年秋，國民黨潰退臺灣之時，吳大猷正受加拿大國家研究院之聘，主持那裡的理論物理組工作，有人向臺灣的情治部門打報告，說吳大猷這人也不可靠，胡適為此事，特別寫信給國民黨政府駐三藩市的總領事，為吳大猷擔保。幾十年後，當吳大猷看到這部年譜後，才得知這段往事。其實，對人才珍惜與識拔，正是中國文化人的一貫傳統。胡適對「中國的物理學之父」吳大猷是這樣做的，而吳大猷對別的人才，對第一次獲得諾貝爾物理學獎的楊振寧和李政道，也是這樣做的。這樣的故事，我們從吳大猷《八十述懷》（臺灣遠流一九八七年版）中可以讀到。

抗戰的第二年，由北大、清華、南開三校組成的西南聯大在昆明成立。吳大猷所在的物理系的教授，也來自這三個學校。來自清華的有葉企孫、吳有訓、周培源、趙忠堯、王竹溪、霍秉權；北大的有饒毓泰、朱物華、吳大猷、鄭華熾、馬世俊；南開的有張文裕。這些教授，年齡少長，各有專長。物理系每年級只有一班，約三、四十名學生，學生多是來自淪陷區，膳雜費均有政府負擔。戰亂時期，顛沛流離，物理系的參考圖書及研究試驗設備，幾乎等於零。到了一九四〇年，日本軍隊占領越南，滇越鐵路斷絕，就是有錢也無法購置設備，而且還要時時躲避敵機的空襲。儘管如此，這些鍾情於科學事業的教授們依舊抱著「知其不可為而為之」的精神，繼續自己的科學實驗與研究。在試驗研究方面，趙忠堯用從北平帶出來的五十毫克鐳做了人工中子放射性元素實驗；吳大猷用由北平帶出來的光譜儀的稜鏡做晶體的光譜測定；周培源與其研究生林家翹解答了激流理論上的一個基本性的重要問題；王竹溪則帶領研究生楊振寧、李蔭遠從事統計力學問題的研究……

在西南聯大八年物理系時間裡，吳大猷教過電磁學、近代物理、古典力學、量子力學。在古典力學課程將結束時，他提出了十多個課題，任個人各選一題作一篇論文。楊振寧選的是用群論方法於多原分子的振動問題。到了一九五七年末，李政道與楊振寧在廣播上聽到自己獲取該年度諾貝爾物理學獎的消息後，分別給他們的老師吳大猷寫了一封信。楊振寧在信中說，自己所從事的研究工作，包括得獎的項目，都與對稱性的有關，多可溯源於一九四一年吳大猷老師所教授的群論，這件事他一直想告訴老師，今天才是最適當時機。以後，楊振寧在許多場合都說，對他一生研究工作影響最大的，就是吳大猷的對稱性和王竹溪統計力學。

到了抗戰即將結束的一九四五年春天，忽然有個胖胖的、十多歲的孩子拿了一封介紹信來找吳大猷，信是一九三一年吳大猷在密西根大學所認識的梁大鵬寫的，這位十多年未通音信的熟人信仲介紹的孩子叫李政道，他原在宜山浙江大學讀大學一年級，因日軍逼進宜山，便奔去重慶，因他姑姑認識梁，又有梁介紹他去昆明見吳大猷。那時候不經考試，不能轉學，吳大猷就叫他去隨班聽講考試，如合格，就等到暑假後正式轉入大二。李政道應付課程，綽有裕如，而且求知心切，每天都來找吳大猷請求給他更多的閱讀和習題。吳大猷患有風濕痛，李政道就替他捶背，還幫忙作家裡的雜事。吳大猷無論給他多難的書和課題，李政道都會很快的完成，又來索取更多的難題。這讓吳大猷對他的評介是：「思想敏捷，大異尋常。」

對於這兩個卓有成就的學生，吳大猷是這樣認為的，讀書是要靠自己，不能完全依靠老師，凡事都要老師教了才懂，這不是念書之道，世上要做任何事情出成果，非有自動奮發的精神不可。所以讀書要有兩種東西，一是「天資」，二是「努力」，努力是發自內心的一種力量，有這種力量推動，則無事不成。比較西南聯大當年的困難境地，還培植出許多傑出的人才，吳大猷不無感觸的說：「一個高等學府與學風的形成，人的意志、理想和精神影響力，遠大於物質的因素。」以北大來說，學院被分割成三塊，有名的文學院是一座紅樓，理學院是一棟平房構成的舊王府，法學院是在民國初年的舊樓房裡。在北洋政府期間，教職員工被欠薪乃是常事。但就在這樣的情形下，「五四」前後十數年間建立的「北大學風」，有國學大師，有中西哲學大師，可謂治學專精，包羅相容，人才輩出，其學風之建立，主要在人，而不是物資。吳大猷就是七十年如一日，實踐著「一路走來，始終如一」的人生信仰，他於三十年代在美國以手工艱苦計算的高電荷正電離子的資料，在六十多年後經幾秒鐘的電腦計算，完全印證了他當年的物理結論。

近讀在臺灣有著「四大公子」（連戰、錢復、陳履安、沈君山）之雅稱的沈君山的《浮生三記》中「哲人其萎」一章，讓人對吳大猷有了更深刻的的瞭解，因為吳大猷平生自覺的最得意的兩件事，一是阻止了臺灣發展原子彈，二是為臺灣發展了大批的科技人才。學生沈君山回憶，六十年代，臺灣軍方有意規劃製造原子彈，吳大猷卻在蔣介石面前立陳其非，說：「你的那些人，寫的計畫我看了，原子彈的知識都是從《讀者文摘》抄來的，而且做了原子彈，依臺灣的狹小之地，到那兒去試爆？沒有導彈，去炸什麼人？都沒有想過。」為此，吳大猷還成了臺灣軍方的眼中釘。另一件事也發生在六十年代，當年臺灣出國風氣甚盛，而且留學生多數滯留美國不歸，國民黨上層遂有禁止留學生出國之議。吳大猷為此又上書「總統」，指出培養人才，儲於異邦，長期以來，對國家未必不利。而他這兩次的敢言直諫，都得到了臺灣當局的採納。

書中透露，蔣介石要研製原子彈是早存此心的，自美國在日本丟了兩顆原子彈結束了二戰，中國在國際上也算是名列「四強」的，可蔣介石認為一定要發展原子彈，才能在國際事務上有名副其實的發言權，就撥了十萬法幣開發研究原子彈。吳大猷為此上書，詳細剖析，認為有人才會有彈，培養人才乃是發展國防科技之第一要務，而根據當時中國的條件，是造不出原子彈的。蔣介石接到上書，恍然大悟，就欣然接受了吳大猷這種前瞻性的建議，將十萬法幣轉撥為留學經費，挑選有天賦的年輕人才，由吳大猷帶領赴美進修科技。這批年輕人裡，以後就出了楊振寧、李政道兩位諾貝爾獎得主，還有華羅庚這樣的世界級的學者。令人始料不及的是，蔣介石當年的期望，並沒有完全落空，吳先生攜帶出國的青年中，有一位名叫朱光亞的還真的幫中國人造出了原子彈，不過那是在毛澤東領導下的中華人民共和國了。

沈君山的前輩，是那本纏綿悱惻、餘韻流長的《浮生六記》的作者沈三白，所以這三記也得有那六記的真傳，狀物寫人，栩栩如生。文中最後寫到，在吳大猷彌留之際，學生李政道一邊撫摩著先生的手，一邊絮絮追述著五十年前他十八歲大學二年級時，吳先生破格提拔他出國深造，以及其後種種往事。聽到這裡，吳先生的眼珠會忽然轉動兩下，而且腳趾也會有屈伸，這種純真感情的交流，讀來令人感動。

吳大猷逝世後，沈君山在墓前立碑刻石，以八句輓詞哀悼之：

治學以恒，誨人以誠
巍巍夫子，士林共尊
共留寶島，情歸故國
哲人其萎，典範永存

35 革命無情地吞噬著自己的孩子

——「瓊崖地下學聯冤案」的烈士們

在審訊中，對年輕的熱血青年進行夜以繼日的嚴刑拷打，他們動用的各種刑種累計有：吊打、夾棍、打膝蓋、電刑、用針刺或用煙頭燒烤女青年的乳頭、用竹籤子刺手指、灌辣椒水。總之，凡是能想出來的人間酷刑他們都用了，受刑者被折磨的屎尿並流、死去活來、哀聲怪叫。從審訊室裡常常傳來淒慘的求救聲和以頭撞擊牆壁的聲音。最可憐的是那些女學生，她們在審訊時的那一刻只求一死，因為除去刑訊，她們還要遭受獸性的凌辱，審訊者把她們的衣服扒開，狂笑著用點燃著煙頭去燙他們的乳房……

無論誰讀了上面那一幕幕令人毛骨悚然、不寒而慄的文字，都會聯想到這種法西斯行徑是發生在小說《紅岩》中的渣滓洞集中營裡面，是喪盡天良的美蔣特務折磨我們革命志士的場景。不，恰恰相反，這個恐怖場景卻發生在中共建國之際的海南島解放前夜，是海南黨組織自己人對自己人所施用的酷刑，是發生在一九四九年底和一九五〇年間的「瓊崖地下學聯冤案」的真實經歷。在這場冤案中，有三十一個風華正茂的革命志士，就死在自己人的槍口與酷刑之下，永遠長眠在他們為之奮鬥的土地上。

冤案生成

據親歷者也是倖存者、原法律出版社社長兼總編輯藍明良的回憶文章《心香一瓣托哀思》（見《夕陽頌——法律出版社建社五十周年文集》）記述，成立於一九四八年五月的瓊崖地下學聯，是解放戰爭時期在瓊崖黨組織直接領導下的地下組織，從一九四六年組織讀書會開始到一九四八年正式宣佈成立，先後發展到三百多人（包括週邊組織）。他們中有來自南京學運的骨幹人物、進步歸國僑生、進步教師、革命堡壘戶的後代、貧苦青年、從富裕家庭參加革命的學生以及烈士的遺孀等。地下學聯透過讀書活動，團結進步同學，搞策反活動、襲擊警察局、演進步戲劇、諷刺國民黨的統治。尤其是學聯冤案在根據地發生後，學聯成員依舊冒著被打成特務的危險，配合即將渡海作戰的解放軍，成功刺探「伯陵防線」，為海南解放做出了貢獻。在國民黨白色恐怖十分殘酷的海南島上，這個組織就像一把鋒利的鋼刀，在非常險惡的環境中與敵人展開鬥爭，取得了一個又一個勝利。

可就當全國解放戰爭節節勝利，海南島也面臨解放的時候，在瓊崖革命根據地中，也就是瓊崖區黨委和瓊崖臨時人民政府所在地的白沙縣毛棧鄉，卻發生了一場駭人聽聞的學聯大冤案，由海南的革命領袖、人稱「不倒的紅旗」瓊崖區黨委書記馮白駒親手製造了這樁特大慘案。冤案的由來其實很簡單，是由瓊崖縱隊的一個女戰士劉秋菊吃過飯後，突然肚痛腹瀉後死亡引發的，疑點是一個年僅十二、三歲的小公務員，經過追查，這孩子承認自己是投放毒藥特務，還偷竊過子彈。之後便是套用在「搶救運動」中慣用的那種連串逼供信的手法，於是，在嚴刑拷打之下，竟然追查到一連串的特務，而地下學聯也成了具有「反共會」性質的特務組織。不到半個月時間，在白沙、文昌、瓊山等地工作的三百二十多名地下學聯成員和週邊有關同志全部「落網」，其中的二十一個被認為是「不肯坦白」和「頑固不化」的成員在受盡酷刑後槍決；其他原因死亡的十人。

這些被當作敵人而遭處決同志都很年輕，有的才剛滿十六歲，還是孩子。他們每個人都有一個獨特成長的經歷，短暫的生命中，幾乎都蘊藏著一個個撼人魂魄和催人淚下的故事。

陳義俠

據藍明良回憶，瓊崖地下學聯的創建者之一陳義俠是一個農村小夥子，他性情憨厚，卻又有一雙聰慧過人的眼睛。陳義俠出生在一個革命家庭，一九四二年，十二歲的他就參加了抗日兒童團並任兒童團團長。後來，受黨指派，他是作為播火者來到瓊崖師範學校上學的。時至今日，藍明良仍記得與陳義俠一起在夜間張貼傳單、宣傳革命的危險情景，陳義俠面帶笑容地說，散發張貼傳單對他來說是家常便飯，沒有什麼可怕的，他倒想看看明天國民黨官員亂成一團的狼狽相。第二天情況果然跟陳義俠說的一樣。等到天明時，大批市民圍觀《告瓊崖人民書》時，國民黨駐軍和警察局惶惶不安，亂成一團，驚呼：「昨夜共產黨進入海口市裡了！」地下學聯冤案發生後，陳義俠是在瓊山被捕槍決的。在生命的最後日子裡，這個革命者咬破自己的手指，在日記裡寫下了文天祥「人生自古誰無死，留取丹心照汗青」的詩句，以表示他對黨、對革命的忠貞不二。

陳義俠臨刑前只有一個要求，把他的日記本交給他的母親，在這個日記本裡，記載著他參加革命的理想、情操和經歷。面對槍口，他對行刑的同志說：「殺我是錯的，你們應該留下寶貴的子彈去殺敵人！」最後還說：「你們繼續革命吧，我先走了！」然後在高呼「共產黨萬歲」口號聲中飲彈而亡。

一個從小就參加兒童團的革命堅強戰士，一個具有鋼鐵般意志和心地如水晶般透明純潔的革命者，就這樣被自己人的子彈給擊穿了。陳義俠死時，剛滿二十周歲。

林雲

林雲是地下學聯的創建者和領導人之一，也是地下學生運動的傑出代表。他出身豪富，父親是海口當年赫赫有名的白宮酒店老闆，但他卻義無反顧地背叛了自己的家庭，走上了一條為革命奔走和犧牲的道路，並且最後獻出了自己的年輕生命。

藍明良回憶，從表面上看，林雲裝束入時，風流瀟灑，儼然一副富商子弟派頭，並且還利用自己的身分，到越南為黨組織籌款。但他的一切言行都服從地下工作的需要，自覺的遵守黨的紀律。「鐵的紀律」，這是他經常用以教育同志並約束自己的圭臬。他學習勤奮，不僅讀魯迅，還讀《資本論》，既有理論知識也有實踐經驗。正如後來地下學聯冤案平反時一位中央來的領導對他的評價：「林雲是一位不可多得的革命者，既有詩人浪漫的氣質，又有理論家善辯的才華，可惜他犧牲得太早了！」

一九四九年八月二十四日，是瓊崖革命史最為蒙羞的日子，瓊府司法廳召開宣判大會，宣佈地下學聯為特務組織，領導人林雲為「特務頭子」和「司令」，立即被執行死刑。林雲之所以成為「特務頭子」，事出有因，因為他進山來到根據地之後，作為知識分子出身的他愛提意見，曾向瓊崖縱隊領導建議：「隊伍中不要講粗話、髒話、要組織學習文化、學理論、要搞讀書運動。以提供全體隊伍的文化理論素質。」沒想到這些話為自己種下了禍根，成了「貶低領導、驕傲自大、打擊領導」的罪證。

林雲臨死前，已經被折磨的遍體鱗傷、不能動彈了，他的雙手和雙腳被捆綁著，中間穿過一根棍子，讓村裡人說像殺狗一樣地被殺掉了。

吳慰君

據公開出版的《海南公安四十年》的記載，在行刑階段，主辦者臥室就是刑事拘留室兼吊打室，文中稱：「……在審訊學聯成員時，採取刑訊逼供、指供、誘供等手段，不供就逼，供而後信，信而後定，定而後錯，造成極其嚴重的後果。如審訊學聯成員何天嘯時，主辦案者（李英敏）親自主持，他集中當時七、八個幹部做打手，何不承認是特務，經嚴刑拷打，才被逼承認為『特務』。主辦案者問：還有誰，某某人是不是特務？不承認又打，刑訊到半夜才逼何供出林書嶺、劉歹等十三人為特務。於是，又逮捕了一大批成員。」

同一天被殺掉的，還有林雲的愛侶、瓊崖師範的學生領袖和地下學聯的骨幹吳慰君。吳慰君來自香港，原是大家閨秀，家裡在香港有一家飯店和「新華印刷公司」。她是在一九四八年底，在黨組織的安排下，瞞著自己的親愛的雙親，顧不得拿上最簡單的行李，來投奔瓊崖縱隊的，準備將自己的一生獻給海南人民的解放事業。

這位端莊秀麗、才情橫溢的女子在執行死刑前，美麗的雙眸被蒙上一塊黑布，白皙的臉龐被拷打的傷痕斑駁。當她聽人悄悄說她的愛人林雲已經被打得動彈不得時，一向溫文爾雅的她大聲地要求揭去蒙著雙眼的黑布，好讓她最後看看愛人一眼。這一對年輕的夫妻，終於在死前見上了最後一面。面對這人生至痛與人間慘劇，他們禁不住失聲慟哭，雙雙高喊「冤枉啊！」其聲淒烈，不忍聽聞，卻絲毫不能感動施暴者的絲毫良知，槍彈照樣射向自己的同志！

作為早期瓊崖學運的參加者、二萬五千里長征女戰士謝飛（劉少奇前妻）在吳慰君烈士的傳記序言中，是這樣寫的：「吳慰君烈士具有光輝的革命理想，堅強的革命意志，勇敢的鬥爭精神。她把寶貴的青春和生命獻給廣大勞苦大眾的解放事業。她死得悲壯，也死得光榮！」

嚴雪

六十年過去了，留存在藍明良腦海裡依舊有揮之不去的一個烈士影像，她就是女英雄嚴雪。她的經歷酷似江姐，走的是江姐的路。令人難過的是，江姐是死在敵人屠刀下，而嚴雪卻死在自己人的槍口之下。

嚴雪的丈夫陳克，一九三八年在廣州參加革命和入黨，是中共地下黨湛江情報站的負責人，嚴雪在他的領導下，搞過情報工作，搞過武裝鬥爭，從一個貧苦的農家女，成長為一個意志堅強、能文能武的革命戰士。一九四六年，嚴雪的愛人陳克因鬥爭需要，調去搞後勤供應鬥爭，他帶領湛江地下黨的十幾條帆船運載物質到澳門，在海上與國民黨軍隊遭遇而犧牲。此後，嚴雪擦乾眼淚，繼續在游擊區堅持武裝鬥爭，在極端困難的日子裡，南路特委為了保護嚴雪一家三口的安全，不讓嚴雪一家遭到敵人的追捕和迫害，從海路護送回海南。但是嚴雪一踏上久別的的家鄉，就強忍著失去親人和戰友的悲痛，安置好老母，背上年幼的兒子，以教書為掩護，走上了尋找黨組織道路。藍明良至今還記得那一個細雨濛濛的晚上、在約定的地點與嚴雪會晤的情景。嚴雪中斷多時的組織關係得以恢復，她心中的喜悅之情難以言表的，面對這位令人肅然起敬的大姐，除了安慰之外他還能說什麼呢！在地下黨組織的安排下，嚴雪以小學教師的身分，開始新的地下學生工作。一九四八年年底，嚴雪來到瓊崖根據地就任演豐鄉婦聯主任，不久就在地下學聯冤案中被槍殺了。

多少年後，藍明良讀完嚴雪當年背上的兒子、小名小黑仔為回憶母親寫下的文字時，淚水一次次地模糊了雙眼。這位失去雙親的兒子這樣寫道：「對於爸爸媽媽的犧牲，我十分悲傷。但是對於媽媽的犧牲尤感淒慘。因為媽媽不是犧牲在敵人手裡，而是在一九四九年十月一日中華人民共和國成立的那天，冤死在自己人的槍下！……直到今天，我還不知道媽媽的遺骨葬於何方。我想，爸爸犧牲在大海裡，估計是魂歸大海！媽媽遇難在她戰鬥過的紅鄉，其冤魂是否一直遊蕩在紅鄉?!」

韓惠敏

這天與林雲、吳慰君一起蒙難的，還有其他十四位「行動可疑」的「特務」，他們都是嚮往革命、憧憬明天的熱血青年，從被捕到被執行死刑，也就是僅僅七天時間，革命的判決，是從重從快的，真是視生命如草芥。有的進步學生像蒙島南、吳賜等人是被打得不能動彈後，給抬出去槍斃的。但他們在面對自己人冰冷的槍口下，留給人間的最後呼喊，仍是「共產黨萬歲！」

二十一歲的韓惠敏生於泰國，是一個熱情奔放、能歌善舞、酷愛體育的漂亮姑娘。一九四八年夏，瓊崖縱隊為了爭取東南亞華僑的支持和經濟上的援助，派人到泰國等地發動海外的進步力量資助瓊崖革命，並組織進步青年回國參軍參政。年僅二十的韓惠敏說服了親愛的家人，踏上歸鄉的路途。這年九月，正值瓊崖縱隊政治部文工團要成立，惠敏參加了組團的工作，負責歌舞的基本訓練。其間並與副團長鄭放（後任團長）、一位英俊瀟灑、為人厚道的歸僑青年，深深地相愛了。幾十年後，曾被牽入學聯案的舞蹈家邢浪平仍記得當年這位可愛的姑娘給大家帶來的歌聲：

故鄉在何方？故鄉在何方？
母親啊我在戰場，
風霜雪夜摸索著向前進，
饑餓寒冷樣樣當……

韓惠敏被定性為「特務」很簡單，原因是：「她在海外生活的那麼舒服，為什麼要來過艱苦的生活？準是敵人派來的特務！」被槍斃時，韓惠敏已經懷有三個月的身孕。死的那一天，她穿著一件從泰國帶回來的淺藍色翻小白領上衣，下身是一條嶄新的素色長褲。看起來還是一個稚氣未脫的南洋中學生的模樣。臨刑前，韓惠敏突然脫下自己雪白的皮鞋，把這雙鞋整整齊齊地放在一棵榕樹下，然後光著腳丫子，一步一個小腳印走向生命的終點，死前的最後一聲，她也喊著：「共產黨萬歲！」

她的丈夫鄭放，因為在韓惠敏被槍殺時禁不住失聲痛哭，被組織上認為是階級立場不堅定，所以解放後一直只能擔任副職。不過，痛不欲生的鄭放從此變得沉默，身為文工團團長的他自此不再唱歌。那雙在老榕樹底下靜靜等待著什麼似的白鞋子，給人們留下了永遠悲傷和永遠無法解答的記憶……

死裡逃生的羅平與張光明

在這些讓人驚悸的一幕幕悲劇中，竟然還發生了戲劇性的場面。女戰士羅平是第十五個被執行的死刑，當槍聲響過十四聲後，居然傳來一聲：「槍下留人！」這讓羅平奇蹟般地生還。原來，當辦案人員向馮白駒介紹被槍決者的簡歷時，說：「羅平，原國民黨萬寧縣縣長的女兒。」此時，有人插話：「國民黨縣長的女兒也參加革命？這個不要殺吧！」於是，羅平保住了一條性命。從血腥的刑場上被押到監牢，送進勞改班。但等到幾十年後的晚年，雖然時過境遷，她再也不願去回憶這不堪回首的一幕。

到了一九五〇年七月，海口市公安局還在繼續逮捕地下學聯的成員。這時，地下學聯顧問張光明（全國學聯骨幹，他一九四七年八月六日在南京代表全國學聯召開中外記者招待會，宣佈《中國學生聯合會成立宣言》，並抗議國民黨當局迫害進步學生的罪行，遭到國民黨中央政府以「匪諜罪」在全國明令通緝）為了證明地下學聯不是反革命組織，找有關部門反映情況，被認為是「上躥下跳的反動派潛伏人士」而遭逮捕，並同年十月開展大鎮反運動中被列為第一個被槍決的「要犯」，還確定好了行刑的日子，但這日期因颱風耽擱了兩天。在決定行刑的當天，因海南機關是早上九點用餐，執行人員決定早餐後去監獄提取人犯，遊街示眾後再執行死刑。就在這天早上八點，海南區黨委接到南京軍管會的電報，證明張光明是在黨領導下積極進行革命活動的全國學運骨幹，是黨派來支援海南學生運動的。這樣他才得以從槍口下逃脫一命，真可謂命懸一線，九死一生，從鬼門關撿回了一條命。這個解放前曾因從事學運而被國民黨通緝的「匪諜」，解放後又在自己人的監獄裡當了七個月的「要犯」，而且差點成為地下學聯冤案的最後一名烈士。

陳龍判案

地下學聯冤案發生後，公安部連續接到群眾的檢舉信，揭發控告這一大冤案。有幾個學聯青年還秘密出逃，到北京告狀。一九五三年，時任公安部副部長的陳龍是在一個偶然機會得知這一事件的，歷史的經驗與政治上的敏感，使他感到這一問題的嚴重性，立即責成政治保衛局進行調查。在遲遲不見華南方面提交「證據」的情況下，根據經驗，陳龍就認定和判斷這就是一起假案。他說，他不相信在解放軍已經渡過長江、國民黨即將逃離大陸的時候，還會有幾百名青年學生會去參加國民黨的什麼特務組織，而且全部案情就是從口供到口供，這說明什麼？說明這個案子完全是由逼供信搞出來的。

據《陳龍傳》記載，這位經歷過延安「搶救運動」的黨的保衛戰士，在提到抗戰時期發生在山東的「湖西肅托」事件、冀東地區的「李小初托派案」以及他在延安親歷時說，這些給黨和人民造成嚴重損失的擴大化案件，無一不是用逼供信的方式搞出來的。說起這海南地下學聯案，陳龍頓時來了火氣，兩眼噴出怒火，大聲說道：「逼著一個人供十個人，逼著十個人供一百個人，幾次擴大化，不都是這樣『滾雪球』滾出來的嗎？現在全國已經解放了，黨中央規定了各種政策，可是還有人這樣幹，怎麼能夠允許？」

人命關天，急如水火。陳龍指示工作組無論遇到多大壓力和阻力，都要頂得住。後來的結論認定這是一起不折不扣地用逼供信搞出來的假案，是一次嚴重的擴大化錯誤。令工作組成員稱奇的是，陳龍的指導思想竟如此明確，這次假案的炮製與發展過程，幾乎與陳龍在北京估計的一模一樣。

平反

冤案驚動中央高層，一九五三年一月，由公安部長羅瑞卿主辦，中央監委、公安部、中南局和華南分局組成的聯合工作組緊急親臨海南，深入調查取證，徹底否定了海南區黨委的錯誤決定。三月二十四日，這樁特大冤案獲得平反，「瓊崖地下學聯」被正式宣佈為中國共產黨直接領導下的地下革命組織，追認被冤殺的同志為烈士。海南區黨委書記馮白駒作了《深刻的教訓》的檢討，主辦地下學聯一案的李英敏也作了《我的反省》的檢討。

據十多名倖存者的回憶，馮白駒於三月二十五日在南方大禮堂與幾百個受害者及其親屬座談並做檢討，當他說到「革命的同志、革命的家屬們，今天召開的這個會是沉痛的會，但案情已弄清，也是極光榮的一個會。過去受歧視，現在宣佈了，幹部們也重視了，家屬們也是革命的人民，這是極大的光榮。……烈屬們應該繼承死者的精神，保持烈屬的光榮」時，哭泣的人群中忽然有人大聲喊叫，說：「我們不要什麼光榮，我們要自己的孩子！」「還我們的孩子！」秩序曾一度失控，來自泰國、新加坡、馬來西亞的華僑有的拿著自己孩子的遺物，向馮白駒討要自己的孩子。歷經幾十年革命生涯的馮白駒，此時有些憔悴的臉上滿是無奈、誠懇和愧疚交織的神情，任由那些失去至愛的親人們一邊哭訴，一邊對他發洩著憤怒與責罵。

反思

奉中央聯合小組之命留下來協助海南區黨委有關部門處理善後工作的藍明良，在對烈士家屬進行撫恤和慰問活動時，止不住為無辜喪生的同志感到沉痛與惋惜，喟歎革命的無情與複雜。此時，與他同行的一個瓊縱老首長對此頗不以為然，似乎還在訕笑他的幼稚無知，這位首長說：「學聯死這三十多個人算什麼？在一九三二年瓊崖蘇區肅反擴大化運動中，僅一個瓊崖獨立師就槍斃了二百多名幹部，其中不少還是十分優秀的指揮員，到了後來，母瑞山上才剩下了六個戰士（一說是二十六人），瓊崖革命遭受了最嚴重的損失。對此，馮白駒是有過深刻檢討的。革命，是要付出代價的啊！」

但是，這位已經八十多的老人在文章中質疑：不錯，革命是要付出代價的，革命的殘酷性也可以理解。但是我們不能以革命要付出代價為由，一次次地重複錯誤，一次次地濫殺無辜，一次次地對人的人格和權利的粗暴踐踏。瓊崖地下學聯冤案的發生，其實就是當年蘇區打「ＡＢ團」和延安「搶救運動」的一個翻版，這樣的悲劇，為什麼一再在我們黨內重複？我們有必要對瓊崖地下學聯的冤案產生的原因，從更深層次上進行反省和剖析，這樣才能使歷史的悲劇不再重演。

二〇〇四年四月一日，經過五十五年的奔走，瓊崖地下學聯三十一位歸國學子和革命者的烈士墓，終於在海口市金牛嶺烈士陵園落成。據報導，當天上午十點多，當鞭炮響起、祭奠烈士們的香火剛剛嫋嫋點燃時，天空中忽然烏雲密佈，雷電交加，瞬間大雨傾盆而下，久久不能止息。有人說，莫非是地下的英靈有知，「淚飛頓作傾盆雨」?!

36「元旦的刺客」究竟是誰

一九三九年元旦，周作人正與弟子沈啟旡在八道灣家中聊天，猝然遭到入戶的刺客槍擊，車夫和僕人聞聲來救，結果一死一傷。周作人倒真是福大命大，子彈擊中他的毛衣鈕扣，僅僅擦破了皮。

事後，這轟動一時的暗殺案倒成了一樁撲朔迷離的歷史懸案，給出的結論就有好幾個。按照日本軍警的說法，是國民黨軍統特務怕周作人變節附敵，才指使手下人幹的，當年北平市暗殺頻頻，都是他們策劃的。據老報人穆欣回憶，六十年代初期，周作人曾給《光明日報》寄來一篇約近三千字的《元旦的刺客》，認為這是日本憲兵所為，為的是不讓他再繼續過「隱居」生活，要強迫他出來為日本人幹事。所以，在遇刺之後，周作人才開始考慮何去何從，在抉擇個人命運的關口，怯懦占了上風，屈服附逆成了主調。當時編輯部研究認為，這篇文章不能刊用，因為一九三九年的刺殺事件，原是抗日青年的鋤奸行動，周作人卻借此事為自己的叛國罪行辯護，把它說成是因為他「觸怒了」日寇而遭日本軍警刺殺的案件，居然把自己打扮成了一副未成仁的「準烈士」形象，同時還胡謅了「好幾方面的證據」，均無道理。

從民族大義來說，一經投敵，罪無可逭，便是千古罪人。但具體到個人，這落水的程度，也是有深有淺、有先有後的。曾經讀過作曲家陳紫的一本個人回憶錄，說一九三七年底南京陷落時，他恰在北平讀書，日本人喜氣洋洋、張燈結綵地開大會慶祝勝利，讓偽北平市市長、大漢奸江朝宗上臺講話祝賀，沒想到江朝宗沒說兩句，反倒嗚嗚哭了起來，結果日本人惱羞成怒，狠狠搧了江幾個大耳刮子，把會場的旗子匆匆收起完事！這說明，江雖為倀鬼，但也沒有厚顏無恥到「事夷狄則夷狄之」的地步，還尚存一點正朔在中華的意識，自家的首都讓異族給侵占了，能不難受嗎？周作人也一樣，有心投敵，還扭扭捏捏，半遮半掩，這幾聲槍響倒成了他落水的藉口，沒兩天便接受了偽北京大學圖書館館長的聘書，再就是偽華北教育總署督辦，終於成為叛國附逆的漢奸。

那麼，元旦的刺客究竟是誰？近日讀到當事人劉永康的長篇回憶錄《囚歌》（二〇〇九年一月自印本），才知道這次刺殺行動正是活躍在平津一帶「抗日殺奸團」的愛國青年們下的手，而刺殺偽《新民報》總編吳菊癡、制裁北平偽工務局長舒壯懷（打瞎了一隻眼）、兩槍擊斃偽華北建設總署主任俞大純等等鋤奸，都是這些熱血青年所為，就連當年耀武揚威、不可一世的川島芳子，也在他們的暗殺名單之中。根據作家都梁的小說所拍攝的電視連續劇《狼煙北京》，正是講述的他們這段非凡經歷。「抗團」於一九三七年底在天津成立，其的成員絕大多數是大、中學校的學生，後來發展到北平，淪陷中的燕大、北大、輔仁、貝滿、育英等名校，都有它的成員。

書中記載，刺殺周作人的任務，是由天津來的李如鵬作為主攻手的。這裡還有一個歷史細節，對於周作人該不該暗殺，在「抗團」內部還有過一番爭論，因為對這個文化漢奸，大家並不陌生，起碼都讀過中小學國文教材上所選的他的文章。再說，當年讀書人誰又不知道魯迅與知堂這周氏二兄弟呢？可是，正是因為他享有這麼高的聲譽，一經附逆，當了文化漢奸，對中華民族的影響也就更為惡劣。文人是民族的脊樑，容不得半點瑕疵，一旦玷污了這個清白，就罪不容誅。作者遺憾的是那次行動沒有成功，因為李如鵬是第一次拿槍，時間緊迫，又逢周逆正在會見客人，李如鵬自報是周的學生而被引見，可他所面對恰恰是自己所崇敬的作家，不免心中有些戰慄，說不清楚是憤怒、是憐憫、還是鄙視？就是因為這一絲絲遲疑，李如鵬所射出的一槍偏離了一點點，恰好打在對方的鈕扣上，結果周作人只是受了點輕傷，僥倖逃脫一命。事後，儘管有人勸慰「懲戒漢奸不一定非要他的命，能起到震懾作用也很重要」，但李如鵬本人卻自遣自責，懊喪異常，他多次在「抗團」會議上做檢查，認為自己意志不堅定，有雜念，請求處分。同時，他還加強了對自己懲罰性鍛煉，每天來到公園練習目視瞄準，進行臂力鍛煉。此後，因遭叛徒出賣，李如鵬被日軍殘酷殺害。

據資料估算，當年的「抗日殺奸團」成員前後在各地總數有數百人以上，抗戰期間先後有一百多人被捕入獄，二十多人壯烈殉國。在山河破碎、風雨飄搖之際，這些參加「抗團」年輕男女，是每天都要朝著一面「殺絕漢奸」的旗幟舉手宣誓的：「抗日殺奸，報仇雪恥，同心同德，克敵致果！」回憶錄的前面，印有一幀李如鵬的遺照，年輕英俊，雙目炯炯。看著這個剛及二十歲的年輕生命，今天仍能讓人感受到一種充塞天地間的浩氣與吶喊！

37 昨天的故事

——一個知青眼裡的農村生活

想起來是那麼遙遠，
彷彿都已是從前，
那不曾破滅的夢幻，
依然蘊藏在心間。
是誰在默默的呼喚，
激起了心中的波瀾；
也許還從未有感覺，
我們已經走過昨天。

——《讓世界充滿愛》

劉海

大別山的秋夜似乎來得特別早。從公社吃過午飯上路，覺得還沒多長時間，天就漸漸地暗了下來，一路上令我們這些城裡學生觀賞不盡的奇山異峰、茂林修竹，此時也黑巍巍地變得陰森可怕，高深莫測。前面引路的老鄉自稱叫劉海，衣著比一般的當地人要整潔入時一些，上衣袋裡還插著兩支鋼筆，一看就知道是吃政治飯的社隊幹部。他表情嚴肅，不苟言笑，只顧用架子車拉著我們幾個知青的行裝往前趕，崎嶇的山路不時地顛起車子「咚咚」作響，再伴以颯颯的山風，顯得很瘮人。

正走得人困馬乏、急不可耐的時候，看見前面的路口上聚著一堆人，還有幾盞馬燈在搖來晃去的，我們知道，已經到了插隊落戶的南崗村了。

進了村，行李還沒放下，也沒顧得上歇息，便在人群的簇擁下來到毛澤東思想宣傳站參加歡迎會。室內中央，有座一人多高泥砌的寶書臺，四壁牆上貼滿了四種不同姿式的領袖像。先辦三件事，全村老少肅然敬立，然後又高吟《東方紅》。第一段歌詞唱完之後，只剩下我們這些知青以及劉海與隊裡的政治輔導員繼續再唱，其餘的人，恐是記不清了歌詞，只是跟著哼哼，再加上小兒的啼哭亂叫，使曲調顯得極不和諧。再仔細聽聽，發現他們倆人與我們所唱的歌詞居然不同，他們唱得是：

大恩人啊大救星，
端起飯碗想起您，
不是您把俺來解放，
俺們還在嚥菜糠。

大恩人啊大救星，
躺在被窩裡想起您，
不是您救俺脫苦難，
俺們還在草窩裡鑽……

豫南人說話有點「蠻子腔」，再加上這樸素到家的自編歌詞，聽了叫人忍俊不禁。但這氣氛是肅穆的，低暗的馬燈下映照得一張張面孔是虔誠的。在燈光照不到的昏暗中，我們這些知青相互狠狠掐住對方的手腕，才不至於笑出聲來。

歌畢，劉海致歡迎詞：「歡迎大城市的學生娃又回到了俺們小山村！」我們聽了，又是一愣，以前誰也沒來過這地方呀，怎麼會「又回到呢」？以後我們才明白，山裡民風淳厚、熱情招客，以這樣的言詞來表達彼此是一家人的意思。這風俗，古已有之，舊時女子出嫁曰「歸」，可能也是「又回到」之意。

人是回來了，可知青點的房子還沒有建成。幾個女知青只有暫時棲身於毛澤東思想活動站，我們幾個男知青隨劉海一道，住在生產隊裡的三間飼養棚裡，每人發一個竹簾子，支在兩條長凳上當床。棚裡臥著一頭獨眼老牯子水牛，性猛無比，除劉海外，誰想走近些，它就會怒目圓睜，迎上來一對又彎又粗的犄角來。記得沒多長時間，這瞎牯子就把我腳上的大指甲給踩掉了，呲牙咧嘴地疼了我好幾天。這頭一夜，在劉海的鼾聲中、老牛的反芻咀嚼聲中，我們躺在竹簾子上晃晃悠悠地睡得好香。

劉海是政治隊長，只管政治，基本上不事稼穡，養得那頭牛，隊裡每天給他多記兩個工分。他的任務是在上工收工時，肩扛手拎著紅旗、語錄牌走在前面；休息之餘，地富分子背著草紮的「劉鄧走資派」的模擬像站在田頭，劉海便慷慨激昂地念點大批判文章。因為是政治隊長，所以劉海說話總喜歡帶點「政治性」，引經據典，來顯示其權威性。比如，一社員埋怨年終分得糧食太少，吃不飽肚子，劉海馬上正顏厲色地批駁道：「最高指示，我們現在是困難時代，需要勒緊點褲腰帶。」小山村裡，能讀完語錄本的人不多，自然被他這一套唬住，不敢再吱聲。

後來我們發現，凡是劉海認為是正確的東西，會統統以「最高指示」來概括之，連對我們講話，也是如此，他曾一本正經地說：「你們要好好接受貧下中農的再教育，毛主席他老人家教導我們說嘛，農村是一個廣闊的天地，在那裡可以呼吸到新鮮空氣。」

我們聽了，啼笑皆非，知道他又在隨意杜撰語錄，毛主席說話哪能這樣直白呀。但礙著他政治隊長的面子，也不便更正，惟有點頭聆聽而已。

時間長了，相互熟稔了些，劉海的政治性日見淡薄，而談資卻漸涉猥褻，常常講些桑間濮上的男女風情之事，甚至達入迷的程序，講著講著，還會隨時隨地唱點很富刺激的「鄭衛之聲」，而且一天一曲，從不蹈舊。唱起這樣的小調，他興奮、激動，面色漲紅，一反高吟《東方紅》時的神聖莊重之態。一次他用《八月桂花遍地開》的曲調唱道：

一更子裡來小禿勸賢妻，

小禿妻莫離婚咱倆好好哩，

小禿子上有點光，照得屋裡亮堂堂，

省下了燈油錢，給你扯衣裳……

我們成心氣他，說他篡改革命歌曲、罪該萬死。劉海一聽急了，雙手叉在腰間，眼睛也斜著我們說：「啥叫篡改？這八段錦的小調唱過幾百年啦，誰篡改了！」那凜然不可侵犯的神態，宛如那頭獨眼老牯子牛。

劉海可以算上民間音樂大師，他嘴裡有永遠哼不完的小曲小調，雅俗葷素，一應俱全。有一次他唱起「十八摸」，搖頭晃腦，神采飛揚，彷彿真有一絕色女子在面前似的，從摸頭髮起唱到摸胸部時，便止住了。問為什麼不往下唱了，他神秘地笑笑，說：「你們還小，不懂。」

劉海孤身一人，是個老光棍，他以前曾娶過兩次親，前妻病歿，後妻娶來不及半年，又跟人私奔外鄉。村裡人都私下罵他命毒剋妻，該絕後。他的脾氣是暴得很，喜怒無常，那第二個老婆就是不堪忍受天天被驅毆，而隨人去的。山裡人是很忌諱「命毒」這樣的惡名的，既使隊長也不例外，更何況政治隊長呢。當時的女子，對這種人避之還唯恐不及哩！所以，一直到三年後我們離開這個小山村時，四十多歲的劉海還在繼續當著他的鰥夫。

「田隊長」

山村雖小，可官職甚多。有政治隊長、生產隊長、民兵排長、貧協組長、會計、政治輔導員等等。幾乎每一個成年人，都有一個能以示尊敬地稱呼其頭銜。但這「田隊長」的稱呼與他本人的身分極不相符，他不姓田，也不是隊長，是一普通社員。

他有一特點：愛說愛動愛管閒事，人又特別能幹。在他年輕力盛時，正值四清運動，工作組看中了他這棵苗子，一心要栽培他當隊長。一次開憶苦思甜會，每人一碗野菜湯，「田隊長」頭一個登臺訴苦，涕淚漣漣地直往碗裡淌，嗚咽了好一會兒，才迸出一句：「十年前，要是有這碗湯水喝，俺老娘咋能餓得死喲！」饑餓的回憶，凝固在了一九五九年的「信陽事件」，把工作組長急得衝著他直喊：「說解放前，說解放前！」

這真是哪壺不開提哪壺，臺上臺下一下炸開了鍋。「田隊長」闖了大禍，挨了一頓臭罵，終於以一副「扶不起的豬大腸」的角色，仍當他的老社員去了。山裡人愛戲謔、隊長雖沒當成，可人家畢竟紅火過一時呀，於是取其姓名的最後一個字，稱其「田隊長」。

「田隊長」算是對他的尊稱，村上論輩份，他不低，倘閒事管到晚輩人頭上，也會被惡狠狠地罵上一句：「去！你這二桿子！」二桿子就是二百五、缺心眼的意思。「田隊長」不在乎人們喊他什麼、閒事照例管下去。他跟劉海有怨隙，總說劉海是個光說不練的「嘴把式」。

「田隊長」也是光棍，三十多年來，他最大的夙願就是能娶上媳婦，可周圍的人沒有一個願為他說媒拉線的，因為他太窮，也缺少起碼的條件，那就是住房。他住在隊裡早已廢棄不用的半間保管室裡，可以說是甕牖繩樞，家徒四壁，除破衣敗絮外，一無所有。

這一年夏季，隊裡正在薅秧草，有人從集上回來說，集上從北邊來了一位中年婦女，拖帶著一雙兒女，說是丈夫新死、生路無計，只要有碗飯吃，隨便嫁個什麼樣的人家都行。「田隊長」得知音信後，大生惻隱之心，再加上旁人慫恿著，便撂下手裡的秧耙子向集上跑去。不過很可惜，晚了一步，那孤兒寡母已被人領了去。

都說是天賜良緣，誰承望白白錯過，「田隊長」一臉懊喪地回來了。一直在冷眼旁觀的劉海，冷不丁地冒出一句話：「最高指示，自由主義不能犯，犯了就要出大亂。你這二桿子上工時間往外胡跑，破壞抓革命促生產！」

「田隊長」不服，犯上了脾氣，說毛主席沒說這句話，是劉海自個兒胡編的，二人在地裡大吵起來。劉海輕蔑地說：「撒泡尿照照看，自己連個藏身的狗窩還沒有呢，還想啥媳婦，真是癩蛤蟆想吃天鵝肉哩！」

又是哪壺不開提哪壺，這話戳到了「田隊長」的痛處，他先是半天無語，繼而嚎啕大哭、黑泥漿子抹得滿身都是，張口閉嘴地嘮叨著一個字「房、房、房……」。

自此，「田隊長」立下志向，一定要創造出娶妻的條件。他節衣縮食，抽空就倒坯砌牆，一年後，還果真蓋起了兩間草房。房子是有了，但環堵蕭然、大而無當，他還塌了一屁股兩肋條的賬，日子反倒每況愈下，卻仍不見有月老來牽紅線的。「田隊長」只有年復一年地孑然獨身，空守著這兩間草屋。

我們走了幾年後，才得知田隊長死亡的消息。一年夏收，隊裡借了電碾壓麥子，牛腿趟過去把電線踢斷了，誰也沒有去管。「田隊長」又犯了愛管閒事的習慣，他彎腰去揀斷線頭，想把它們接在一起，結果被電老虎給死死咬住。時間正是晌午頭，靜得很。正在家裡吃飯的全村老少，都聽到了他那淒厲絕望、撕肝裂肺般的慘叫聲。可鄉裡人對電這玩意兒不懂，誰也不敢上前，眼睜睜看著人被電死了。

「田隊長」生前，都覺得他有點討人嫌；一旦死後，村上人又開始念叨起他的好處來了。劉海也是這樣，再遇到用「二桿子」的話來訓人，便多少有些顧忌，總這樣地來罵：

「你這二桿……唉！」

「你這……唉，唉！」

聾子

俗話說「十聾九啞」，可這個聾子並不啞，能說些簡單的字句來表達意思，是個「半語子」。小時候他也不聾，只是偶患小恙，被庸醫誤投藥石而失聰的。這聾子還識得幾個字，那是解放後掃盲運動的成效。為此，他的名字還曾光榮地上過地區的小報。

跟劉海一樣，聾子也是個鰥夫。早先有一妻，模樣兒很俊，也很賢慧。可惜的是「貧賤夫妻百事哀」，媳婦到這山村後不久，就被聾子的兩個在大隊幹事的本家兄弟先後侮辱了。後來，那兩兄弟也彼此爭風吃醋，竟到了互相捉姦拿雙的地步，鬧得沸沸揚揚的。聾子媳婦羞辱難當，可對自己的丈夫又無法用言語來解釋清楚，於是便撇下一個四歲的小兒，跳進她天天洗涮衣服的塘裡，尋短見了。

聾子原先只會一味地幹活吃飯與憨笑。自媳婦死後，他性情大變，不是長長地出惡氣，便是拿著小木棍在地上亂劃「包九」兩個字。村裡人不明白這兩字是甚麼意思，只道他是因喪妻犯了傻氣。可那兩兄弟心裡卻怵得很，知道聾子是要找他們報仇，便慌忙躲藏了起來。那聾子的老娘，知道這事非同小可，便拉著孫子躺在兒子面前又哭又勸的，才算平息了聾子要報仇雪恥的怒火。

這以後，聾子將小兒子扔給老娘撫養，他自己又另立爐灶，別成一家，想再續弦。他沒想想，這事情對他這有殘疾的人來講，是容易的麼？可他卻充滿了信心，拚命地積攢錢，置家當，癡癡地等待著機會。

我們的到來，尤其是那幾個鮮花般的女知青的到來，給聾子的夢幻帶來了希望。有一段時間，聾子突然天天往我們知青點跑，挑水、垛柴、送菜，從不計報酬，反掏菸捲給我們男知青抽。他不知怎麼得知其中一女知青的名字，歪歪扯扯地寫在紙上，翹起拇指慨歎：「大學長，大學長！」聽別的社員解釋，我們才明白「大學長」即學生中才貌佼佼者。

這樣沒過多久，一次他又拉我們幾個男知青到他家裡作客。酒酣耳熱之際，聾子指著兩隻既小且破的木箱，期期艾艾地說：「大學長用，大學長用。」又指了指他的那張破床，臉脹得更紅，一字一頓地說：「我、大學長、睡！」

這一來，我們的確吃驚不小，原來聾子所作的一切努力，都緣於對那個女知青的愛慕之心。他的求愛方式，比起後來我們看到《巴黎聖母院》的那個聾啞人卡西摩多，顯得還要原始直率。

消息傳開，轟動了小山村，社員們都笑聾子癡心妄想，呆得出奇。那個女知青則躺在床上哭了兩天，滴水粒米未進。也許她認為，自己會被一個如此醜陋的鄉下聾子愛上，是一件太不光彩的事情。

對聾子，我們手比，嘴喊，筆寫，百般解釋，好讓他明白這是絕對不可能的事情。可是聾子卻執拗得很，堅信這是一樁最美好的天作之合。並像許多小說裡所描寫過的情景那樣，聾子也伸也了牛腿般粗細的胳膊給我們看，表示他可以養活起世間的任何一個女子。後來，我們口乾舌燥，無能為力了，只好請省城裡一位下放幹部來說服聾子。

這位下放幹部經歷的得多，倒是真有辦法，他只用了三個很簡單的動作，便徹底粉碎了聾子的鴛帳佳夢。他先是很生氣地沉下臉來，用犀利的目光橫掃對方；然後又作出一副雙手背後綁縛的動作；接著，右手比劃成一支手槍，對準聾子作槍擊狀，同時嘴裡還大喝「砰叭」一聲。

可能這位下放幹部忘了「聾子不怕雷」，這模擬的槍擊聲聾子是不會聽到的，但對這三個可怕的動作，卻心領神會。只見他的臉色馬上變得刹白，急匆匆地轉身向外跑去。

從此，聾子再也不到我們這裡來了，還經常遠遠地躲避著我們。他的神色，不但顯得怨憤，而且還很失望。

呂三

出身於幾代相傳的草藥世家的呂三，卻因為沒有學歷和身分，大隊明令他不得擅自行醫，所以，人們只能在私下裡偷偷喊他「呂仙」。呂三自言採藥數十年，認得幾百種中草藥，且行蹤極廣，除大別山外，還曾攀過桐柏山、武當山，何座山上盛產何種草藥，他都一一在心，如數家珍。他說過大山深處金剛臺上的隱密處，有幾叢稀世的金釵石斛，藥效極靈，但不能多採，不然會絕種的。

對這些傳聞，我們幾個知青自然不服，因為呂三是一文盲，除自己的雙口「呂」字外，不再多識一字，如何能分辨出幾百種草藥來的？於是，我們設法找來一本破舊的《本草備要》，指著上面粗糙汙漬的圖譜，來逐一考他。誰知臨陣應對，呂三毫不慌張，你每指一圖，他只是將眼睛略一瞥，不假思索地回答道：「狗脊、石斛、遠志……」朗朗上口，毫無差謬。對此，我們大為驚異，想不到於窮鄉僻壤之中，竟有此等懷有絕技之人！

呂三懼內，怕老婆怕得厲害。妻子黃氏人高馬大，無論家裡家外，地角田頭，都會毫無顧忌地將丈夫罵得狗血淋頭。逢到這種場合，呂三只是唯唯諾諾、頷首稱是而已。

呂三貪杯，常言「世上天地小，壺中乾坤大」，他嗜酒如命，一飲輒醉。因囊中如洗，每每用些珍貴的中草藥；暗地與人換些「一毛臊」類的劣質酒來喝。更有趣的是，酒醉後他便顯露出大丈夫的崢嶸頭角來，頤使氣指，叱吒風雲，往往不容分說，便將老婆捺在地上就一頓拳腳。待到明日，黃氏出工後撫著身上的青傷紫痕哭喊叫罵時，呂三依舊一副憨態地走過去看看，疑惑地搖搖頭問：「這是我打的嗎？」

呂三養有四個姑娘，大女兒小芸，十七八歲，性情柔順，人也漂亮，早已說好了人家，準備來年秋後嫁出去。男方家境困窘，下得聘禮很薄，人又老實，不常來走動，招惹得呂三常常酒後對著小芸發惡聲：「看你尋的那東西，太不曉事，連他一杯酒也沒喝過，真算是白養了你！」每次都把小芸罵得無地自容，只知道捂著臉哭著往屋外跑。

來年春上，紫雲英開得正盛，塊塊水田變成了片片絢麗的紫絨毯。這季節，從南方來了一幫子放蜂子的，在村旁安營紮寨，放蜂採蜜。他們有錢，整日裡好菸好酒的抽著吃著。這裡面有一個二十多歲的小夥兒，風流輕佻，巧嘴如簧，不知怎麼的竟盯上了小芸。等蜂兒採完了草籽蜜，他還想把小芸這朵花兒給採了去，隔三岔五地拎著酒瓶子往呂三家跑。呂三這輩子，還從未喝過這麼香醇的酒，一下子給灌昏頭，非要小芸把從前的婚事給退了，再跟放蜂的走不行。小芸不幹，說這樣不好，太壞良心，還指著放蜂人的鼻子大罵一通，罵他狼心狗肺，壞人好事。這一來，呂三失了面子，更加惱羞成怒，就趁著酒勁兒滿村子轉悠著罵小芸，直罵得昏天黑地，誰都不敢上去勸解。

豈不料小芸姑娘外柔內剛，性烈如火，她是隊裡的棉花技術員，家裡備有農藥，乘人不備之機，她抓起一瓶劇毒的「一〇五九」，咕咕嘟嘟地喝下半瓶，踉踉蹌蹌地走到稻場上大放悲聲，不一會兒就直橛橛地摔倒在地上。

呂三見狀，嚇醒了酒，罵聲戛然而止，慌忙叫人從破缸裡備潲水，又從屋樑上取下珍藏的不知名的草藥煎熬，撬開女兒的嘴巴往裡猛灌。那幫放蜂人見事不妙，要出人命，也連夜裝起蜂箱，拔營而去。

多虧碰上個粗通醫道的爹爹，小芸總算揀回一條命，可經過這場刺激，人卻變得有點癡呆了，經常怔怔地衝著人傻樂：「我爹讓我嫁人咯，嫁給放蜂的，吃香的喝辣的，還穿花褂嘿！」還沒等到秋後，男方就將她娶了過去，說是給「沖喜」，也不知道後來沖好沒有？

這件事給呂三的刺激很大，他自覺愧疚，無法解脫，從此更是沉溺壺中，只是酒後不再顯露丈夫氣概，也不再打老婆了，反而不時地抽打自己的耳光，一遍遍地自責自罵著：「為了兩瓶酒，差點要了咱家小芸的命，你還算個人嗎？我叫你饞嘴！」一邊「啪啪」地打著，一邊「嗖」的又飲下一口。

黃氏從此也不再兇悍，看到丈夫這等模樣，她所剩的只有憐憫與心疼了。她久久地跪在呂三面前央告道：「芸他爹，俺知道你心裡難受，你就好好打俺一頓出出氣吧，來呀！」

沉醉中的呂三自然聽不見這些話，依舊左一巴掌右一巴掌地抽打著自己。黑夜裡，這耳光聲很脆，一下又一下，還有點節奏……

小鳳

小鳳姑娘性情潑辣，快嘴利牙，村上人都有些怵她。她是我們知青點的常客，幾乎天天與幾個女知青攪在一起，或東家長西家短地說些村上的陳年舊事，或是借幾本書回去翻看。一次，她還把香漿糊誤當作雪花膏抹在臉上，乾裂後現出了一層薄薄的白膜，鬧了點笑話。十五六歲的女孩子，自降生始，還從未使用過這美容潤膚的玩意兒呢。小鳳家我們去過，三間低矮的草房，常年煙燻火燎的，又潮又黑，一家六口人，擠在一張大床上，床上鋪著敗絮，髒破不堪，散發著一股子霉味。可初來乍到，我們在各家輪飯吃的時候，小鳳家的飯菜卻是最香的。小鳳總用搭網撈些魚蝦回來，在鍋是焙得焦紅，再和著醃菜一炒，異香。有時，她還不顧爹娘的嗔怒之色，從床下的罈子裡取出醃好的鹹鴨蛋給我們下飯。

小山村來了我們這些知青，好像給小鳳的生活裡添加了興奮劑。城裡的一切，都令她感到新奇有趣、什麼火車、樓房、公園、劇院，她都極有興致地問來問去。聽罷，還會羨慕地感喟一句：「俺這輩子要能住上高樓該有多好，天天生活在雲彩眼裡！」

一日，忽聽見女知青的小屋裡傳出陣陣哄笑聲，以為有什麼樂事，我們跑過去觀看，只見一個陌生的姑娘，剛剛梳洗完畢，一頭閃亮的烏髮挽成一個高髻，臉上還撲了粉、塗了點胭脂。我們以為是別處來的女知青，正要退出，又是一陣嬉笑，再定睛一看，原來是小鳳。一個略加修飾的農家女，想不到竟如此光豔照人。

端陽前後，正是插秧的季節，山腰下的河渠裡灌滿了漕，水流湍急，嘩嘩東去。歇工時，我們這些愛游泳的知青就從村邊的小橋上縱身躍下，一瀉數里，其樂陶陶。有幾個膽大的女知青也身著泳衣，在全村人目瞪口呆的注視下，從橋上跳上跳下的。這天，小鳳無意中說起她也會水。女知青便哄著她也下水，小鳳經不起攛掇，便將烏梢般的辮子咬在嘴裡，長衣長褲地從橋上跳了一個「直棍」。露出水面後，她抖落著滿臉水珠，還銜著我們俏皮地伸了一下舌頭。

這一下，小鳳可闖了禍。收工後，讓她爹娘連打帶罵的，結結實實地把她這「不要臉的瘋妮子」給教訓了一番。

一連幾天，小鳳都不敢到知青點來了。一次天黑透後，她偷偷跑來，眼圈哭得紅腫，嗚咽了好一陣，說：「這樣活著有啥意思，一年到頭淨是臉朝黃土背朝天的幹活，大了又嫁人去當老媽子，生兒養女的。聽人說去新疆能多掙錢，還不要戶口。」

我們耐心勸她，不要胡思亂想，新疆太遠，連車票都買不起的。小鳳聽了，沒見言語，只是一聲聲地歎氣，顯得很憂鬱。

天氣變得酷熱難熬了。每天收工後，我們總先到河渠裡游一陣水，洗去一天的勞累與泥土。有時，透過沉沉的暮靄，還能看到一個婀娜的身影從橋上輕盈地躍入水中。我們知道，那人就是小鳳。終於有一次，有人看見小鳳跳下水後再沒露面，發現事情不妙，慌忙跑到公社，給百里外的電灌站去電話讓趕快斷水救人。

過了一天，渠水才漸漸斷流，在離村子十多里遠的一個大水氹裡，人們尋到了小鳳的屍首。上半埋在泥沙裡，一雙光潔小巧的腳踝上，纏滿了叢生的雜草。

事後，渠漕裡又漲滿了水。但出於對死亡的恐懼和對死者的懷戀，這年夏天，我們都不再下水游泳了。昏黑收工後，我們這些知青只是聚在橋頭，一邊用水潦洗著腳丫，一邊聽著小鳳她娘在遠處的崗嶺上悲切地喊魂聲：「小鳳，回來啊，回——來——。」

聽著這哀婉淒涼的招魂聲，每個人心裡都有說不出的難受，有幾個感情脆弱的女知青，竟輕輕地啜泣起來。

我們知道，那個美麗活潑、嚮往美好生活的小鳳姑娘，如同這匆匆東去的流水一樣，再也不會回到我們中間來了。她去了另外一個世界，不知道那歸宿會不會比她所憧憬的新疆以及所想像中的城市高樓更為美好呢？

「保國」

「保國」不是人名，是一條大黃狗的名字。主人姓熊，道士出身，小時還當過跳神的神僮，稍通陰陽五行，六爻八卦，閒時還能為人批八字、測吉凶、看風水堪輿，行跡近似巫覡。解放後，自然改行不幹了。老熊是村裡最有文化的人，行為顯得很狡黠，你問他貴姓，他從不直說，只是說「能字下面加四點」。因為當地人把男人的排泄物也叫熊，是一個很猥褻的字眼。

古人說：「盜不過五女之家」，老熊卻有六個女兒，其家境的窮頓窘迫可想而知。「四清」那年，小兒子與這條黃狗雙雙降臨到他家，老熊大喜過望，興之所至，便把小兒子叫作「狗剩」，黃狗喚作「保國」。狗剩，極賤之名，狗都不吃的東西，閻王爺能要麼？不料當時正值運動，被人告到工作組，說他攻擊社會主義，讓狗來保家衛國，卻把寶貝的孩子留下，太惡毒。工作組看准了這階級鬥爭新動向、正好抓個現行，開群眾大會連鬥了老熊三天。工作組長也是有文化的人，大聲質問了一句：「是何居心，不可細問！」老熊聽了這話，猶如五雷轟頂，在會場中央晃了晃，悶聲倒地，摔得鼻青臉腫，滿臉是血，這才僥倖過關。後來他透露，如放在大清朝，皇帝說出這句話來，那大臣必死無疑。

從此，老熊再不提「保國」二字，只是喊「狗」，別人若叫狗的本名，他跟你急，這成了他一塊心病。

保國與狗剩一塊成長，等我們來到這裡，保國已是一條高大肥健、皮毛油亮的大黃狗，而狗剩則又瘦又小，明顯的營養不良。狗剩沒事幹，天天騎在保國身上，喊一聲「狗」，那保國就像馬兒似的顛顛地跑起來。知青大都喜歡狗，更喜歡聽話的保國，常餵牠東西吃。保國索性不走了，天天臥在知青點門口，為我們看家護院。保國會嗅氣味，別處來的知青，衣著再破，它也不咬，一遇到鶉衣百結的當地農民，則會狂吠個不停，所謂「狗眼看人低」，就是這樣。

俗話說，好狗改不了吃屎，一點不假，保國也吃屎，還喜歡陪你到漫天野地裡拉屎，你這邊剛拉完，它那邊趁熱就吃。那幾年冬天奇冷，雪下得很大，我們幾個男知青不上茅房，在屋內放把鐵鍬，鋪上乾草，就在上面蹲坑，等天亮了往外一甩了事。這習慣一養成，倒招來村裡不少狗來等屎吃，天亮一推門，齊刷刷的十幾條狗圍在門口，都用溫柔期求的眼光看著你，可我們熱乎乎的屎橛子大都往保國蹲的地方甩，這好東西可不能便宜了別家的狗。

一年春上，狗剩病了，渾身燒得火燎火燎的，呂三把他珍藏的羚羊角粉都送過來給沖著喝了，還不退燒。呂三說這是炎症，要上公社醫院打吊針和西林油（青黴素）才行。老熊窮呀，沒有送狗剩上醫院的錢，急得團團轉，最後眼睛瞄上了這油光閃亮的保國，他要賣保國。保國很懂事，彷彿知道自己要一去不回似的，用舌頭把高燒中的狗剩舔個不停，然後跟在老熊後面，默默地上集市去了。當時狗肉便宜，才兩毛多錢一斤。狗屠以六塊錢的價格，把保國捆上放倒，一刀抹了脖子。

狗剩的病好了，從公社醫院回到家裡就要騎保國，遍覓不到，就哭個不停。為哄小兒子，老熊也裝模作樣地四處喚著：「狗！狗！」喚著，喚著，他倒把自己的淚水給喊下來了，反身抱著狗剩與兒子哭在了一起：「保國沒有了，保國回不來了呀！」

三年了，我們這是頭一次聽到從老熊嘴裡喊「保國」。

徐支書

我們來這裡插隊的時候，大隊的徐支書有些老了，續弦的媳婦卻很年輕，比他病歿的前妻留下的兒子大不了幾歲。這女人姓黃，不但人漂亮，是黨員，還能說會道，嫁過來不久便當上了大隊婦女主任。看得出，社員們都很怕她，比怕徐支書還怕。有一年，上邊推廣種稻劃行器，就是拉動一個滾筒式的大輪子，把平整的稻田劃出一個個方格，然後再合理密植。這活兒很累，就是拉著一個木格格轉輪在泥巴田裡走來走去的，一天下來，渾身上下濺得都是泥點子，像個泥人兒。一天，我正拉得昏頭暈腦的，黃主任來了，問我有什麼感受，我表示不解，說種田又不是下棋，幹嘛要劃出這些格格來？黃主任聽了不高興，沉著臉訓斥：「你寫字不是也用格格紙麼！不依規矩，能成方圓嗎？」黃主任一走，社員們才敢說笑，而且不厭其煩地講述著同一個與婦女主任有關的葷笑話：我是縣長——派來的！是專搞婦女——工作的！我是一個大老粗——到底多粗？——婦女主任最清楚！

大隊的民兵營長也年輕，姓胡，是轉業軍人，屬於見多識廣的一類人。這胡營長與黃主任在一起，年齡相仿，旗鼓相當，接觸時間一長，免不了日久生情，幹出些逾檢蕩閒、色授魂與的事情來。他們幽會的方式很奇特，每次開過大隊支委的碰頭會，只要徐支書外出蹲點，便是倆人風流廝混的良機。黑夜中，兩支手電筒的光亮射向天空，再一閃一閃、晃來晃去的，這就是暗號。然後，這兩道光柱越過池塘，翻過崗嶺，穿過竹林，等兩道光亮融在一起，便熄滅了。日子長了，這事情很多人都知道，獨獨瞞過了徐支書。一日深夜，這兩支光柱剛剛滙合熄滅，黑暗中躍出徐支書的大兒子幾個人，將這一對男女赤條條地按在塘埂上。

大隊出了這第一號風流韻事，頃刻轟動。昏暗的燈光下，胡營長被綁在樹上，任人抽打著；那邊屋裡，黃主任呼天頓地哭喊著：「沒臉見人啦！沒臉見人啦！」徐支書則陰沉著臉，一言不發，只是一根接一根地抽菸。那捉姦的大兒子很混，拿了一把刀罵道：「你讓俺爹當王八，俺就讓你見閻王！」正要推開眾人上去蠢蠢欲動，那邊卻有人驚呼：「黃主任上吊了！」那把刀轉而又砍斷了繩索。這驚心動魄的一幕，後來被社員們津津樂道，胡亂演繹，代替了原先有關婦女主任的笑話。

風波過後，胡營長被罷免，黃主任也很少見人了。然而這事情沒完，因為這胡營長很有主見，善於韜晦。第二年，整黨開始，胡營長的機會也來了，他暗中聯絡了一些人，掌握了徐支書不少材料。

這批判徐支書的大會同樣是驚心動魄。全大隊千號人，靜靜地聽著一個個揭發批判：徐支書拿過供銷店的菸沒給錢；徐支書喝過某生產隊的酒，一張口給人家免了公糧；徐支書為兒子辦喜事殺了七頭豬收了兩千塊的份子錢；貧下中農為給他送禮，十冬臘月天跳進池塘裡撈菱角賣等等。人群憤怒了。這事實說明，徐支書修了，蛻化變質了，就像過去的地主老財盤剝咱貧下中農一樣狠心呀！

徐支書怔怔地聽著，面色慘白，汗出如油，老態愈見龍鍾。突然，他一聲長嚎，撲到在毛主席肖像下面，一面磕頭不止，一面自我譴責：「毛主席，我向您請罪！是您老人家把我一個放牛娃培養成大隊支書的，可我卻變了、修了、忘了本了！我對不起您老人家呀！毛主席啊毛主席，你聽見了嗎?!」

徐支書把頭都磕破了，毛主席還是沒聽見，依舊在牆上微笑著。淚水、汗水、血水，混在一起，抹得滿身滿臉都是。人群靜極了，偶爾有一兩聲惋惜的歎息聲。照整黨工作組的話說，這真是政黨運動中一個典型，活生生的好教材呀！

真可謂風水輪轉。徐支書就地免職後，胡營長如願以償地當上了大隊支書，而黃主任依舊當她的婦女主任不變，又開始露頭了，除照開碰頭會外，還是天天下去，還是開口閉口地訓人。看得出來，社員們依舊怕她，比怕胡支書還怕呢。

小年

只知道他叫小年，姓什麼不清楚。他說他跟村上的大戶一個姓氏，姓黃，可沒人承認。正如阿Q說他姓趙，而未莊的趙老太爺不予承認一樣。有時，他會跟在人家屁股後親親熱熱地追著喊：

「老爹！老媽！吃過了飯？」

可得到的回答卻很無情：

「去你的，誰是你老爹！」

「遭孽障喲，俺可沒這福份！」

小年連爹娘死在哪一年也不知道。從記事起他就東家居西家食，挑個水幫個雜的長到十五、六歲，又在隊裡當上了牛倌。一年冬天，大雪封山，奇冷，他在牛棚裡生火取暖，昏昏睡去，結果釀成一場大火。小年隻身從火裡爬了出來，七頭牛被活活燒死在裡面。過後，他嚇得要死，連夜遠逃他鄉去了。

隊裡本來就窮得叮噹響，這一下死了七頭牛，田地都無法耕作，全村人急得直哭，只好求爺爺告奶奶的，從公社貸款買牛，拉了一千多元的虧空，好幾年都沒還清。於是，全村老少，提起小年牙根直癢癢，直恨大火咋沒把他給燒死呢！

幾年後，有人從南邊的湖北境界回來說，小年在那邊混出人模狗樣來了，成了某公社書記「倒插門」的坐堂女婿。

我們到村裡第二年後，小年也回來了。人極瘦極弱、蓬頭垢面的，大小眼角往外翻著紅赤赤的爛肉，見風直淌淚，腿還有點毛病，走起路來一瘸一拐的。以前的講法，純屬訛傳，他是在外鄉討了幾年飯，因恩戀故土不過，才又折回來的。

俗話有「討上三年飯，給個縣令也不幹」，要飯，會要懶人的。小年就是這樣，回來後什麼農活都不願幹。他住在隊裡夏天守瓜用的窩棚裡，白天睡大覺，夜裡頭出來溜達，再順手牽羊，偷點隊裡的紅薯、青豆或私人的蔬菜之類，回去就支上一口破鍋煮著吃，宛如一隻晝伏夜出的耗子。他也常從我們知青點經過，搭上幾句腔，話也說得沒邊沒沿的，叫你好笑。他愛說：「其實呀，咱們才真是一條船上的人，自小離家跑江湖，見大世面，比他們那些種地人強多了！」看來，他還很鄙夷種地的人。

小年有討飯的絕招，就是敲著竹板唱「蓮花落」：

大姐在家守空房，
越思越想心裡忙；
忽聽門外腳步響，
快迎我的俏情郎。

他們揶揄他，說他的腿拐，是不是因為唱這樣的「蓮花落」去討飯，讓人給打斷的。

小年還會捉鱉，且不怕冷，池塘裡掛著一層冰凌渣子，他也敢脫光了屁股下水，從不抖索。他雙手合掌拍擊水面，會發出「通通」如擂鼓般的巨響，再看看哪裡翻水花子，淌過去一腳踩定，便把張牙舞爪的老鱉給活生生地扔到岸上來。可他從來不敢吃這東西。看著我們香噴噴地吃肉喝湯，他一臉驚羨地神色，讚歎道：「還是你們大城市人的人中，啥怪物都敢吃！」有次他採了一小捆名叫魚藤的灌木，泡在一個水氹裡。沒過幾天裡面的魚全都翻了肚，一下撈出幾十斤魚。他就把這些魚風乾晾好，說：「今天冬天不愁過不去了。」

隨後，他喊我們到窩棚裡去會「魚餐」，我們每人只吃了一口，又吐了出來，原來是白水煮魚，一點鹹味也沒有。小年說他沒錢買鹽，我們說不能賣點魚再買鹽嗎？他一聽，慌了神，說：「那誰敢呀，別叫人家當資本主義尾聲巴給割了去！」說罷，還故作姿態地用雙手捂住屁股，彷彿後面真有一把刀子似的，逗得我們哈哈大笑。

話雖這樣說，可他第二天還是偷偷地去集上賣魚了，結果讓公社的市管會給抓了去。隊長劉海知道了這事，很著急，說：「親不親，一村人，咱不能看著讓小年再遭罪。」他讓貧協組長出一證明，證明小年出身是貧雇農，又派人把小年給領了回來。

結果小年是用架子車給拉回來的，被打得遍體鱗傷、難以動彈，一連幾天都出不得窩棚。我們去看他時，只聽他呻吟道：「我這身子骨太弱了，怕得補補才行吧！」

那一年，小年在隊裡沒有待到過冬，村上有人在他的窩棚附近挖出來兩堆雞毛，這是他滋補身子的結果。這一來，他又成了人人喊打的過街老鼠。這次他走得很急，連風乾的魚都沒來得及拿，便又逃之夭夭、不知所終了。

浪跡天涯的遊子喲，如今，你已經回到養育你的故鄉土地上來了吧？

附記：

記得是幾近三十年前，讀了幾篇汪曾祺的小說，就學著、也算是模仿著汪老的文體，隨手寫了幾篇自己在農村插隊時的所見所聞，存放至今。汪老說他寫《大淖紀事》的時候，會不由自主地流眼淚，我也一樣，一回憶到近四十多年前的那些往事，恍如昨日，雖說看到的與聽到的是別人的生活，偶一念及，常常也是淚水涔涔的。很奇怪，說不清楚究竟是為什麼？可能就是覺得那年月中國農民的日子過得太苦了，太值得今天去回味去思索了。

二〇〇七年五月汪曾祺先生逝世十周年之際

代後序　民間文本的史料價值

十多年前，潘家園舊書市場曾經一度輝煌，名聲大噪，幾乎成了北京的名片。有人花了很低的價格買到了萬曆官版《十三經注疏》，結果一夜成名；有人發現了一麻袋的杜高右派檔案，不久就出版了暢銷書《杜高檔案原始文本》；還有不少外地人慧眼獨具，就在這裡撿漏尋寶，結果一個個買車買房、娶妻生子的，圓了人生夢。於是，潘家園很快就成了全中國淘書人和讀書人趨之若鶩、紛至遝來的風水寶地，每逢週六、周日，這裡都是熙熙攘攘、人頭攢動的熱鬧場景。

其實，對於幾千年來綿延至今的具有文化專制傳統的中國來說，過來人都知道，比起文革時期的焚書劫難，一部《十三經注疏》不過是一個偶然的吞舟是漏而已；較之夾邊溝一地就有一兩千個右派死於非命，一麻袋《杜高檔案》只是無數受難者的小小縮影罷了。二〇一〇年四月新的《保密法》頒佈之後，潘家園舊書市場到處都貼滿了幾種書刊嚴禁交易的警示，記得一是境外與港臺書刊不准買賣；二是印有「內部資料」或「機密」、「絕密」的資料檔案不准買賣；三是沒有書號的圖書不准買賣。如有違反，一經查出，將根據保密法追加當事人的刑事責任。有了這麼多的不准禁令，還會有實際意義上的「舊書市場」嗎？還能有天天侈談的什麼文化繁榮與百花齊放嗎？古時的封建社會尚有稗官，專們收集道聽塗說與民間野史，以供天下省覽，或成為私人編撰的史書。到了今天，泱泱中華，僅剩下真假參半的官家史書了。

儘管如此，每星期抽時間還是去轉轉，有點沙裡淘金的意思，另外看看有沒有人棄我取的東西，留意收集一些散落的民間文本，也就是自費印製的個人回憶錄。這些年，史學界由大歷史轉向關注個人史，注重歷史的細節，個人出書好像也漸成了一種風尚，這些民間文本雖然文風各異，檔次參差不齊，但有時在裡面會讀出意想不到歷史注腳。如我這本拙著裡所收的「軍中反黨小說『新西遊記』與一波三折的范明反黨集團案」、「皖南事變後的一樁審查悲劇」、「發生過兩次誤入司徒雷登住宅事件」、「賀龍骨灰安放儀式背後的故事」以及「鄧小平參加遵義會議史實考」、「元旦的刺客究竟是誰」等等史料，都是從這些個人自印本的回憶錄中讀出來的新史料，親歷者的自我陳述，足以對一些重大歷史事件起到糾正或修補的作用。

正如中共黨史專家龔育之所講：「自費印刷非賣書籍，是一大開放。這叫做『處處不出我書，我走自印之路。』」但既然是自印本，就有些自說自話的意思了，所以，每個民間文本都帶有個人視角，他們的回憶距離客觀公正和歷史真相究竟有多遠，有多大的參考價值？那只有讓時間來檢驗了。自印本在中國的目前處境，很是尷尬，如果內容平平，不涉及政治，官方就睜一隻眼閉一隻眼算了；如果內容敏感，有了犯禁的語言，那就會以「非法出版物」來找你的麻煩，輕者查禁拘留；重則拘留罰款，甚至下獄，這些都是曾經發生過的事情。中共的十七大曾明確給予人民「表達權」，但到了快開十八大了，有關部門仍不能給國內「自印本」一個法律上的界定，不能不說是一個遺憾。

自己覺得，這本拙著裡文章像是在炒剩飯，有些則是材料的堆積，而且說得都是過去發生過的事情，但對史實的解讀卻與正統的官方口徑不一樣，撇去政治層面不談，僅對歷史本身來說，在官方史與個人史之間，正史與野史之間，哪個更為客觀真實一些？這就需要讀者來分辨求證了。十分感謝臺灣秀威所提供的出版平臺以及蔡登山先生的再次引薦，使我的拙著得以第二次刊行。還有，著名學者丁東兄於百忙中撥冗為之寫序，在此一併致以謝忱。

韓三洲

二〇一二年清明前後・北京花家地

史地傳記類　PC0239

說實話的日子不多了
——書邊人物瑣記

作　　者 / 韓三洲
主　　編 / 蔡登山
責任編輯 / 蔡曉雯
圖文排版 / 邱瀞誼
封面設計 / 王嵩賀

發 行 人 / 宋政坤
法律顧問 / 毛國樑　律師
出版發行 / 秀威資訊科技股份有限公司
114台北市內湖區瑞光路76巷65號1樓
電話：+886-2-2796-3638　傳真：+886-2-2796-1377
http://www.showwe.com.tw
劃撥帳號 / 19563868　戶名：秀威資訊科技股份有限公司
讀者服務信箱：service@showwe.com.tw
展售門市 / 國家書店（松江門市）
104台北市中山區松江路209號1樓
電話：+886-2-2518-0207　傳真：+886-2-2518-0778
網路訂購 / 秀威網路書店：http://www.bodbooks.com.tw
國家網路書店：http://www.govbooks.com.tw

2012年7月BOD一版
定價：430元

國家圖書館出版品預行編目

說實話的日子不多了 : 書邊人物瑣記 / 韓三洲著. -- 一版.
-- 臺北市 : 秀威資訊科技, 2012.07
面 ;　公分. -- (史地傳記)
BOD版
ISBN 978-986-221-974-4(平裝)

1. 傳記 2. 中國共產黨 3. 歷史

782.21　　101011284

讀者回函卡

感謝您購買本書，為提升服務品質，請填妥以下資料，將讀者回函卡直接寄回或傳真本公司，收到您的寶貴意見後，我們會收藏記錄及檢討，謝謝！
如您需要了解本公司最新出版書目、購書優惠或企劃活動，歡迎您上網查詢或下載相關資料：http:// www.showwe.com.tw

您購買的書名：____________________

出生日期：________年________月________日

學歷：□高中(含)以下　□大專　□研究所(含)以上

職業：□製造業　□金融業　□資訊業　□軍警　□傳播業　□自由業
□服務業　□公務員　□教職　□學生　□家管　□其它_____

購書地點：□網路書店　□實體書店　□書展　□郵購　□贈閱　□其他

您從何得知本書的消息？

□網路書店　□實體書店　□網路搜尋　□電子報　□書訊　□雜誌
□傳播媒體　□親友推薦　□網站推薦　□部落格　□其他__________

您對本書的評價：(請填代號　1.非常滿意　2.滿意　3.尚可　4.再改進)

封面設計____　版面編排____　內容____　文／譯筆____　價格____

讀完書後您覺得：

□很有收穫　□有收穫　□收穫不多　□沒收穫

對我們的建議：____________________

____

____

____

請貼
郵票

11466
台北市内湖區瑞光路 76 巷 65 號 1 樓

秀威資訊科技股份有限公司 收

BOD 數位出版事業部

....

（請沿線對折寄回，謝謝！）

姓　　名：＿＿＿＿＿＿＿＿　年齡：＿＿＿＿　性別：□女　□男

郵遞區號：□□□□□

地　　址：＿＿＿＿＿＿＿＿＿＿＿＿＿＿＿＿＿＿＿＿

聯絡電話：(日) ＿＿＿＿＿＿＿＿＿＿ (夜) ＿＿＿＿＿＿＿＿＿＿

E-mail：＿＿＿＿＿＿＿＿＿＿＿＿＿＿＿＿＿＿＿＿